U0617778

权威·前沿·原创

皮书系列为
"十二五""十三五""十四五"国家重点图书出版规划项目

BLUE BOOK

智 库 成 果 出 版 与 传 播 平 台

税收蓝皮书
BLUE BOOK OF TAX

中国税收政策报告（2021~2022）

ANNUAL REPORT ON TAX POLICY OF CHINA (2021-2022)

主　编／刘尚希　邢　丽

社会科学文献出版社
SOCIAL SCIENCES ACADEMIC PRESS（CHINA）

图书在版编目（CIP）数据

中国税收政策报告 . 2021～2022 / 刘尚希，邢丽主编
. －－北京：社会科学文献出版社，2022. 5
（税收蓝皮书）
ISBN 978 - 7 - 5201 - 9970 - 4

Ⅰ．①中… Ⅱ．①刘… ②邢… Ⅲ．①税收政策 - 研
究报告 - 中国 - 2021 - 2022 Ⅳ．①F812. 422

中国版本图书馆 CIP 数据核字（2022）第 054068 号

税收蓝皮书
中国税收政策报告（2021~2022）

主　　编／刘尚希　邢　丽

出 版 人／王利民
责任编辑／张铭晏
责任印制／王京美

出　　版／社会科学文献出版社（010）59366432
　　　　　地址：北京市北三环中路甲 29 号院华龙大厦　邮编：100029
　　　　　网址：www. ssap. com. cn
发　　行／社会科学文献出版社（010）59367028
印　　装／天津千鹤文化传播有限公司

规　　格／开 本：787mm × 1092mm　1/16
　　　　　印 张：16. 25　字 数：248 千字
版　　次／2022 年 5 月第 1 版　2022 年 5 月第 1 次印刷
书　　号／ISBN 978 - 7 - 5201 - 9970 - 4
定　　价／148. 00 元

读者服务电话：4008918866

税收蓝皮书编委会

主   任　刘尚希

执行主任　邢　丽

委   员　傅志华　程北平　杨远根　徐玉德　张学诞
　　　　　梁　季　许　文

主编简介

刘尚希　经济学博士，研究员、博士生导师，中国财政科学研究院党委书记、院长。第十三届全国政协委员，国家监察委员会特约监察员，国务院政府特殊津贴专家，国家"百千万人才工程"国家级专家，国家文化名家暨"四个一批"人才，高校哲学社会科学（马工程）专家委员会委员，国务院深化医药卫生体制改革领导小组第一、第二、第三届专家咨询委员会成员，海南自由贸易港建设专家咨询委员会委员，中国经济 50 人论坛成员，中国金融四十人论坛成员，多个国家部委和省（市）政府咨询委员会委员。曾多次受邀参加中央领导同志主持的包括国务院、全国人大、全国政协的座谈会、研讨会和专题学习会等。

对收入分配、公共风险、财政风险、公共财政、宏观经济、公共治理等问题有创新性的探索成果，其代表作有《公共风险论》《收入分配循环论》《财政风险及其防范的研究》《或有负债：隐匿的财政风险》《宏观金融风险与政府财政责任》《公共风险视角下的公共财政》《税收与消费》《税收与民生》《科技与经济融合》等著作，以及《财政风险：一个分析框架》《论公共风险》《公共支出范围：分析与界定》《农民"就业状态"：中国改革发展成败的决定性力量》《公共化与社会化的逻辑》《在不确定性世界寻找确定性》《以人为本的财政观：民生财政》《经济发展方式转换滞后是当前宏观经济问题的根源》《消费率、经济脆弱性与可持续发展的风险》《基本公共服务均等化：目标及政策路径》《基本公共服务均等化与政府财政责任》《中国：城镇化对政府间财政关系的挑战》《以新型城镇化为基点的公共治理改革》《财政与国家治理：基于三个维度的认识》《财政与国家治理：基于不确定性与风险社会的逻辑》《大国财政：理念、实力和路径》《制度主义公共债务管理模式的失灵——基于公共风险视角的反思》《从整体观和风险观系统认识降成本》《论中国特色的积极财政政策》等论文。

邢丽 经济学博士、研究员、硕士研究生导师，中国财政科学研究院党委委员、副院长。兼任中国财政学会第十届理事会副秘书长、中国国际税收研究会第六届理事会理事。

主要从事财政、税收理论与政策研究。先后主持和参与马克思主义理论研究和建设工程年度重大项目、UNDP 项目、亚洲开发银行项目、世界卫生组织项目及其他省部级课题。出版《碳税的国际协调》（中国财政经济出版社）和《低碳经济模式下的中国绿色税制构建》（中国税务出版社）两部专著；参与了《中国财政 60 年》《中国财政改革三十年》《中国财政 60 年回顾与思考》等重要书稿的撰写工作。先后在《财政研究》《税务研究》《涉外税务》《中国金融》《中央财经大学学报》等期刊发表论文数十篇。

摘　要

　　本报告关注中国税收政策，在回顾 2020 年税收政策的同时，对 2021 年及"十四五"时期的税收政策、税收收入、宏观税负进行展望，并分别对税收法定、个人所得税改革、税收征管数字化转型、"双支柱"国际税改、全球应对新冠肺炎疫情的税收政策等重点问题进行探讨。

　　2020 年既是全面建成小康社会、实现第一个百年奋斗目标和"十三五"规划的收官之年，也是受到新冠肺炎疫情严重冲击的特殊之年。面对严峻复杂的国内外环境，2020 年税收政策以防控疫情和保住经济基本盘为目标，聚焦减税降费，全年为市场主体减负超过 2.6 万亿元，有效对冲了疫情和经济社会发展风险。同时，推进税收立法，完善税收政策和优化税收征管，积极推进中国的税收改革进程。2020 年，中国财政风险相应升至历史高点，呈现以财政风险对冲公共风险的特点。一般公共预算收入和税收收入首现自 1994 年以来的负增长，小口径宏观税负也降至历史最低点，仅为 15.2%，总体上呈现先快速下降后缓慢恢复的"对勾形"特征，结构上呈现地区间、税种间的分化特征。

　　"十四五"时期是中国开启全面建设社会主义现代化国家新征程、向第二个百年奋斗目标进军的第一个五年，税收政策应着眼于中长期、确定性和稳定预期等，为经济社会发展注入更大确定性。基本逻辑上，税制改革应从物本逻辑转向人本逻辑，坚持以人民为中心的发展思想；改革核心上，应围绕新发展格局呈现以人为核心的现代化、数字化、金融化、绿色化、老龄化和城镇化，提高税制适配性；改革重点上，应以完善现代税收制度和推动高

质量发展为目标。宏观税负方面，"十四五"时期，中国宏观税负宜稳不宜降，应以"稳定"和"优化"为主基调在税制优化中实现税负的结构性调整，构建以增值税和个人所得税为主体的"双主体"税制模式。作为承上启下的重要年份，2021年的税收政策将从"十三五"时期以"减税降费"为基本特征的"降成本"要求，逐步转向"十四五"时期"支持新发展格局"的新要求，并更加强调提质增效和可持续，平衡"当前"和"长远"的关系。

关键词： 税收政策　公共风险　财政风险　新发展格局

目　录 ↖↘

I　总报告

II　分报告

皮书数据库阅读**使用指南**

总 报 告

General Reports

B.1

2020年中国税收政策：
减税降费与对冲疫情风险

许 文[*]

摘 要： 2020年是不平凡的一年。这一年，既是中国全面建成小康社会
和"十三五"规划的收官之年、实现第一个百年奋斗目标的决
胜之年，也是应对新冠肺炎疫情风险的特殊之年。面对严峻复杂
的国内外环境和新冠肺炎疫情带来的挑战与困难，中国出台了一
系列以减税降费为核心的税收政策，有效地对冲了疫情风险和经
济社会发展风险，疫情防控和稳住经济基本盘的目标得以同时实
现。同时，进一步深化税制改革、推进税收立法、完善税收政策
和优化税收征管模式也积极推进了中国的税收改革进程。

关键词： 减税降费 疫情防控 税收政策

———————————

* 许文，经济学博士，中国财政科学研究院公共收入研究中心副主任、研究员，长期从事财税
理论与政策研究工作，主要研究方向为税收理论与政策、能源环境经济政策等。

一 2020年税收政策聚焦减税降费，目标对冲疫情风险，呈现五大特点

为应对新冠肺炎疫情，服务于"六稳六保"，非常时期的2020年税收政策延续减负的逻辑，在手段上聚焦减税降费，在目标上转变为对冲疫情冲击和风险，表现出不同于以往税收政策的显著特点，主要表现为五个方面（见图1）。

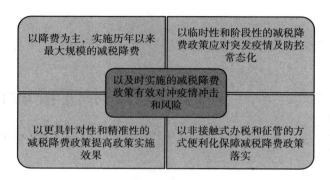

图1 2020年税收政策的五大特点

（一）及时实施减税降费政策，目标转变为对冲疫情冲击和风险

2020年初，新冠肺炎疫情突袭而至和全球流行以及引发的系统性风险给经济社会发展、企业生产经营带来了诸多困难。尤其是从企业的角度来看，疫情防控、人力物流的隔断、产业链的重构等风险导致市场环境恶化、企业融资困难、资金链紧张，对企业生产经营产生了较大的不利影响。

"十三五"时期以来政府持续实施的减税降费政策，成为各类市场主体感受最明显、受益最直接的支持政策，对于激发企业发展动力、促进经济稳定发展发挥了关键性作用。在疫情突发的背景下，积极发挥税收职能作用，实施减税降费政策对冲疫情风险，助企纾困、解难和减负，仍然是税收政策的必要选择和重点内容。

值得注意的是，与过去的减税降费政策相比，尽管2020年的减税降费政策仍沿用之前的减负逻辑和思路，但目标已经转变为有效对冲疫情冲击和风险，即主要围绕疫情防控的工作主线来推动企业减负纾困，并在政策重点和政策方式等方面也做出了诸多调整。

针对新冠肺炎疫情影响的持续性和疫情防控的需要，2020年，财政部、国家税务总局等部门及时制定并出台了一系列的减税降费政策。据统计，共发布了约30项政策文件，出台了36项支持疫情防控和经济社会发展的减税降费政策[①]。其中，支持疫情防控工作的减税降费政策共有12项，占比为33.3%；支持企业复工复产的减税降费政策共有20项，占比为55.6%；支持经济恢复的减税降费政策共有4项，占比为11.1%（见图2）。

具体来看，2020年实施的减税降费政策，既包括支持医疗救治工作、相关保障物资的生产和运输、鼓励社会捐赠等支持疫情防控工作的应急措施，也包括帮扶受疫情影响较大的困难行业企业、小微企业和个体工商户，以及缓解企业社保缴费负担等支持企业复工复产的帮扶措施，还包括稳外贸扩内需的支持经济恢复方面的优惠政策。

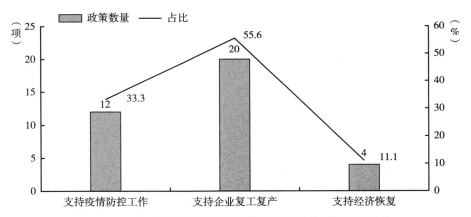

图2　2020年支持疫情防控和经济社会发展的减税降费政策

资料来源：根据2020年财政部、国家税务总局等部门发布的税收政策文件整理。

---

① 国家税务总局在《支持疫情防控和经济社会发展税费优惠政策指引》中列举了7批28项支持疫情防控和经济社会发展的减税降费政策。经补充和整理，2020年实际共出台了36项疫情防控相关的减税降费政策。

2020 年的减税降费政策围绕增加企业现金流和降低企业负担的途径，采用多种政策方式。在支持企业复工复产方面，实施了对特定行业税费的减免、放宽特定行业亏损结转的限制、对小微企业税收的减免、对小微企业申报纳税的延期和税款的缓缴、对企业社保缴费的减免、对企业社保缴费的缓缴和滞纳金的免除等方式（见图 3）。同时，在支持疫情防控方面，还实施了增值税留抵退税、企业所得税税前扣除等政策。

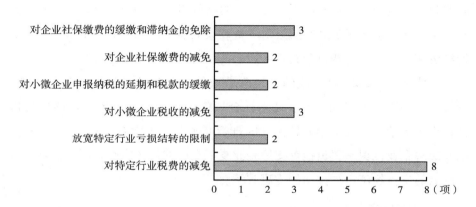

图 3 2020 年支持企业复工复产的减税降费政策方式

资料来源：根据 2020 年财政部、国家税务总局等部门发布的减税降费政策文件整理。

2020 年及时实施的一系列提质加力、精准有效的减税降费政策，有力地支持了疫情防控、促进了企业的复工复产，服务了经济社会的健康发展，有效实现了对冲疫情冲击和风险的目标，积极应对了新冠肺炎疫情带来的严峻挑战。

与其他国家应对疫情的政策反应相比，我国在疫情支持政策制定上的及时性更加明显。美国、英国、德国、法国、加拿大等国基本是在首例新冠确诊病例报告后 50 天左右的时间才出台了首项（批）应对疫情的税收政策（见表 1）。考虑到在有中国案例可供借鉴的情况下，部分国家的政策制定和出台时间仍相对滞后，政策及时性不足。当然，由于各国具体国情存在差异，出台应对政策的时间只能在一定程度上作为参考。但中国在应对新冠肺炎疫情方面迅速和及时的政策反应，进一步彰显了中国制度的优势。

表 1   世界部分国家首项（批）应对疫情的税收政策的出台时间

单位：天

国家（地区）	第一例确诊病例报告时间	第一项（批）税收政策出台时间	间隔天数
美国	2020 年 1 月 21 日	2020 年 3 月 13 日	52
英国	2020 年 1 月 31 日	2020 年 3 月 17 日	46
德国	2020 年 1 月 27 日	2020 年 3 月 20 日	53
法国	2020 年 1 月 24 日	2020 年 3 月 9 日	45
加拿大	2020 年 1 月 25 日	2020 年 3 月 18 日	53
澳大利亚	2020 年 1 月 25 日	2020 年 3 月 12 日	47
韩国	2020 年 1 月 20 日	2020 年 3 月 17 日	57
日本	2020 年 1 月 16 日	2020 年 2 月 27 日	42
印度	2020 年 1 月 30 日	2020 年 3 月 24 日	54
南非	2020 年 3 月 5 日	2020 年 3 月 23 日	18

资料来源：IMF、OECD 等官方网站。

（二）以"社保降费"为主，实施历年以来规模最大的减税降费政策

"十三五"时期，中国持续实施减税降费政策，据相关统计，2016 ~ 2020 年新增的减税降费额累计达 7.6 万亿元①。

参考 2016 ~ 2020 年的《政府工作报告》，2020 年为市场主体减负超过 2.6 万亿元，其中，减免社保费 1.7 万亿元；2019 年减税降费 2.36 万亿元，超过原定的近 2 万亿元规模；2018 年为企业和个人减税降费约 1.3 万亿元；2016 年全面推行营改增试点，全年降低企业税负 5700 多亿元。2017 年的减税降费规模在《政府工作报告》中没有提及，但根据 2017 年财政工作会议中的统计，2017 年落实并完善营改增试点政策，全年为企业减负超过 1 万亿元（见表 2、图 4、图 5）。

---

① "十三五"期间新增减税降费额累计达 7.6 万亿元，由于是新增规模，其与后文中 2016 ~ 2020 年各年减税降费规模的合计数之间存在差别。

表2　2016～2020年减税降费规模、税收收入规模及增速

单位：万亿元，%

年份	减税降费规模	减税降费增速	税收收入规模	税收收入增速
2016	0.57	—	13.04	4.4
2017	1.00	75.4	14.44	10.7
2018	1.30	30.0	15.64	8.3
2019	2.36	81.5	15.80	1.0
2020	2.60	10.2	15.43	-2.3

资料来源：2016年、2018年、2019年、2020年的减税降费数据来源于历年《政府工作报告》，2017年的减税降费数据来源于2017年财政工作会议；2016～2019年的税收收入数据来源于《中国统计年鉴》，2020年的税收收入数据来源于财政部发布的《2020年财政收支情况》。

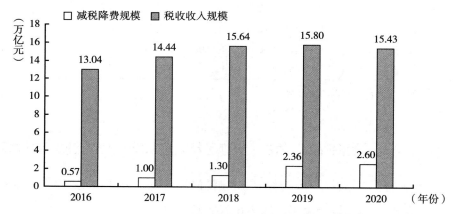

图4　2016～2020年减税降费规模、税收收入规模

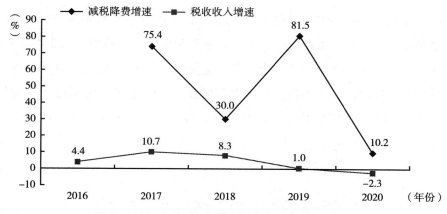

图5　2016～2020年减税降费增速、税收收入增速

面对严峻复杂的形势，在财政收支比较困难的情况下，2020年新增减税降费规模超过2.6万亿元。这与"十三五"时期的前4年，尤其是2019年实施更大规模的减税降费（2.36万亿元）相比，2020年的减税降费是近年来力度和规模最大的一次。

2020年，中国总体减负规模创下了历年减税降费规模的新高。减负力度较大的原因在于，疫情对经济社会各方面影响较大，疫情风险是历年来最大的一次公共风险。有效对冲疫情风险，就需要实施规模最大的减税降费政策。同时，中国的减税降费力度在世界范围内也应处于前列。无论从减税政策数量还是覆盖面等方面来看，多数国家的减税降费力度都不及中国。这些国家的减税降费政策，包括税收政策和社保缴费政策，基本上以延期申报和纳税的缓交政策为主，目的是给企业和家庭提供暂时的资金流动性的支持。

具体从地方上看，全国31个省（区、市）减税降费的规模及其占GDP的比重情况如图6所示，各省的减税降费规模差异较大，但基本上与本地的经济发展状况相匹配。即GDP总量大、经济发展水平高的地方，减税降费的政策空间也较大，减税降费规模也更大。

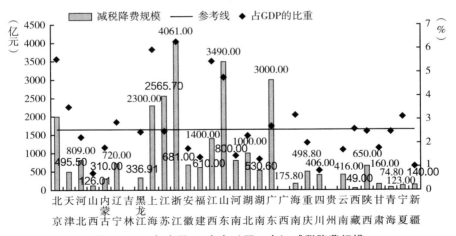

图6　2020年全国31个省（区、市）减税降费规模

注：①天津、山西、湖南、海南、重庆、甘肃和青海的数据为2020年1～11月的累计数据。
　　②参考线为全国减税降费规模相对于GDP的比重。
资料来源：各省（区、市）政府、财政厅（局）、税务局官网。

2020 年的减税降费政策也呈现以"降费"尤其是社保降费为主、减税为辅的特点。2016～2019 年的减税降费政策以减税为主，2019 年实施了更大规模减税降费政策，在 2019 年的 2.36 万亿元的减税降费总规模中，减税 1.93 万亿元，占比约为 81.78%[①]。而在 2020 年的 2.6 万亿元的减税降费总规模中，减免社会保险缴费达到 1.7 万亿元[②]，占比约为 65.38%。

显然，由于减税空间的加速缩减，以及疫情期间企业的负担痛点主要表现为社保缴费等固定支出，所以降费成为政府为企业减负的首要选择，减免社会保险费的措施在对冲疫情风险中发挥了关键作用。

（三）突发疫情应对及防控常态化，减税降费政策突出临时性和阶段性

一般而言，减税降费政策有制度性减税降费、阶段性减税降费和临时性减税降费三种类型。制度性减税降费政策是指通过税收制度的调整，保证长期有效、具有可预期性的政策。在税收法定原则下，税率等主要税制要素的变动都需要经过立法程序，对市场主体而言，主要税制要素的调整有相对稳定的预期；阶段性减税降费政策也可称之为政策性减税，会设置一定的执行期限，政策到期后是否续期，需要根据具体情况而定；临时性减税降费政策是指针对突发事件和应急情况而临时或应急实施的政策，也会设置执行期限，但期限一般较短，在突发情况结束后政策到期。

针对疫情风险的临时性和阶段性的特点，为应对风险而制定的政策也采用了临时性和阶段性的减税降费政策。2020 年的新冠肺炎疫情属于突发事件和应急情况，因此实施的减税降费政策具有临时性的特点。从税收政策文件来看，部分减税降费政策设置了 3 个月的临时期限，还有部分政策在不能

---

① 邢丽、梁季、施文泼、刘昶、肖琼琪：《2020 年减税降费政策评估：精准施策对冲疫情和经济社会发展风险——基于浙江、四川和海南的调研》，《财政科学》2021 年第 2 期，第 85～98 页。

② 根据人社部门介绍，截至 2021 年 10 月，阶段性减免三项社会保险费政策惠及企业 1129.9 万户，减免额为 9107 亿元；缓缴社会保险费 616 亿元；降低社会保险费率政策减少企业缴费 2322 亿元。资料来源：《国新办举行稳就业和减免社保费国务院政策例行吹风会》，2020 年 10 月 28 日，http：//www.scio.gov.cn/32344/32345/42294/44077/index.htm。

预料疫情何时结束的情况下，规定自2020年1月1日起实施，但截止日期视疫情情况另行公告。

疫情对市场主体乃至全国经济造成的冲击也具有阶段性，一旦疫情结束或得到有效控制，全国产业链、供应链以及经济循环将逐步恢复。针对疫情的延续性和疫情防控的常态化，我国也实施了部分阶段性减税降费政策。从政策执行来看，大部分减税降费政策也会根据疫情的危害程度和经济社会发展情况进行调整，相关政策都被延续到2020年底。

2020年的阶段性减税降费政策为企业减负发挥了积极作用，有效对冲了疫情冲击，但考虑到阶段性政策到期之后存在退出的可能，在政策退出阶段会给企业带来"阵痛"，为避免阶段性减税降费政策到期后出现企业负担激增的现象，相关部门还需要实施减税降费政策的渐进退出机制。

结合2021年减税降费政策的实施情况，部分涉及疫情防控保供等临时性的减税降费政策，已在到期后停止执行。而针对应对疫情的阶段性减税降费政策则是分类调整、有序退出，如小规模纳税人减征增值税等减税降费政策的执行期限被适当延长（见表3）。

表3　2020年减税降费政策的实施期限情况

政策类型	政策期限	政策内容
临时性政策	2020年1月1日至2020年3月31日	对卫生健康主管部门组织进口的直接用于防控疫情的物资免征关税；对捐赠用于疫情防控的进口物资，免征进口关税和进口环节增值税、消费税
	2020年2月至2020年6月底	各省（除湖北省外）对大型企业等其他参保单位三项社会保险单位缴费部分减半征收
阶段性政策	2020年1月1日（部分自2月起）至2020年3月31日	《财政部 税务总局公告2020年第8号》《财政部 税务总局公告2020年第9号》《财政部 税务总局公告2020年第10号》《财政部 国家发展改革委公告2020年第11号》《财政部 税务总局公告2020年第13号》等规定的税费优惠政策，以及《人社部发〔2020〕11号》规定的阶段性减免企业社会保险费政策
	延长至2021年12月31日	《财政部 税务总局公告2020年第8号》《财政部 税务总局公告2020年第9号》《财政部 税务总局公告2020年第10号》《财政部 国家发展改革委公告2020年第11号》《财政部 税务总局公告2020年第13号》《财政部 税务总局公告2020年第25号》规定的税费优惠政策

（四）解决疫情中的企业痛点与难点，减税降费政策更具针对性和精准性①

2020 年减税降费政策的突出特点是更加强调精准施策。虽然新冠肺炎疫情对经济社会的冲击和影响是全面的，但减税降费政策措施的实行并没有盲目地"大水漫灌"，财政部、国家税务总局（以下简称"财税"）等部门瞄准疫情防控中的关键问题和企业生产经营的痛点与难点，更加注重政策的针对性和精准性。

在疫情突发的初始阶段，当务之急是动员医务人员参与防护救治、保障疫情防控物资的供应，以及鼓励社会捐赠等。财税等部门根据上述疫情防控的需要，有针对性地制定相关税费优惠政策。例如，考虑到疫情中捐赠的特殊性，相关税收政策突破了有关公益性捐赠税前扣除金额限制的一般规定，允许企业和个人捐赠在所得税税前全额扣除。同时，针对疫情中企业和个人直接向医院捐赠疫情防控物品的情况，税收政策也简化了程序，突破了必须通过公益性社会组织或县级以上人民政府及其部门等国家机关捐赠的规定，允许直接向承担疫情防控任务的医院捐赠用于应对新冠肺炎疫情的物品享受税前全额扣除。这些税收政策的调整，充分考虑到疫情期间企业和个人捐赠活动的实际情况，由此可以看出政策的制定具有很强的针对性。

在疫情防控基本稳定的情况下，促进相关企业复工复产成为新的关键问题，为此，财税部门及时制定了支持企业复工复产的税费优惠政策。通过减轻困难行业企业和个体工商户的税费负担，增强企业的抗风险能力，尽可能地避免出现企业因资金链和现金流断裂而破产倒闭的现象，进而实现企业的全面复工复产。

政策的精准性表现为政策优惠对象的准确选择。一是在优惠对象上选择了部分重点行业和重点地区，包括受疫情影响较大的交通运输、餐饮住宿、

---

① 许文：《疫情期间税费政策的精准性和可操作性》，《中国财经报》2020 年 3 月 24 日，第 8 版。

旅游娱乐、文化体育等行业，以及受疫情影响最严重的湖北省部分地区等。

二是将相对处于弱势地位的个体工商户也作为税费政策的支持重点。我国个体工商户的数量多[①]、规模小，承担和化解风险的能力弱，受疫情的影响更为明显。因此，通过有针对性地制定小规模纳税人减免增值税政策、个体工商户减免社会保险缴费等其他疫情相关税费政策，有助于切实解决个体工商户的实际困难，发挥相关税费政策在稳定就业、保障民生上的重要作用。

三是针对疫情期间企业的痛点和难点来制定税费政策。疫情期间企业的主要痛点和难点是在没有销售收入的情况下还需要承担工资、社保、租金和贷款利息等固定支出，企业的资金流和现金流难以长期维持。考虑到对困难行业的企业给予减免增值税等优惠政策，可能会出现企业因无销售收入或销售收入大幅减少而难以享受优惠政策的情况，为此，实施减免社会保险缴费政策有助于解决企业的固定税费负担问题，可以有效减轻企业负担和资金压力，再结合财政补贴、减免房租等支持政策，从而可以避免企业出现资金链断裂的情况。因此，社保缴费减免政策被认为是此次疫情中力度最大、针对性最强的一项税费政策措施，也是企业"最想获得的一项政策"。

（五）全面推进"非接触式"办税，保障减税降费政策落实落细[②]

2020 年我国及时出台了各种疫情相关减税降费政策，其成效关键在于能否得到充分贯彻落实。按照"优惠政策落实要给力"的要求，财税等部门采取了一系列的措施细化和落实国家出台的各项减税降费政策，确保各类市场主体对优惠政策应享尽享。

同时，疫情也加速了我国数字化税收征管方面的改革。针对疫情防控的要求，税务系统大力推行"非接触式"办税缴费，并在全国范围内逐步实现 202 个税费事项的网上办理，其中，183 个税费事项可全程网上办理；企

[①] 根据相关统计，我国登记在册的个体工商户有 8331.3 万户。

[②] 许文：《疫情期间税费政策的精准性和可操作性》，《中国财经报》2020 年 3 月 24 日，第 8 版。

业纳税人有90%以上的业务量可以在网上办理，纳税申报业务网上办理率达99%以上①。"非接触式"渠道正在成为纳税人办理涉税业务的首选，各类涉税事项网上办理功能获得了纳税人的广泛认可，纳税人缴费人对网上办税缴费的满意度高达97.3%。

同时，税务部门也细化了相关税费优惠政策的征管规定，保障减税降费政策有效落地。一是在部分税费政策规定中详细列明征管事项。例如，在公益捐赠税收政策中，规定"捐赠人凭承担疫情防治任务的医院开具的捐赠接收函办理税前扣除事宜"，提醒捐赠人直接向承担疫情防治任务的医院捐赠应取得医院开具的捐赠接收函。二是对疫情期间税费政策及时出台具体的征管规定。税务部门在疫情初期提出根据疫情防控需要延长申报纳税期限，并对疫情期间出台的十几项税费政策分别及时制定征管规定。

在疫情期间，税务部门以服务纳税人为宗旨，积极采取多方面的征管便利化措施，为纳税人提供高效、便捷、安全的办税缴费服务。例如，国家税务总局发布了《支持疫情防控和经济社会发展税费优惠政策指引》，并探索采取多种创新手段进行政策宣传和辅导，帮助纳税人准确了解和及时适用各项税费优惠政策。再如，为了让减税降费政策的优惠和红利直达基层、直达市场主体、直接惠企利民，地方政府也积极创新，推行减税降费政策"直达快享"。

总体来看，上述措施降低了办税缴费成本，提升了办税缴费效能，进一步保障了减税降费政策落地、落实。同时，在充分落实减税降费政策的过程中，税收营商环境也得以不断优化升级，市场主体的获得感得到了提升。

二 2020年税收政策注入确定性，稳住经济基本盘，取得四方面积极成效

2020年实施的以对冲疫情风险为目标的税收政策，减税降费力度更大，

---

① 《发挥税收在国家治理中的基础性、支柱性、保障性作用——专访国家税务总局局长王军》，新华网，2020年10月23日，http://www.xinhuanet.com/2020-10/23/c_1126650392.htm。

政策更为精准，政策直达市场主体，疫情税费政策各方面的积极成效和正向影响已充分显现（见图7）。

图7　2020年税收政策的四大成效

（一）化解疫情和公共风险，为经济社会发展注入确定性

从疫情防控政策的目的来看，在疫情初期，国家制定和出台了支持防护救治、支持物资供应和鼓励公益捐赠三方面的税费政策，这些政策及时支持了疫情防控工作，有效化解了疫情和公共风险。

其中，实施对防疫工作人员的收入和防护用品相关的个税优惠政策，既是对疫情防控人员辛苦工作的肯定和奖励，也有助于减轻社会成员在疫情防控上的负担；实施对疫情防控重点保障物资生产和运输企业、疫情防控物资的税费优惠政策，有助于保障物资的生产和供应；针对疫情防控中国内外踊跃捐赠的情况，实施鼓励捐赠的税收优惠政策，有利于调动各方面力量积极资助和支持疫情防控工作。

在上述疫情防控相关税费政策的共同作用下，我国很快便有效控制了疫情的蔓延和扩散，并迅速遏制和扭转了经济增速下滑的势头。在疫情影响最严重的第一季度，全国新增减税降费额累计达7428亿元，其中，疫情初期

的 1 月和 2 月，全国减税降费额已达 4027 亿元。

疫情初期的减税降费政策有力地支持了疫情防控工作，对冲了疫情冲击和风险，对控制疫情蔓延以及阻断相关公共风险起到了重要的作用，也为经济社会的可持续发展注入了确定性。

（二）推动企业复工复产，纾困解难，稳定企业预期

疫情期间，为降低疫情对企业和个体工商户生产经营产生的较大影响，国家及时出台推动企业复工复产的减税降费政策，包括支持困难行业企业、支持小微企业、减轻企业社保缴费负担等各项税费政策，缓解困难行业企业和小微企业生产经营资金压力，激发市场主体活力。

中央和地方各级政府迅速出台的一系列税费支持政策，稳住了企业预期，提振了企业信心，使得大部分市场主体的生产经营在下半年就全面步入正轨并保持良好态势。

根据国家税务总局对相关减税降费政策的评价，支持疫情防控和企业复工复产的税费优惠政策，有效缓解了企业资金压力，主要体现为"一降、两增、两升"[1]。即企业税费负担持续下降，市场主体活力和企业创新动能双双持续增强，市场主体户数和规模明显提升。2020 年 1 月至 11 月，到税务部门办理涉税事项的新增市场主体有 1016 万户，同比增长 7.4%；11 月，年销售收入 500 万元以上的增值税一般纳税人户数环比净增 9.3 万户，2020 年月均净增 8.8 万户，总规模已经达到 1119 万户。

市场主体活力的增强，带动了销售收入和盈利水平的增加。从 20 个国民经济行业门类看，2020 年前 11 个月，有 14 个行业门类累计销售收入转正，占比达 70%。其中，科学研究和技术服务业、信息传输和技术服务业销售收入增长最快，分别同比增长 22.6% 和 22.2%，表明了中国新动能在加速成长。

---

① 《国家税务总局："一降 两增 两升"减税降费成效明显》，2020 年 12 月 25 日，https：//3w. huanqiu. com/a/34f321/41F8HglmLyl。

从企业盈利水平来看，进入2020年第二季度后，全国规模以上工业企业每百元营业收入中的成本费用稳步下降，从最高点的94.34元降至最低点的92.89元。全年全国规模以上工业企业各月累计每百元营业收入中的成本费用为93.06元，比上年增加0.03元；各月累计每百元营业收入中的成本为83.89元（见图8）。比上年减少0.19元。但2020年全国规模以上工业企业实现利润总额64516.1亿元，比上年增长4.1%[①]。

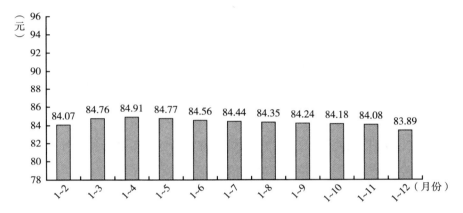

图8　2020年全国规模以上工业企业各月累计每百元营业收入中的成本

（三）立足于"六稳"和"六保"，稳住经济基本盘

为有效应对新冠肺炎疫情的严重冲击，2020年4月召开的中央政治局会议明确要求，不仅要加大"六稳"工作力度，还明确提出了"六保"任务，即保居民就业、保基本民生、保市场主体、保粮食能源安全、保产业链供应链稳定、保基层运转（见图9）。减税降费等企业减负政策均应围绕"六保"目标进行设计，并重点关注"保居民就业"和"保市场主体"。

保居民就业居于"六保"之首，因此是重中之重。就业是社会稳定的基础和"压舱石"，就业不稳则民心难安，民心不安则社会不稳。就业也是

---

① 《2020年全国规模以上工业企业利润增长4.1%》，http：//www.stats.gov.cn/tjsj/zxfb/202101/t20210127_1812824.html。

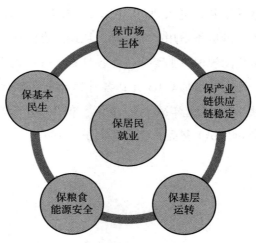

图9　2020 年提出的"六保"任务

民生之本，保就业就是保民生，而要想保就业和保民生就必须要稳住上亿个市场主体，稳住了市场主体和就业也就稳住了我国经济的基本盘。因此，要尽力帮助企业特别是中小微企业、个体工商户渡过难关。

减轻中小微企业、个体工商户和困难行业企业税费负担的政策成为这次减税降费政策的重点。2021 年的《政府工作报告》也进一步强调要"放水养鱼"，要求坚决把减税降费政策落实到企业，只有留住市场主体的青山，才能赢得未来。

一系列减税降费、纾困解难政策的实施，极大地降低了我国宏观税负水平和企业税费负担。从宏观税负来看，按国际可比口径计算，我国宏观税负水平从 2016 年的 28.1% 降至 2020 年的 24.4%，税收占国内生产总值的比重从 17.5% 降至 15.2%。从企业税费负担来看，2020 年企业税费负担出现了大幅下降，国家税务总局监测的全国 10 万户重点税源企业的数据显示，2020 年每百元营业收入税费负担同比下降 8%。① "十三五"以来，国家实

---

① 《十组税收数据反映 2020 年中国经济稳定恢复、好于预期——国家税务总局新闻发布会实录》，2021 年 1 月 20 日，http：//www.chinatax.gov.cn/chinatax/n810219/n810724/c5160913/content.html。

施减税降费的力度在不断加大，我国企业税费负担在逐年减轻。2016～2020年，全国重点税源企业每百元营业收入税费负担分别下降了1.6%、1.2%、1.9%、6.9%①和8%（见图10）。

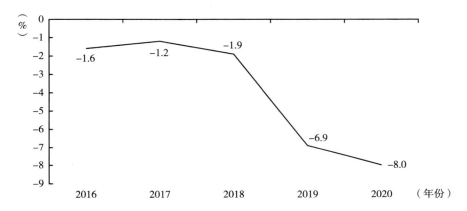

图10　"十三五"时期全国重点税源企业每百元营业收入税费负担变动情况

注：每百元营业收入税费负担，即每百元营业收入中企业缴纳的税收和社保费等支出的规模。

制造业和民营经济受益最为明显。制造业及相关环节新增减税降费额约占全年新增减税降费总额的35%，是受益最大的行业；民营经济新增减税降费额约占全年新增减税降费总额的70%，受益最为明显。得益于减税降费政策，2020年，重点税源制造业企业和民营企业销售收入税费负担分别同比下降8.8%和9.5%。

A股上市公司的数据也表明，2020年企业的税费负担较2019年有所下降。在已披露2020年年报的A股上市公司中，共有1248家公司披露了2020年"支付的各项税费"，合计24164亿元，同比下降0.6%；这些公司支付的各项税费占营业收入的比重为7.9%，比上年同期降低0.14个百分点。

结合以上支持企业复工复产政策中的增强市场主体活力和企业创新动能

---

① 《财政资金直达机制和减税降费工作进展及成效国务院政策例行吹风会》，国新网，2020年11月12日，http://www.scio.gov.cn/32344/32345/42294/44195/index.htm。

措施的分析可知，2020年着眼于"六稳"和"六保"的减税降费政策，不仅在微观层面对企业纾困解难发挥了积极作用，在宏观层面也有力地促进了经济基本盘的企稳回暖，保住了市场主体和居民就业，有力地助推了"六保"任务的落实，稳住了经济基本盘，为经济社会发展注入了更多的确定性。

（四）赋能国家经济社会发展，助力构建新发展格局

2020年疫情相关的减税降费政策，在支持疫情防控和企业复工复产的同时，也聚焦稳外贸和扩内需，支持经济恢复，为构建新发展格局提供了支撑。

支持稳外贸和扩内需的税收政策主要包括：提高部分产品出口退税率，受新冠肺炎疫情不可抗力影响的出口退运货物不征收进口关税、进口环节增值税、消费税或退还已征收的出口关税，二手车经销企业销售旧车减征增值税，延续实施新能源汽车免征车辆购置税政策等。

考虑到新冠肺炎疫情仍在全球扩散蔓延，国内经济持续回温的基础尚不稳固。提高部分产品的出口退税率，对出口退运货物不征收进口税收或退还关税，有利于扩大出口和促进外贸稳定发展，帮助企业减负增效。而对二手车经销企业销售旧车减征增值税和延续实施新能源汽车免征车辆购置税政策，有助于支持新能源汽车产业发展和促进汽车消费。

减税降费政策在扩大内需、促进产业结构调整、提升产业国际竞争力等方面已经发挥了重要作用。以进出口为例，2020年，我国进出口总额达32.16万亿元，比2019年增长1.9%。其中，出口总额为17.93万亿元，同比增长4.0%（见图11）；进口总额为14.23万亿元，同比下降0.7%[1]。特别是出口改善不仅表现为规模的迅速扩大，还体现为产品不断向价值链上游攀升，出口产品结构得到进一步优化。同时，通过减税降费促进了企稳复苏，经济恢复性增长趋势也日益明显。上述表现充分说明，2020年实施的减税降费政策，对构建"双循环"的新发展格局提供了重要支撑。

---

[1] 《2020年我国进出口总值32.16万亿元 同比增1.9%》，中国政府网，http://www.gov.cn/xinwen/2021-01/15/content_5580075.htm。

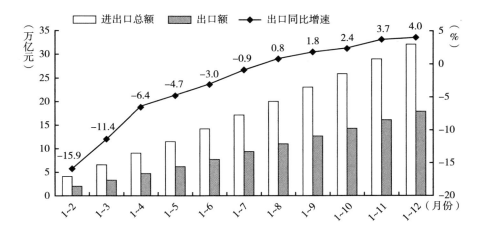

图11　2020年中国进出口规模及出口变化情况

三　2020年推进税收立法，创新税收制度，
持续深化税制改革

除了应对疫情防控需要实施减税降费政策外，中国在按照"十三五"规划推进相关改革的同时，也提出了构建"双循环"新发展格局的新要求，因此，2020年，中国在推进税收立法、创新税收制度、完善税收政策等方面也进一步推进了税制改革。

（一）加快推进税收立法，完善税法配套法规

在税收立法上，中国提出了力争2020年前全面落实税收法定原则的目标。2020年在加快税收立法工作上取得了一定的进展，2020年8月11日十三届全国人民代表大会常务委员会第二十一次会议通过了《中华人民共和国城市维护建设税法》和《中华人民共和国契税法》，截至2020年底，中国18个税种中已有11个完成了立法。

同时，根据《国务院办公厅关于印发国务院2020年立法工作计划的通知》（国办发〔2020〕18号），拟提请全国人大常委会审议的法律案中有《中

华人民共和国印花税法（草案）》。2020 年财政部立法工作安排中也提出：力争年内完成增值税法、消费税法、关税法的起草工作，及时上报国务院。

同时，为了配合《中华人民共和国资源税法》在 2020 年 9 月 1 日的施行，财税部门相继颁布并出台了相关配套法规，包括《财政部 税务总局关于继续执行的资源税优惠政策的公告》（财政部 税务总局公告 2020 年第 32 号）、《财政部 税务总局关于资源税有关问题执行口径的公告》（财政部 税务总局公告 2020 年第 34 号）和《国家税务总局关于资源税征收管理若干问题的公告》（国家税务总局公告 2020 年第 14 号），确定税法施行后继续执行的资源税优惠政策，明确资源税有关销售额、视同销售、纳税地点等问题的执行口径，以及规范资源税征收管理流程，从而有助于贯彻落实《中华人民共和国资源税法》。

（二）试点改革，推动海南自由贸易港税收制度创新

为贯彻落实《海南自由贸易港建设总体方案》，支持海南逐步探索、稳步推进中国特色自由贸易港建设，2020 年财税部门接连出台了支持海南自由贸易港建设的相关税收政策，包括海南自由贸易港企业所得税优惠政策、高端紧缺人才个人所得税政策、海南离岛旅客免税购物政策、原辅料"零关税"政策、交通工具及游艇"零关税"政策等，按照零关税、低税率、简税制、强法治、分阶段的原则，在分步骤、分阶段地逐步建立与高水平自由贸易港相适应的税收制度的进程中迈出了坚实的步伐。而海南自由贸易港相关税收政策的试点改革，也为全国税制的深化改革提供了相关经验。

（三）税收政策继续发力，支持构建新发展格局

为加快构建以国内大循环为主体、国内国际双循环相互促进的新发展格局，财税部门完善和出台了相关税收政策，助推科技创新和产业发展，推进开放和贸易高质量发展，推动区域协调发展。

1. 增强企业科技创新能力，助推产业发展

2020 年，财税等部门联合发布《关于促进集成电路产业和软件产业高

质量发展企业所得税政策的公告》（财政部 税务总局 发展改革委 工业和信息化部公告 2020 年第 45 号），明确自 2020 年 1 月 1 日起，对符合规定的集成电路产业和软件产业实行"二免三减半"、亏损结转年限最长不得超过十年、第一年至第五年免征企业所得税、接续年度减按 10% 的税率征收等企业所得税优惠政策。该优惠政策助力提升集成电路产业和软件产业相关企业的自主创新能力，助力企业尽快突破关键核心技术，促进产业高质量发展，这有助于解决我国产业链供应链中的"卡脖子"问题。

2. 支持自由贸易区建设，推动贸易高质量发展

为支持自由贸易区建设，推动形成我国新一轮的全面开放格局，财税部门于 2020 年 7 月发布《财政部 税务总局关于中国（上海）自贸试验区临港新片区重点产业企业所得税政策的通知》（财税〔2020〕38 号），规定对新片区内从事集成电路、人工智能、生物医药、民用航空等关键领域、核心环节相关产品（技术）业务并开展实质性生产或研发活动的符合条件的法人企业，自设立之日起 5 年内减按 15% 的税率征收企业所得税。

同时，《国务院关税税则委员会关于 2020 年进口暂定税率等调整方案的通知》（税委会〔2019〕50 号）中也规定，自 2020 年 1 月 1 日起，对部分商品的进口关税进行调整。包括：为扩大进口和优化进口结构，对 850 余项商品实施低于最惠国税率的进口暂定税率，适度增加国内相对紧缺或具有国外特色的日用消费品进口，降低用药成本和促进新药生产，扩大先进技术、设备和零部件进口和支持高新技术产业发展等；为推动共建"一带一路"国家高质量发展，构建面向全球的高标准自由贸易区网络，继续对原产于 23 个国家或地区的部分商品实施协定税率；2020 年 7 月 1 日起，我国还对 176 项信息技术产品的最惠国税率实施第五步降税。

此外，《关于中国国际进口博览会展期内销售的进口展品税收优惠政策的通知》（财关税〔2020〕38 号）和《关于扩大内销选择性征收关税政策试点的公告》（财政部 海关总署 税务总局公告 2020 年第 20 号）等相关政策的实施，也有助于推进贸易高质量发展。

3. 延续西部大开发企业所得税政策，推动区域协调发展

考虑到原西部大开发企业的所得税政策已经到期，按照"新时代推进西部大开发形成新格局和继续推动区域协调发展"的相关要求，财税等部门发布了《关于延续西部大开发企业所得税政策的公告》（财政部 税务总局 国家发展改革委公告 2020 年第 23 号），规定 2021 年 1 月 1 日至 2030年 12 月 31 日，继续对设在西部地区的鼓励类产业企业减按 15% 的税率征收企业所得税。

B.2

2020年税收收入分析及展望：
以财政风险对冲公共风险

梁　季*

摘　要： 2020年，为应对新冠肺炎疫情影响，中国在非常之年采取非常之策，临时出台若干减税降费政策，及时化解公共风险，使得中国成为全球经济唯一正增长的主要经济体。同时，在经济下行与减税降费政策双重因素影响下，2020年，中国一般公共预算收入和税收收入自1994年首现负增长，小口径宏观税负也降至历史最低点，仅为15.2%，财政风险相应升至历史最高点。

关键词： 公共风险　财政风险　税收收入　宏观税负

2020年，新冠肺炎疫情肆虐全球，全球经济遭受重创。尽管中国是全球经济唯一实现正增长的国家，但经济增速放缓与减税降费政策叠加，给财政运行带来了前所未有的困难和挑战，中国财政收入和税收收入出现自1994年以来的首次负增长，中小口径宏观税负延续多年来持续降低走势，2020年降至自2007年以来的最低点，2007年和2020年的宏观税负分别为18.0%和15.2%，而国债余额和增速达到历史高点，分别为208905.9亿元和24.3%，相应的财政风险也处于历史高位。非常之年采取的"非常"减

* 梁季，经济学博士，中国财政科学研究院公共收入研究中心副主任，研究员，博士生导师。中国税务学会理事，主要研究方向为财税理论与政策。中国财政科学研究院郭宝棋博士对数据分析有重要贡献。

税降费之策，以财政风险化解公共风险，确保中国以最快速度控制疫情蔓延，经济社会秩序得以恢复正常，失业率得到有效控制，保障了社会稳定。

随着宏观经济持续走稳以及基数效应，2021 年前三季度一般公共预算收入和税收收入增速"亮眼"，尽管税收收入"数字好看"，但财政"日子难过"。

一 战"疫"背景下税收收入的总体特征：对勾形

受新冠肺炎疫情和减税降费政策影响，2020 年一般公共预算收入和税收收入走势呈现出明显的先快速下降后缓慢恢复的"对勾形"特征。

（一）2020年财政经济增速降至1994年以来最低点

2020 年初，新冠肺炎疫情突袭而至，经济社会领域各类风险蔓延，中国迅速出台减税降费政策助力"六保"，有效对冲公共风险。经济形势随疫情防控形势的好转，得以逐步回暖。2020 年第一季度 GDP 增速降至 −6.8%；第二季度经济增速转为正增长，达到 3.2%；第三季度增速为 4.9%；前三季度经济增速由负转正；第四季度增长 6.5%；全年 GDP 增速为 2.3%。与经济走势相呼应，2020 年第一季度全国一般公共预算收入同比下降 14.3%，是自 1994 年以来的首次负增长，其中，2 月和 3 月分别下降 21.4% 和 26.1%。随着疫情防控形势好转和经济逐步恢复，财政运行情况逐季向好，第二季度一般公共预算收入触底回弹，降幅收窄至 7.4%，第三季度由负转正，增长 4.7%，第四季度持续向好，增长 5.5%，但全年一般公共预算收入仍为负增长，增速为 −3.9%。2020 年，我国税收收入占一般公共预算收入的比重为 84.4%，对一般公共预算收入走势仍然发挥着决定性作用。

经济决定财政，2020 年中国 GDP 现价增速、一般公共预算收入增速以及税收收入增速均为自 1994 年以来的最低值（见图 1）。

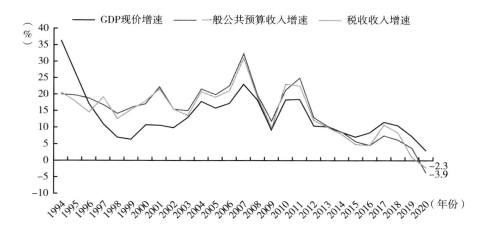

**图1　1994~2020年中国GDP现价增速、一般公共预算
收入增速以及税收收入增速情况**

资料来源：财政部、国家统计局网站。

（二）全年税收收入呈现"对勾形"增长，低于GDP现价增速

2020年，中国税收收入为154312.3亿元，一般公共预算收入为182913.9亿元，全国GDP规模为1015986亿元，税收收入占一般公共预算收入的比重为84.4%，占GDP的比重为15.2%。从增速上看，2020年全年税收收入增速为-2.3%，低于GDP现价增速4.8个百分点，高于一般公共预算收入增速1.6个百分点。

2020年，中国税收收入增长呈明显的"对勾形"特征。一般情况下，税款入库滞后于纳税义务一个月，相应税收收入走势滞后于经济走势一个月。2020年1~2月，全国税收收入增速达到18.9%，反映了2019年12月和2020年1月经济运转正常。2020年1月底，武汉封城，全国人流、物流管控，经济社会处于"停摆"状态，这一状态持续至当年3月底。经济"停摆"对税收收入的影响在2020年3月和4月充分显现，3月税收收入仅为7854亿元，同比下降32.3%，4月降至最低点，2020年1~4月累计下降16.7%，3~4月构成了全年税收收入增长之"底"。此后，复工复产叠加宏观经济政策，经济开始复苏，税收收入也稳定上升，降幅逐渐收窄，6 月税收收入同比增速由负转正，累计增速较上月下降 3.6 个百分点，为全年增速最快月份。7 月税收收入绝对值最高，达到 16519 亿元，9 月后税收收入增速开始超过财政收入，12 月税收收入同比增长 21.6%，高于 1 月增速 2.7 个百分点。税收收入增长走出了"较高开"、增速快速下降至"筑底"，然后稳步回升至全年最高的"对勾形"（见图 2）。

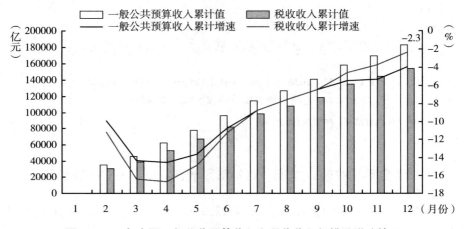

图 2　2020 年全国一般公共预算收入和税收收入规模及增速情况

资料来源：Wind 数据库。

从季度来看，2020 年税收收入增速逐季回升。第一季度受疫情影响，全国税收收入为 39029 亿元，增速为 -16.4%，创自 2009 年以来新低。疫情过后的第二季度当季税收收入规模最大，达到 42961 亿元，2020 年上半年累计增速上升至 -11.3%，降幅收窄 5.1 个百分点，为全年累计增速最快的季度。第三季度税收收入规模为 36886 亿元，当季同比增速最快，由第二季度的 -6.0% 上升至 6.8%，同比提高 12.8 个百分点，同比增速成功实现由负转正。第四季度当季同比增速持续上升至 14.2%，税收收入规模为 35434 亿元，全年累计增速降幅收窄至 -2.3%（见图 3）。

从税收收入增长与经济增长的关系来看，2020 年各季度税收收入增速均低于 GDP 现价增速。中国税收收入增速是 GDP 增长、价格、进出口以及减税降费等多种因素共同作用的结果，尽管GDP增速对其影响最大，但2020年税收收入增速走势与GDP现价增速并未完全保持一致。2020年，中国GDP现价累计值增速自第二季度之后便由负转正，但税收收入累计值保持全年负增长态势，只是降幅在收窄。其中，2020年第二季度，GDP现价累计值增速最大，为4.5%，拉动前两个季度增速达到1.26%，而税收收入累计值实现正增长，为5.1%，但前两个季度增速仍为－11.3%。不过，随着经济的恢复性增长，税收收入累计值增速与GDP现价累计值增速的差距逐季缩小，由第一季度的19.7个百分点缩小到第四季度的4.8个百分点（见图3）。

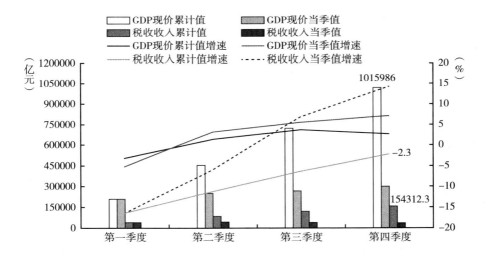

图3　2020年各季度中国税收收入、GDP现价规模及增速情况

资料来源：Wind数据库、财政部网站。

（三）中国税收收入增速高于世界其他发达经济体

经济增长是税收收入增长的决定性因素。2020年，除中国外，世界其他主要经济体经济均呈现负增长，中国一般公共预算收入增速和税收收入增速高于世界其他主要发达经济体。尽管2020年中国一般公共预算收入增速同比下降3.9个百分点，但仍高于欧元区0.34个百分点，高于日本6.59个百分点，中国税收收入增速为－2.3%，日本税收收入增速为－3.46%（见图4）。

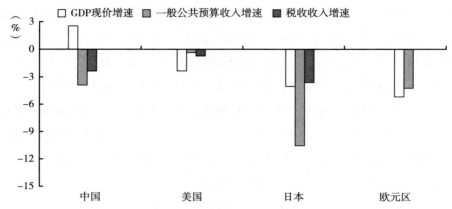

图4 2020年全球主要国家、经济体GDP现价增速、一般公共预算收入增速和税收收入增速比较情况

注：欧元区税收收入增速缺失。
资料来源：相关国家和地区统计部门官方网站。

（四）2020年小口径宏观税负降至15.2%，为自2005年以来的最低值，低于世界其他主要经济体

从季度来看，2020年各季度中小口径宏观税负水平呈现持续下降趋势。第一季度小口径宏观税负当季值为19.0%，第二季度下降至17.3%（前两个季度累计值为18.0%），第三季度继续下降至13.9%（前三季度累计值为16.5%），而第四季度仅为12.0%（全年累计值为15.2%）。第一季度中口径宏观税负当季值为22.4%，第二季度降至20.2%（前两个季度累计值为21.2%），第三季度持续走低至16.9%（前三季度累计值为19.6%），较第二季度同比下降3.3个百分点，第四季度下降至14.1%（全年累计值为18.0%）（见图5）。

从年度来看，2020年小口径宏观税负为自"十一五"以来的最低水平。2012年实施"营改增"之前，我国小口径宏观税负小幅上升，2012年达到近年来最高点，为18.7%，之后随着减税力度加大，小口径宏观税负持续下降，2020年降至15.2%，比2012年降低了3.5个百分点。近年来中口径宏观税负峰值出现在2015年，为22.1%，较2001年上升7.3个百分点，随着减税降费力度加大，中口径宏观税负水平快速下降，2020年降至18.0%（见图6）。

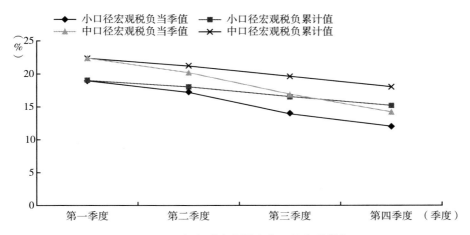

图5　2020年各季度中国中小口径宏观税负

资料来源：Wind数据库。

图6　1994~2020年中国中小口径宏观税负走势

资料来源：国家统计局。

与美国相比，2020年中国中小口径宏观税负均处于较低水平，其中，小口径宏观税负较美国低3.82个百分点，中口径宏观税负较美国低9.81个百分点，远低于美国27.81%的水平。与欧元区46.88%的中口径宏观税负相比，中国低20多个百分点，可见2020年中国中小口径宏观税负处于世界较低水平（见图7）。

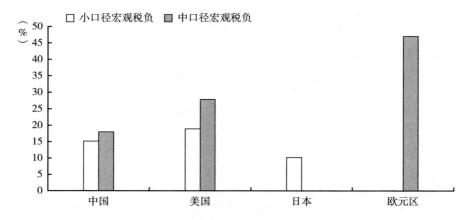

图7　2020年主要国家、经济体宏观税负水平

注：日本中口径、欧元区小口径宏观税负数据缺失。

资料来源：相关国家和地区统计部门官方网站。

二　税收收入运行的结构特征：明显分化

2020年税收收入结构呈现出明显分化的特征，具体表现为地区间税收收入规模、增速存在巨大差异，以及主要税种收入增速存在差距两方面。地区间税收收入差异主要源于经济增长差距以及各地产业结构的不同，而税种收入增速差异主要在于各税种的税基差异以及减税力度不同。

（一）受地区间经济发展与结构差异影响，地区间税收收入增速差异大

分税制改革以来，地方税收收入占比在45%上下浮动，略低于中央税收收入占比。2020年地方税收收入总量为74667亿元，增速为–3%，为自1994年以来首次出现负增长。2020年地方税收收入占全部税收收入的比重为48.4%，较2019年下降0.33个百分点，为自2013年以来的最低水平（见图8）。

无论从收入规模，还是从收入增速来看，2020年地区间税收收入差距

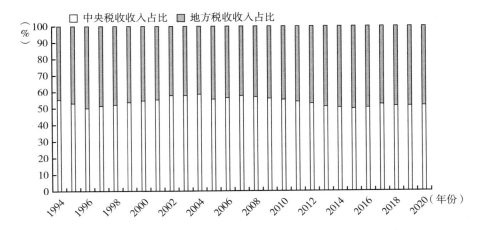

图8　1994～2020年中央税收收入和地方税收收入占比情况

资料来源：Wind数据库、财政部网站。

较大。就税收收入规模而言，全国6个省市税收收入规模超过4000亿元，分别为广东、江苏、浙江、上海、山东、北京，这6个省市税收收入合计占全部地方税收收入的比重超过50%，而诸如青海等省份，其税收收入规模不足500亿元，省际税收收入规模差异巨大。从税收收入增速来看，2020年，青海省税收收入增速最高，达到7.3%，收入增速最低的省份为湖北（-24.0%），二者相差31.3个百分点。

2020年，东部地区税收收入规模最大的6个省市，收入规模占全部地方税收收入的比重在50%以上。2020年东部地区税收收入总量达到45572亿元，占全国地方税收收入的61.3%，税收收入超过4000亿元的6个省市均隶属于东部地区，其中，广东税收收入为9881亿元，占全部地方税收收入的比重为13.23%，位居全国之首。与此同时，东部地区内各省市间税收收入增速差异也较为明显，2020年，浙江税收收入为6262亿元，同比增长6.16个百分点，为东部地区税收收入增速最快省份，海南税收收入为560亿元，同比下降14.3%，在全国排名较靠后。

2020年，中部地区税收收入总量占比不足20%，但省际收入规模较为均衡。2020年，中部地区税收收入总量为12273亿元，占比16.44%。河南税收收入规模最大，为 2765 亿元，山西最低，为 1626 亿元，从收入规模来看，地区内省际差异较小。中部地区 6 个省份全年税收收入增速均为负值，其中，湖南同比下降 0.2 个百分点，为中部地区降幅最小省份，湖北受疫情等因素影响，全年税收收入同比下降 24 个百分点，为中部地区乃至全国降幅最大省份。

2020 年，西部地区 12 个省（区、市）全年税收收入规模超过中部地区，各省收入增速在全国处于较高水平，但省际收入规模差距大。2020 年，西部地区 12 个省（区、市）税收收入总规模为 13359 亿元，占比 17.89%。其中，四川税收收入 2968 亿元，不仅为西部地区之首，而且收入规模已经超过中部地区各省份。青海税收收入 213 亿元，尽管收入规模较小，但增速较高，达到 7.33%，为 2020 年全国税收收入增速最快的省份。

东北地区省份少，三省税收收入体量小，全国占比不足 5%，且均为负增长。2020 年，东北地区三省税收收入总规模为 3462 亿元，占全国税收收入的比重仅为 4.6%。辽宁税收收入 1879 亿元，同比下降 2.6%，为东北地区税收收入规模最大、增速最高的省份（见图 9 和图 10）。

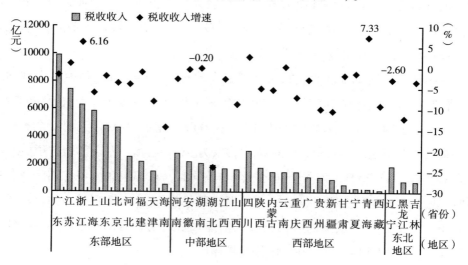

图 9　2020 年全国 31 个省（区、市）税收收入规模及增速

资料来源：Wind 数据库。

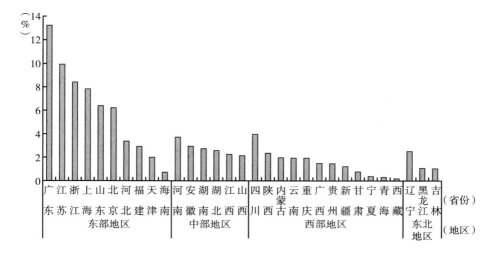

图10 2020年全国31个省（区、市）税收收入占比

资料来源：Wind 数据库。

从增速来看，2020 年绝大多数省份税收收入为负增长，仅 5 省份为正增长，分别为云南、四川、江苏、浙江、青海，其中，青海、浙江税收收入增速超 GDP 现价增速，青海税收收入增速为 7.33%，而 GDP 现价增速仅为 1.5%，四川税收收入增速与 GDP 增速最为接近，但二者仍相差 1.1 个百分点，且上述三省份 GDP 增速位居全国前列。同时，重庆、山西、海南、天津、黑龙江等全国 21 省（区、市）GDP 增速排名靠后的同时税收收入规模也较小，从而反映出经济增长是影响税收收入最直接、最重要的因素。同时，产业结构、居民收入以及中央与地方税收收入划分体制也是影响各省（区、市）地方税收收入规模和增速的主要因素，相应地导致税收收入增长与经济增长之间存在一定程度的偏离，如西藏、贵州、江西等省份，其 GDP 增速相对较高，但其税收收入增速却相对较低（见图11）。

（二）重点税种收入以负增长为主，但个人所得税收入却一枝独秀

目前，我国共有十八个税种，各税种收入规模差异巨大，其中，国内增值税、国内消费税、企业所得税、个人所得税四个税种收入占比高，2020

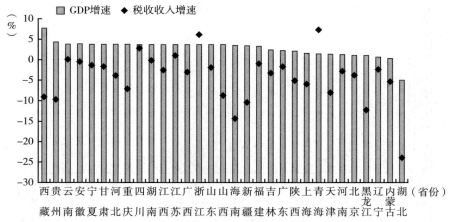

图11　2020年全国31个省（区、市）税收收入增速与GDP增速对比

资料来源：Wind 数据库。

注：本图按 GDP 增速由高到低排列。

年，四大重点税种税收收入占比为75.69%。国内增值税、国内消费税、企业所得税、个人所得税收入占比分别为36.80%、7.79%、23.60%、7.50%（见图12）。

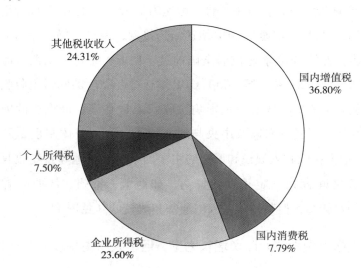

图12　2020年全国主要税种税收收入占比情况

资料来源：Wind 数据库。

2020年，四大税种收入增速差异巨大，以负增长为主，但个人所得税收入增速超过10%，国内增值税、国内消费税以及企业所得税增速分别为 -8.9%、-4.3%和-2.4%，而个人所得税收入增速为11.4%，四税种收入增速差距超过20个百分点。

2020年，国内增值税累计收入为56791亿元，收入总量稳步提升，全年增速呈现"对勾型"趋势。3、4月受疫情影响税收收入增速下降至-24.4%，5月以后迅速回升，12月收入降幅较4月累计降低15.5个百分点。

2020年，国内消费税收入为12028亿元。分季度看，国内消费税收入持续降低，从第一季度的4348亿元下降至第四季度的1152亿元。

2020年，企业所得税全年收入为36424亿元。分季度看，企业所得税收入呈先升后降趋势，第二季度由8625亿元上升至14751亿元，第三、第四季度转而降低至6410亿元。全年累计增速持续降低，第四季度较第一季度降低10.4个百分点。

2020年，个人所得税是四大税种中唯一保持收入正增长的税种，增长了11.4%，全年收入累计规模为11568亿元。疫情期间个人所得税收入增速持续下降，1~5月增速降低至全年最低点，仅为0.7%，之后个人所得税收入增速持续上升，全年增速为11.4%，相较于1~5月最低增速提高了10.7个百分点（见图13）。

（三）数字经济崛起加速行业税源分化

疫情催生了中国数字经济蓬勃发展，从而也加速了行业税源的分化。中国信息通讯研究院2021年发布的《中国数字经济发展白皮书》的数据显示，中国数字化经济发展势头强劲，近三年来数字经济增速虽略有下滑但仍明显高于GDP增速，数字经济规模及其占比持续攀升，2020年，数字经济规模达到39.2万亿元，占GDP的比重为38.6%，同比增长9.7%，较上年上升2.4个百分点（见图14），是同期GDP名义增速的3.2倍。在全球经济数字化发展总体向好的背景下，我国数字经济发展更是风生水起，数字经济总量位居世界第二，数字

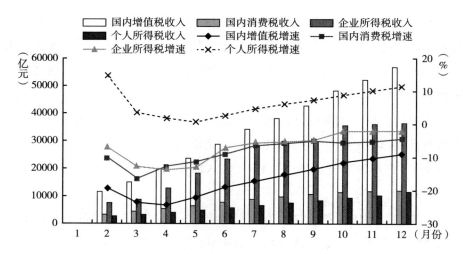

图 13 2020 年全国四大主要税种累计税收收入规模及增速情况

资料来源：Wind 数据库。

经济在 GDP 占比位居世界前十，这更加凸显了我国行业税源分化的特征，2019年全球主要经济体数字经济规模及占比情况见图 15。

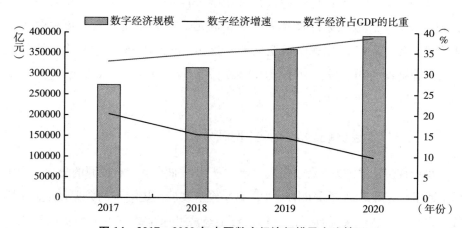

图 14 2017～2020 年中国数字经济规模及占比情况

资料来源：2021 年《中国数字经济发展白皮书》。

受税制和产业发展不均衡的影响，中国三次产业税收收入差异较大。2019 年，第一产业税收收入降至 200 亿元以下，不足第三产业的 1/500，第

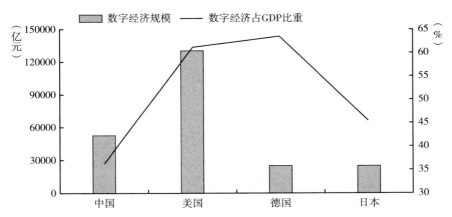

图15 2019年全球主要经济体数字经济规模及占比

资料来源：《全球数字经济新图景》。

一产业税收收入占本产业 GDP 比重也较低，仅为 0.24%；第二产业税收收入规模达到 73933 亿元，占全部税收收入的比重为 19.42%，第二产业税收收入占本产业 GDP 比重为 19.4%；第三产业税收收入为 98010 亿元，占全部税收收入的比重为 19.42%，占本产业 GDP 比重为 18.3%。三次产业税收收入规模、增速和占本产业 GDP 比重差异较大（见图16）。

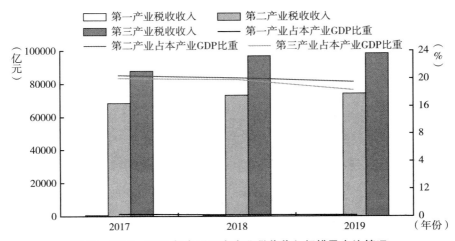

图16 2017～2019年全国三次产业税收收入规模及占比情况

资料来源：Wind 数据库。

近年来，受数字经济快速发展的影响，第三产业内部各行业间也呈现出"非均衡化"发展的态势，与数字经济相关的技术密集型税收收入呈现出快速增长势头，而传统劳动密集型产业税收发展则相对缓慢。2019年，计算机、通信和其他电子设备制造业与通用设备制造业等六大行业税收收入保持在2000亿元以上水平，其中，科学研究和技术服务业、软件和信息技术服务业税收收入分别达到2891亿元、2831亿元。税收收入规模较小的互联网和相关服务业实现收入总量247亿元，同比增长56.86%。可见数字产业化对税收增收效果明显（见图17）。2019年，住宿和餐饮业税收收入为557亿元，较2018年下降11.49%，略高于农林牧渔业，可见技术密集型产业税收收入不仅绝对规模远高于劳动密集型产业，增长率与劳动密集型产业负增长也形成鲜明对比（见图18）。

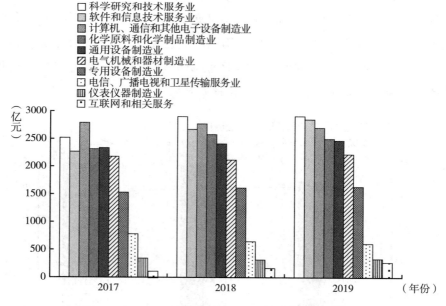

图17 2017~2019年全国数字产业化税收收入规模

资料来源：《中国税务年鉴》。

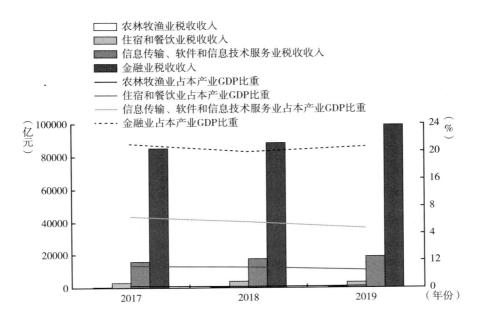

图18 2017~2019年全国技术密集型产业、劳动密集型产业税收收入规模

资料来源：Wind 数据库。

三 从三大市场走势透视税收收入情况

以流转税为主体的税制结构决定着中国税收收入与各类市场运行状态关系密切。对此，本部分从房地产市场、进出口市场以及资本市场运行状况等角度，着重分析 2020 年与上述市场直接相关的税收收入运行情况。

总体来看，我国税收收入受疫情影响较大，全年税收收入负增长。但从局部领域来看，部分市场领域或繁荣，或受疫情拖累，与各市场领域直接相关的税种收入呈现出既有高速增长又有负增长的态势。

（一）2020年房地产市场带动契税等土地房产类税收收入增长

目前在我国十八个税种中，有五个税种与房地产市场直接相关，分别为契税、土地增值税、城镇土地使用税、耕地占用税和房产税。其中，契税、土地增值税收入与房价及房地产开发商利润关系密切，房地产市场的繁荣与否对这两个税种收入规模及增速有重要影响。自 1994 年以来，我国商品房销售规模快速攀升，销售增速呈两位数增长，带来了土地房产五种税种收入规模的快速增长。尽管自 2016 年以来，中国商品房销售增速呈下降趋势，但因销售体量大，仍是重要的税源（见图 19）。

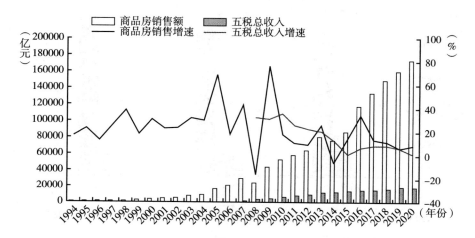

图 19　1994～2020 年商品房销售规模及相关税种总收入规模及增速

资料来源：Wind 数据库。

2020 年，受疫情及房地产调控政策的影响，我国商品房销售额为 173613 亿元，增速为 8.7%，低于"十三五"时期前几个年份，但高于 2019 年。其中，上半年销售额增速急速下降，下半年稳步上升。增速由 2 月的 −35.9% 上升至 12 月的 8.7%，累计增长 44.6 个百分点，较去年年末涨幅扩大 2.2 个百分点。与此相适应，我国房地产五税总收入增长与商品房销售走势同步，增速由 2 月的 −6.34% 上升至 12 月的 2.26%，其中，契税收入与商品房销售走势高度同步，收入增速由 3 月最低点 −19.95% 上升至 12 月的 13.65%，累计增长 33.6 个百分点（见图 20）。

分税种来看，2020 年全国契税收入为 7061 亿元，累计增速 13.65%，自 3 月疫情后持续增长，下半年累计增速实现由负转正，增速较上半年提高了 16.04 个百分点。其中，10 月收入同比增速最高，达到 38.59%，当月契税收入规模为 510 亿元。2020 年，房产税收入 2842 亿元，累计增速下降 4.90%，较 2019 年下降 8.4 个百分点，土地增值税收入累计规模为 6468 亿元，累计增速在 12 月份实现转正，达到 0.1%，城镇土地使用税收入为 2058 亿元，增速为 −6.2%。

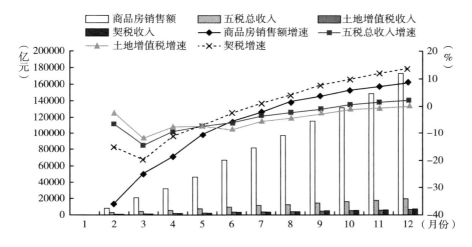

图 20　2020 年商品房销售额及相关税种税收收入规模及增速

资料来源：Wind 数据库。

（二）进口贸易负增长拖累进口税收入增长

与进出口市场直接相关的税种是进口增值税、进口消费税、关税，以及增值税和消费税的出口退税，其中，进口税中又以进口增值税和进口消费税收入为主。2020 年，全国进口总值为 20556.12 亿美元，增速为 −1.1%，出口总值 25906.46 亿美元，增速为 3.6%，进出口贸易顺差为 5350 亿美元（见图 21）。

进口贸易的负增长导致我国进口税收收入呈现负增长。2020 年，进口税收入（进口增值税和消费税以及关税收入）为 17099 亿元，比 2019 年减收 1602 亿元，增速为 −8.57%。其中，进口增值税和消费税收入累计值为 14535 亿元，增速为 −8.1%。分季度看，进口增值税和消费税收入均为负增长，但降幅在逐级收窄，从第一季度的 −23.9% 收窄至第四季

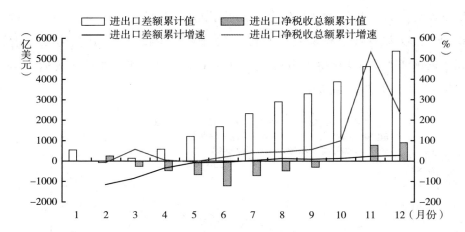

图 21 2020 年中国进出口差额累计值和进出口净税收总额累计值及增速

资料来源：国家统计局。

度的 −8.1%。2020 年，关税收入累计值为 2564 亿元，同比下降 11.2 个百分点。关税收入增速的季度表现与进口增值税和消费税类似，关税收入增速从第一季度的 −13.80% 收窄至第四季度的 −11.20%，增速极值在第二季度，为 −15.20%（见图 22）。

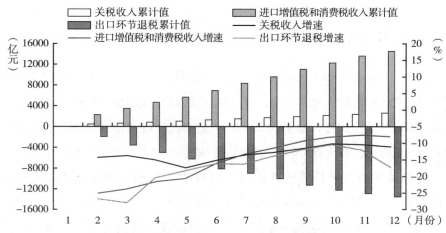

图 22 2020 年中国关税累计值、进口增值税和消费税累计值
收入、出口环节退税累计值及增速

资料来源：Wind 数据库。

与贸易顺差不同，中国进出口税收净额为正。2020年，中国出口环节退税累计值为13629亿元，比进口增值税和消费税收入累计值低906亿元，这主要由于进出口贸易结构差异所致。

（三）资本市场繁荣带来股票交易印花税收入增速创近年新高

按照现行规定，中国证券（股票）交易印花税是对在上海证券交易所、深圳证券交易所、全国中小企业股份转让系统买卖、继承、赠与优先股所设立的股权的出让方征收，税率为1‰，税基为实际买卖、继承、赠与的成交金额。因此，股票市场盛衰直接影响证券（股票）交易印花税收入。

2020年，全国股票成交额累计达到2067254亿元，增速为62.24%。与股票市场繁荣相呼应，同期，全国证券交易印花税收入累计值达到1774亿元，同比增长44.3%（见图23）。

股票交易印花税收入的季度走势与股票成交态势高度吻合。2020年，股票交易成交额呈增长态势，四个季度累计增速分别为46.45%、27.78%、58.47%和62.24%，股票交易印花税收入增速分别为5%、8.8%、30.3%和25.4%，总体上股票交易额增速高于股票交易印花税收入增速。

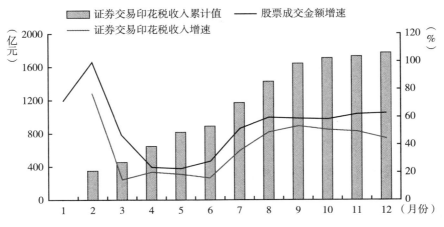

图23　2020年全国股票交易额及证券交易印花税收入规模

资料来源：Wind 数据库。

四　总结与展望

在现代国家中，筹集财政收入、为公共服务融资是税收的应有之义，因此天然具有化解公共风险的作用。税收通过提供公共服务来满足公民生活、发展的直接需要，使公民受益，为经济社会发展注入确定性，这正是现代财政的重要内容。若公共服务规模不足、质量不高、发展不平衡，则会制约国家经济社会的发展。在2020年，这一特征表现得更加明显。

（一）以财政风险化解公共风险

1. 2020年税收收入有力地支撑经济社会平稳发展，保障"三大攻坚战"

2020年，中国税收收入占一般公共预算收入的比重在80%以上，有力地支撑了经济社会的平稳发展。在税收收入的支撑下，疫情期间科学技术、节能环保、农林水等公共服务支出继续保持一定的规模。

税收收入保障"三大攻坚战"，保障疫苗生产，支持抗疫。习近平总书记在十九大报告中提出：要坚决打好防范化解重大风险、精准脱贫、污染防治的攻坚战，使全面建成小康社会得到人民认可、经得起历史检验。2020年，我国扶贫支出在2019年增长14.3%的基础上又增长了1.5%。精准防治，使得资金向疫情防控重点地区、治理任务艰巨等地区倾斜，坚持补齐生态短板。

面对疫情的重大风险，税收收入作为主收入渠道，用于支撑各项疫情支出，这主要体现在保障疫情防控物资生产供应、支持疫苗研发、化解疫情风险；以减免税费政策保市场主体、保就业，化解经济社会领域风险；以税收政策支持经济转型，提升经济高质量发展。为更好地抗击新冠肺炎疫情，保障人民生命健康，2020年，全国卫生健康支出19201亿元，同比增长15.2%，其中，与疫情防控直接相关的公共卫生支出增长74.9%。2020年，中国社会保障和就业支出32581亿元，同比增长10.9%，有力保障居民就业。

在税收收入、减税降费政策以及其他宏观政策的支撑下，中国主要经济指标逐渐稳定、转好，全年实现GDP2.3%的增长，为全球唯一正增长的国家，全国城镇调查失业率为5.2%，全年新设市场主体2500万户左右，实现逆势大幅增长。

2. 小口径宏观税负创历史新低，财政风险在聚集

自2014年中国经济发展步入新常态以来，为对冲经济下行带来的公共风险，中国多年来持续实施减税降费政策。经济下行叠加减税力度的不断加大，税收收入占GDP的比重、占一般公共预算收入的比重以及一般公共预算支出的比重均呈明显下降趋势，2020年，小口径宏观税负降至历史低点，财政可持续风险在聚集。税收政策在化解公共风险的同时，对财政的支撑作用也在减弱。

（二）2021年税收收入情况简析

1. 2021年前三季度税收收入情况简析

2021年前三季度，一般公共预算收入为164020亿元，同比增长16.3%，两年平均增长4.3%，其中，中央一般公共预算收入为76526亿元，同比增长17.1%，两年平均增长3.1%；地方一般公共预算收入87494亿元，同比增长15.6%，两年平均增长5.5%。

全国税收收入140702亿元，同比增长18.4%，两年平均增长5.3%；非税收入23318亿元，同比增长5.4%，两年平均增长-0.8%，主要税种增长情况见表1。

表1　2020年、2021年前三季度主要财政收入指标

单位：%

	2020前三季度增速	2021年前三季度增速	两年平均增速
一般公共预算收入	-6.4	16.3	4.3
其中:中央	-9.3	17.1	3.1
地方	-3.8	15.6	5.5

续表

	2020 前三季度增速	2021 年前三季度增速	两年平均增速
税收收入	−6.4	18.4	5.3
国内增值税	−13.5	17.4	0.8
国内消费税	−5	12.3	3.3
企业所得税	−4.9	18.8	6.3
个人所得税	7.3	21.6	14.2
进口增值税、消费税	−9.4	24.5	6.2
关税	−11.6	17.3	1.8
非税收入	−6.7	5.4	−0.8

2021 年，受国际大宗商品价格大幅上涨，国内经济趋于恢复，需求扩大以及部分产品供应偏紧等多重因素影响，中国一般预算收入和税收收入完成年初预算已成定局。

2.2021年收入增速高于支出增速，但"数据好看，日子难过"

2017～2019 年，一般公共预算支出增速分别为 7.6%、8.7% 和 8.1%，2020 年增速回落至 2.8%。2021 年，积极的财政政策和财政刚性支出等都要求保持适度的财政支出强度，因此，仍需要保持财政支出增速的正增长，同时，统筹考虑 2020 年一般公共预算收支增速以及 2021 年财政紧平衡的特征，预计 2021 年一般公共预算支出增速应在 2%～2.5% 左右。

总体来看，2021 年一般公共预算收入增速预计高于支出增速，但"数据好看，日子难过"。这主要是由于 2020 年在赤字、专项债和抗疫特别国债的支持下尚能应对，尤其是特别国债和直达基层机制有效保障了基层财力；但是，2021 年的一般公共预算收入在上年低基数的作用下同比增速较高，且受 2021 年赤字规模比 2020 年减少 1900 亿元、专项债比上年减少 1000 亿元、不再发行特别国债三大因素减少近 1.29 万亿元的影响，2021 年可动用历年结转减少，实际可用的财力总量增幅较低，因此，预计 2021 年"财政数据好看，但日子难过"。

附表

附表1　2016～2020年全国、中央与地方税收收入占一般公共预算支出比重

单位：%

项目	2016 年	2017 年	2018 年	2019 年	2020 年
全国税收收入占全国一般公共预算支出比重	69.43	71.09	70.8	66.15	62.83
中央税收收入占中央一般公共预算支出比重	75.65	79.76	78.57	74.01	67.26
地方税收收入占地方一般公共预算支出比重	40.34	39.64	40.36	37.78	35.47

附表2　2016～2020年东、中、西部和东北地区税收收入占一般公共预算支出比重

单位：%

地区	2016	2017	2018	2019	2020	均值
东部	59.09	57.56	57.99	54.83	53.28	56.55
中部	31.54	31.89	32.57	30.71	28.05	30.952
西部	24.96	24.36	25.14	23.31	21.50	23.854
东北	27.34	26.94	27.88	24.86	22.23	25.85

附表3　2016～2020年全国月度税收收入占一般公共预算支出比重

单位：%

月份	2016	2017	2018	2019	2020
3 月	54.13	47.30	51.88	45.79	34.25
4 月	105.13	106.03	112.73	99.69	76.74
5 月	85.71	83.37	93.58	85.28	82.28
6 月	54.11	50.78	51.28	45.65	58.09
7 月	99.63	106.91	115.32	108.30	96.67
8 月	54.13	60.81	62.81	60.16	59.22
9 月	41.56	47.86	45.41	38.51	42.12
10 月	109.07	127.61	111.91	121.45	113.43
11 月	47.36	53.00	49.00	51.56	49.89
12 月	36.49	35.27	25.38	25.59	26.72

附表4 2016～2020年全国税收收入与一般公共预算支出及增长率

单位：亿元，%

项目	2016 年	2017 年	2018 年	2019 年	2020 年	年均增速
全国一般公共预算支出	187755.21	203085.4	220904.13	238858.3	245588.03	6.9
全国税收收入	130360.73	144369.87	156402.86	158000.46	154312.3	4.3
全国一般公共预算支出增长率	6.3	7.6	8.7	1.5	2.8	—
全国税收收入增长率	4.4	10.7	8.3	1	-2.3	—

附表5 2016～2020年中央税收收入与一般公共预算支出及增长率

单位：亿元，%

项目	2016 年	2017 年	2018 年	2019 年	2020 年	年均增速
中央一般公共预算支出	86804.5	94908.93	102388.47	109475.01	118410.87	8.1
中央税收收入	65669.04	75697.15	80448.07	81020.33	79643.06	4.9
中央一般公共预算支出增长率	4.4	5.3	7.7	6.9	8.2	—
中央税收收入增长率	1.05	10.6	6.3	0.7	-0.15	—

附表6 2016～2020年地方税收收入与一般公共预算支出及增长率

单位：亿元，%

项目	2016 年	2017 年	2018 年	2019 年	2020 年	年均增速
地方一般公共预算支出	160351.36	173228.34	188196.32	203743.2	210492.46	7
地方税收收入	64691.69	68672.72	75954.79	76980.13	74666.94	3.7
地方一般公共预算支出增长率	6.2	7.6	8.7	8.5	3.3	—
地方税收收入增长率	7.4	10.9	10.6	1.3	0.03	—

附表7 2016～2020年国债余额情况

单位：亿元，%

项目	2016	2017	2018	2019	2020
中央财政国债余额	120066.75	134770.15	149607.41	168038.04	208905.87
中央财政国债余额增长率	12.63	12.25	11.01	12.32	24.32

附表8　2016~2020年地方债余额情况

单位：亿元，%

项目	2016	2017	2018	2019	2020
地方债余额	153164.01	165099.71	184618.67	213097.78	256614.65
地方债余额增速	4.3	7.8	11.8	15.4	20.4
地方一般债余额	97867.78	103631.7	110484.51	118670.79	127395
地方专项债余额	55296.23	61468.01	74134.16	94426.99	129219.65

附表9　2016~2020年全国债务余额及债务占GDP比重

单位：亿元，%

项目	2016年	2017年	2018年	2019年	2020年
国内生产总值	746395.1	832035.9	919281.1	986515.2	1015986.2
债务总余额	273230.76	299869.86	334226.08	381135.82	465520.52
债务余额占比	36.61	36.04	36.36	38.63	45.82

附表10　2016~2020年全国、中央和地方调入资金及其占一般公共预算支出比重

单位：亿元，%

项目	2016	2017	2018	2019	2020	年均增速
全国财政使用结转结余及调入资金	7226.37	10040.52	14765.28	22196.75	26133.32	37.9
中央财政调入资金	1315.06	1633.37	2453	3194	8880	61.2
地方从预算稳定调节基金调入及使用结转结余	5911.31	8407.15	12312.28	19002.75	17253.32	30.7
全国财政使用结转结余及调入资金占一般公共预算支出比重	3.85	4.94	6.68	9.29	10.64	—
中央财政调入资金占一般公共预算支出比重	1.51	1.72	2.4	2.92	7.5	—
地方从预算稳定调节基金调入及使用结转结余占一般公共预算支出比重	3.69	4.85	6.54	9.33	8.2	—

参考文献

宏观经济形势分析报告课题组:《经济持续回暖,下行压力依然存在——2020 年经济运行分析及 2021 年经济形势展望》,《财政科学》2021 年第 2 期,第 109~126 页。

刘尚希主编《中国财政政策报告(2020)》,社会科学文献出版社,2020。

罗志恒:《中国财政形势何去何从?》,新浪财经网,2021 年 2 月 25 日,https://finance. sina. cn/zl/2021 – 02 – 25/zl – ikftpnny9674606. d. html? from = wap。

周岳、肖雨:《预算赤字率 3. 2% 究竟高还是低?》,《李迅雷金融与投资(2021 – 03 – 08)》,2021 年 5 月 13 日,http://finance. eastmoney. com/a/202103081833508568. html。

刘郁、姜丹:《疫情之下,2020 年各省经济财政成绩单》,《债市研究(2021 – 01 – 31)》,2021 年 5 月 13 日,https://www. sohu. com/a/447911833_ 611449。

胡祖铨:《我国政府债务规模及其债务风险的研究》,《经济预测部(2017 – 12 – 21)》,2021 年 5 月 13 日,http://www. sic. gov. cn/News/455/8692. htm。

城投行业研究团队:《2020 年各省债务负担有何变化?》,《中债资信》,2021 年 5 月 13 日,https://finance. sina. com. cn/money/bond/market/2021 – 05 – 13/doc – ikmxzfmm2255284. shtml。

分 报 告
Topical Reports

B.3

2021年税收政策进展及"十四五"
中国税收政策展望

许 文[*]

摘　要： "十三五"时期中国不断深化税制改革、持续推进减税降费、加快落实税收法定原则，为构建现代财税制度、支持中国全面建成小康社会、实现第一个百年奋斗目标发挥了重要作用。"十四五"时期是中国开启全面建设社会主义现代化国家新征程、向第二个百年奋斗目标进军的第一个五年，在百年未有之大变局和构建新发展格局的背景下，"十四五"时期的税收政策要着眼于中长期、确定性和稳定预期，加快推动完善现代税收制度，构建有利于经济社会发展的更大确定性。2021年作为"十四五"的开局之年，税收政策应发挥承上启下的作用，既要继续应对疫情防控常态化的风险，也要为构建新发展格局和推进高

---

[*] 许文，经济学博士，中国财政科学研究院公共收入研究中心副主任、研究员，长期从事财税理论与政策研究工作，主要研究方向为税收理论与政策、能源环境经济政策等。

质量发展奠定基础。

关键词： "十四五"　税收政策　现代税收制度　高质量发展

一　"十三五"持续深化税制改革和加快
落实税收法定原则，取得阶段性成果

"十三五"时期，我国的国内外发展环境错综复杂。党的十八届三中全会发布的《中共中央关于全面深化改革若干重大问题的决定》（以下简称《决定》）明确提出了"完善税收制度"的要求，包括深化税收制度改革、完善地方税体系、逐步提高直接税比重，以及推进增值税、消费税、个人所得税、房地产税、资源税、环境保护税的改革。按照上述要求，我国不断深化税制改革、持续推进减税降费、加快落实税收法定，出台了一系列重大改革举措，在税收改革上取得了重要的阶段性成果。

（一）税制改革取得重大进展，税制结构不断优化

1. 深化增值税改革

2016 年 5 月 1 日，全面推开营改增试点，增值税实现了对货物和服务的全面征收，打通了第二产业、第三产业间的抵扣链条。同时，在将增值税税率由四档简并为三档的基础上，进一步降低了基本税率水平，并实施了扩大进项税抵扣范围、加大期末留抵退税力度等改革措施。

2. 实施综合与分类相结合的个人所得税制度改革

2018 年 8 月，十三届全国人大常委会第五次会议通过了新修改的《中华人民共和国个人所得税法》，明确将工资薪金、劳务报酬、稿酬和特许权使用费四项所得合并为综合所得，并将基本减除费用标准提高至每月 5000 元，调整优化了税率结构。同时，在现行扣除基础上设立了六项专项附加扣除项目，包括子女教育、继续教育、大病医疗、住房贷款利息或住房租金、

赡养老人。

3. 改革和完善消费税制度

"十三五"期间的消费税制度经过多次改革，征收范围、税率等得以进一步优化。在征收范围方面，取消对小排量摩托车、汽车轮胎、车用含铅汽油、酒精、普通化妆品等产品的消费税征收，将电池、涂料纳入消费税征收范围；在税率方面，逐步提高成品油消费税税额，较大幅度提高卷烟消费税税率，较大幅度降低高档化妆品消费税税率，对超豪华小汽车在零售环节加征 10% 的消费税。

4. 推进资源环境税收制度改革

2016 年 7 月 1 日，全面推开资源税从价计征改革，扩大征收范围，目前已在河北等 10 个省份实施了水资源费改税试点。2016 年 12 月，全国人民代表大会常务委员会通过了《中华人民共和国环境保护税法》，2018 年 1 月 1 日起正式实施。改革后的资源税和环境保护税，配合其他绿色低碳相关税收政策，初步构建起绿色税制的框架。

十八届三中全会《决定》中所明确的六项税制改革任务，除房地产税立法外，增值税、消费税、个人所得税、资源税和环境保护税的改革任务全部完成。通过相关税种的税制改革，进一步优化了税制结构。根据相关统计，我国的直接税比重已从 2015 年的 32.4% 上升为 2019 年的 34% （见表1）。①

表1　2020 年的税制构成情况

分类	具体税种
流转税	增值税、消费税、关税
所得税	企业所得税、个人所得税
财产税	城镇土地使用税、房产税、车船税
资源环境税	资源税、环境保护税
行为和其他特定目的税	车辆购置税、烟叶税、城市维护建设税、印花税、土地增值税、耕地占用税、契税、船舶吨税

---

① 本刊编辑部：《辉煌"十三五"财政谱华章》，《中国财政》2020 年第 21 期，第 6 页。

（二）持续实施减税降费政策，稳定经济社会发展

"十三五"时期的税收政策，通过减税降费的制度性安排与阶段性政策并举、普惠性减税与结构性减税并举，系统整体地加以推进①。据统计，"十三五"时期的新增减税降费规模达到7.6万亿元。

具体来看，2016年以全面推开营改增的增值税制度改革为主实施大规模减税。2017年和2018年分别通过简并增值税税率、全面清理规范涉企收费、降低增值税税率、提高个人所得税基本减除费用标准等措施实施减税降费。2019年则通过对小微企业普惠性减税、个人所得税专项附加扣除、深化增值税改革、降低社会保险费率、清理规范行政事业性收费和政府性基金等，实施了更大规模的减税降费政策，减税降费额达到2.36万亿元②。2020年实施了疫情防控和促进企业复工复产等减税降费政策，新增减税降费规模将超过2.6万亿元。

在持续推进减税降费的背景下，2016～2020年的中国宏观税负（即一般公共预算收入中的税收收入占GDP的比重）分别为17.47%、17.35%、17.01%、16.02%和15.20%，呈逐年下降趋势。2020年的宏观税负比"十二五"时期末（2015年）的18.13%降低了近3个百分点。

（三）"落实税收法定原则"提速，待立法税种的立法任务完成过半

按照党的十八届三中全会关于"落实税收法定原则"的要求，税收立法工作得以加速进行。除已完成立法工作的企业所得税法、个人所得税法和车船税法外，"十三五"时期有8个税种完成立法工作，这8部税法分别是《中华人民共和国环境保护税法》《中华人民共和国烟叶税法》《中华人民共

---

① 财政部：《关于2020年中央和地方预算执行情况与2021年中央和地方预算草案的报告》，《人民日报》2021年3月14日，第2版。

② 《减税降费促发展 利企惠民添动能——"十三五"时期我国减税降费取得积极成效》，2020年10月22日，http://www.gov.cn/xinwen/2020-10/22/content_5553452.htm。

和国船舶吨税法》《中华人民共和国耕地占用税法》《中华人民共和国车辆购置税法》《中华人民共和国资源税法》《中华人民共和国城市维护建设税法》《中华人民共和国契税法》，"十三五"时期完成立法工作的税种占"十三五"初期待立法的 15 个税种的一半以上（见图 1）。

增值税、消费税等 7 个税种的税收立法也在稳步推进，财政部、国家税务总局已开展了部分税种的立法前期准备工作，并分别于 2018 年和 2019 年发布了印花税、土地增值税、增值税和消费税 4 个税种的税法征求意见稿，向社会公开征求意见。

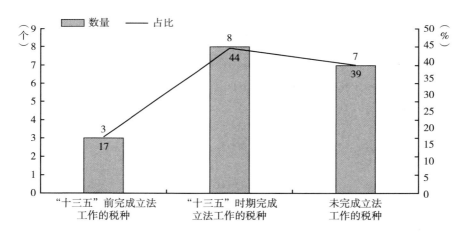

图 1　中国税种立法情况

（四）深化税收征管体制改革，合并国地税

"十三五"时期，税收征管体制先后经历了两次大变革，实现了从第一次的国地税"合作"到第二次的国地税"合并"。2015 年，中共中央办公厅、国务院办公厅印发《深化国税、地税征管体制改革方案》，提出服务深度融合、执法适度整合、信息高度聚合的改革要求，全面深化国税、地税合作。2018 年，中共中央办公厅、国务院办公厅印发《国税地税征管体制改革方案》，对全国省级和省级以下国税地税机构进行合并，

并明确非税收入征管职责划转到税务部门,初步构建起优化、统一、高效的税费征管体系①。

(五)税收服务国家重大发展战略,助力国家治理现代化

通过不断深化税制改革和完善税收政策,我国在"十三五"时期已初步建立了与社会主义市场经济体制和高质量发展相适应的税制体系,为服务国家重大发展战略和推进国家治理现代化提供了制度保障。

1.税收收入功能保持稳定

据统计,全国税收收入规模由 2015 年的 124922.20 亿元增长到 2020 年的 154310.00 亿元(见图 2),即使是在受疫情影响税收收入增速下降的情况下,年均税收收入增速也保持在 4% 左右。同时,税收收入占一般公共预算收入的比重基本稳定在 80% 以上,充分发挥了税收作为筹集财政收入主渠道的功能。

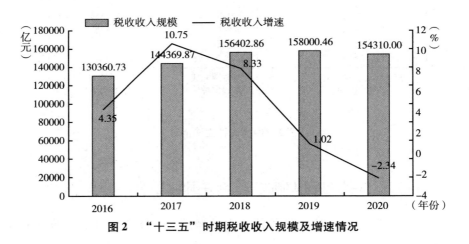

图 2 "十三五"时期税收收入规模及增速情况

2.助力经济社会高质量发展

"十三五"时期,支持科技创新的税收政策不断优化完善,不断加大鼓励

---

① 王军:《"十三五"时期税收有力服务经济社会发展大局》,《中国税务》2020 年第 11 期,第 7~9 页。

创新的力度，着力促进企业加大研发投入，为助推创新驱动发展战略实施和创新型国家建设发挥了重要作用。据统计，"十三五"时期鼓励科技创新的税收政策减免金额年均增长28.5%，五年累计减税额达2.54万亿元。同时，出台了一系列支持脱贫攻坚的税收优惠政策，聚焦易地扶贫搬迁、贫困人口就业、扶贫捐赠等脱贫攻坚重点领域和关键环节，加大税收政策支持力度。支持脱贫攻坚税收优惠政策减免金额从2015年的263亿元增加到2019年的742亿元，2020年达到1022亿元，年均增长30.6%[①]。

二 2021年保持税收政策不急转弯，继续应对疫情风险，服务新发展格局

作为承上启下的重要一年，2021年的税收政策将从"十三五"时期以"减税降费"为基本特征的"降成本"要求，逐步转向"十四五"时期"支持新发展格局"的新要求。可以看出，在2020年实施疫情相关减税降费政策的基础上，2021年并没有把减税降费作为基本政策目标，也没有提出具体的减税降费规模目标。而是以更为及时、精准、有效的税收政策的制定，满足新发展阶段各方面调控的需要。

（一）税收政策着眼于提质增效和可持续，平衡好"当前和长远"的关系

2021年《政府工作报告》指出："新冠肺炎疫情仍在全球蔓延，国际形势中不稳定、不确定因素增多，世界经济形势复杂严峻。国内疫情防控仍有薄弱环节，经济恢复基础尚不牢固，居民消费仍受制约，投资增长后劲不足，中小微企业和个体工商户困难较多，稳就业压力较大。关键领域创新能力不强。一些地方财政收支矛盾突出，防范和化解金融等领域风险的任务依

---

① 《十组税收数据反映"十三五"时期中国经济社会发展取得新的历史性成就》，2021年3月11日，http://www.chinatax.gov.cn/chinatax/n810219/n810724/c5162225/content.html。

然艰巨。生态环保任重道远。民生领域还有不少短板"①。

在经济长期向好的基本面没有改变但依然面临一些风险挑战的情况下，2021 年要保持宏观政策连续性、稳定性和可持续性，促进经济运行在合理区间。在区间调控基础上加强定向调控、相机调控、精准调控。宏观政策要继续为市场主体纾困，保持必要的支持力度，不急转弯，根据形势变化适时调整完善，进一步巩固经济基本盘。同时，积极的财政政策要提质增效、更可持续②。具体来看，2021 年《政府工作报告》也提出了提高小规模纳税人增值税起征点、加大小型微利企业所得税优惠力度、提高制造业企业研发费用加计扣除比例等十余项新的税收政策举措。

2021 年 4 月，财政部在国务院新闻办新闻发布会③上介绍了加快建立现代财税体制的改革要求，提出：按照积极财政政策提质增效、更可持续的要求，下一步财政部将综合考虑财政可持续和实施助企纾困政策的需要，平衡好"当前和长远""需要和可能"的关系，着力完善减税降费的政策。具体涉及继续执行制度性减税降费政策、阶段性减税降费政策有序退出、强化小微企业税收优惠、加大对制造业和科技创新的支持力度、继续清理收费基金五个方面的税收政策。可以看出，这些税收政策与 2021 年《政府工作报告》中明确的税收政策在方向和内容上是基本一致的。

（二）延续实施疫情相关的税收政策，进一步支持疫情防控，减轻企业负担

1. 针对疫情防控常态化，延续实施疫情相关的税收政策

为进一步支持疫情防控，减轻企业负担，帮助企业纾困发展，相关部门对 2020 年出台的应对疫情的阶段性减税降费政策进行了分类调整，总体上进行了延续。其中，考虑到疫情的持续影响，相关部门对部分政策的执行期

---

① 《政府工作报告》，《人民日报》2021 年 3 月 13 日，第 1 版。
② 《政府工作报告》，《人民日报》2021 年 3 月 13 日，第 1 版。
③ 《贯彻落实"十四五"规划纲要 加快建立现代财税体制发布会》，2021 年 4 月 7 日，http：//www.scio.gov.cn/xwfbh/xwbfbh/wqfbh/44687/45235/index.htm。

限适当延长，避免出现政策突然停止执行造成税负突增的问题；而对涉及疫情防控保供等临时性、应急性政策，到期后停止执行。

具体来看，小规模纳税人减征增值税政策、疫情防控个人所得税政策、电影等行业税费支持政策的执行期限延长至2021年12月31日。疫情防控捐赠相关税收政策执行期限延长至2021年3月31日。

2. 继续实施减税政策，加大对制造业的税收政策支持力度

为进一步激励企业加大研发投入、支持科技创新，促进先进制造业高质量发展，支持小微企业、个体工商户和相关社会事业发展，财税部门除了延续已到期的相关税收优惠政策的执行期限外，还在前期实施的税收政策的基础上，加大了优惠政策的支持力度。例如，在延续执行企业研发费用加计扣除75％的政策的基础上，将制造业企业加计扣除的比例提高到100％；对先进制造业企业按月全额退还增值税增量留抵税额；将小规模纳税人增值税起征点从月销售额10万元提高到15万元；对小微企业和个体工商户年应纳税所得额不到100万元的部分，在现行优惠政策的基础上再减半征收所得税。

3. 继续清理和调整部分政府性基金，减轻企业负担

为进一步降低企业成本，优化营商环境，财税部门在前期减免港口建设费、民航发展基金政策的基础上，取消了港口建设费，并进一步降低了民航发展基金的征收标准。

（三）继续实施税制改革试点，支持加快构建新发展格局

1. 继续实施支持海南自由贸易港建设的税收政策

为进一步贯彻落实《海南自由贸易港建设总体方案》的要求，我国于2021年对海南自由贸易港出台了关于中国国际消费品博览会（以下简称"消博会"）展期内销售的进口展品的税收优惠政策，明确在全岛封关运作前，对消博会展期内销售的规定数量和金额以内的进口展品免征进口关税、进口环节增值税和消费税；明确在现行海南离岛旅客免税购物政策框架内，增加离岛旅客邮寄送达、岛内居民返岛提取两种提货方式；出台海南自由贸易港自用生产设备"零关税"政策，在全岛封关运作前，对在海南自由贸易港注册

登记并具有独立法人资格的企业，在进口自用的生产设备时，免征关税、进口环节增值税和消费税。在当前国际疫情仍在持续蔓延、世界经济艰难复苏的背景下，实施上述税收支持政策，有利于提升消博会的影响力和吸引力，支持海南国际旅游消费中心建设，吸引更多国内外优质企业前往海南自由贸易港发展。

2. 明确"十四五"（或2030年）的进口税收政策，支持科技、重点产业和资源的进口

2021年，为贯彻党的十九届五中全会精神，财税部门出台了一系列"十四五"期间（或2030年）支持集成电路产业和软件产业发展、支持新型显示产业发展、支持科技创新、支持科普事业发展、支持民用航空维修用航空器材的资源勘探开发利用、支持中西部地区国际性展会、支持种用野生动植物种源和军警用工作犬进口、支持种子种源进口和支持抗艾滋病病毒药物进口等的税收政策。

同时，在关税政策方面，根据《国务院关税税则委员会关于2021年关税调整方案的通知》（税委会〔2020〕33号），自2021年1月1日起，调整部分进口商品的最惠国税率、协定税率和暂定税率。具体内容包括：对883项商品实施低于最惠国税率的进口暂定税率；对原产于相关国家或地区的部分进口商品实施协定税率；自2021年7月1日起，对176项信息技术产品的最惠国税率实施第六步降税。

上述进口税收政策的调整，有助于利用全球资源要素满足国内需求，有助于联通国内市场和国际市场，契合中国构建以国内大循环为主体、国内国际双循环相互促进的新发展格局的需要。

三 "十四五"税收政策展望：为经济社会发展注入更大确定性

"十四五"时期是中国开启全面建设社会主义现代化国家新征程的第一个五年，也是最关键的五年。在"十三五"时期税收发展的基础上，"十四五"时期应按照建立现代财税体制的要求，必须坚持"一张蓝图绘到底"，

着眼于中长期、确定性和稳定预期，深化税收改革，为经济社会发展注入更大确定性，为推进国家治理体系和治理能力现代化提供有力支撑。

（一）"十四五"税收改革的基本逻辑：从物本逻辑转向人本逻辑①

在百年未有之大变局、构建新发展格局和推动经济高质量发展的背景下，"十四五"的税收改革应坚持什么样的逻辑？税收政策又应如何定位？

1.税收改革应从物本逻辑转向人本逻辑

《中华人民共和国国民经济和社会发展第十四个五年规划和2035年远景目标纲要》明确将"坚持以人民为中心"作为"十四五"时期经济社会发展必须遵循的原则，要求"坚持人民主体地位，坚持共同富裕方向，始终做到发展为了人民、发展依靠人民、发展成果由人民共享，维护人民根本利益，激发全体人民的积极性、主动性、创造性，促进社会公平，增进民生福祉，不断实现人民对美好生活的向往。"

根据上述论述可以看出，"十四五"时期的经济社会发展目标应围绕"以人民为中心"，同时实现物的发展和人的发展。发展的根本动力在于人，因此需要提高国民素质、劳动技能和创新能力，激发全体人民的积极性、主动性、创造性；发展的最终落脚点也在于人，要以经济增长和社会财富的创造，满足人民对美好生活的需要。中国多年以来的经济社会实践也表明，构建"人人参与、人人努力、人人共享"的发展模式，是实现社会公平和经济效率有机融合的有效方式。

坚持以人民为中心、人民主体地位的政治逻辑，中国的发展逻辑也将走向人本逻辑，依靠人的创新驱动实现发展，最终实现所有人的全面、平等发展。在中国进入新发展阶段和实现高质量发展的背景下，需要全面开启以人为核心的现代化建设。相应地，中国的财税制度也需要按照"坚持以人民为中心"的原则进行改革，人本逻辑将成为今后税收改革的基本逻辑。

---

① 刘尚希：《"十四五"时期提高税收制度适配性的几点思考》，《税务研究》2021年第5期，第13~16页。

具体来看，基于人本逻辑实施税收改革，需要做好以下两方面的工作。

第一，在促进经济发展方面，包括促进消费、促进产业结构升级和畅通国内大循环，税收改革工作需要围绕着促进人力资本积累和有效缩小人力资本积累差距进行税收制度和政策方面的改革和调整。

第二，在促进人的发展方面，包括调节收入分配、缓解收入分配差距，税收改革工作需要激励各类主体创新进而激发创新潜力，为创新创业和机会公平奠定基础，从促进人的全面平等发展的角度设计税收制度和政策。

2. 税收改革应为经济社会发展注入确定性

"十四五"时期是中国跨越中等收入的时期，要实现"十四五"规划以及全面建成社会主义现代化国家的目标，中国仍面临着诸多不确定性和严峻的风险挑战。这种不确定性需要依托确定性的宏观政策，即税收改革应为经济社会发展注入确定性。

从保持中国宏观税负总体稳定的要求出发，"十四五"时期的税收政策将不再以减税降费为主。持续多年的减税降费政策，在降低市场主体负担的同时，也将宏观税负降到较低的水平，相应地也带来了财政收支压力和未来财政如何可持续发展的问题。因此，"十四五"时期难以再实行大规模的减税降费政策，或者说，只能在保持宏观税负稳定的前提下实施结构性减税。

未来的减税降费应服务于完善税费制度的需要，无论是减税还是降费，都应当作为完善制度的副产品，而不是短期的政策措施，如税收制度和社保体制的改革。从这个角度来看，未来仍然有减税降费的空间，但这个空间更多体现在结构性的变化上，即未来的减税降费需要通过税费制度的结构性调整和完善来实现。

减税降费主要体现为企业减负，增加企业的现金流，进而提高企业的利润和财力，对于稳定企业的短期经营作用很大。但在稳定预期方面，企业面临着诸多的不确定性因素，不能仅仅依靠减税降费来解决问题，需要做长期战略性考虑。与此相对应的问题是，如果政府长期实施减税降费政策，会给市场主体以"减税降费一直在路上"的预期，可能导致企业被动地等待政策，不利于激发企业的内生发展动力。为减少企业对减税降费政策的依赖程度，应推动阶段性税费优惠政策的制度化完善，以更为规范的制度化政策安排来确保企业的合理税费负担水平。因此，未来的减税降费政策需要着眼于中长期、确定性和稳定预期，在保持宏观税负相对稳定的前提下，通过制度性减税和结构性减税的方式落实减税降费政策，从而为经济社会发展注入更大确定性。

（二）"十四五"税收改革的核心：提高税收制度适配性①

税收状况取决于经济社会的发展水平，我国进入新发展阶段、贯彻新发展理念和构建新发展格局，也就意味着税收制度应根据新发展格局的需要进行转型，提高税制与新时期经济社会发展的适配性。

当前税收制度与经济社会的适配性，可以从经济社会的运行、治理和发展三个层面进行分析，税制的适配性程度在这三个层面上是依次递减的。一是从总体税收负担与经济社会的承受能力的角度来看，税收制度与经济社会运行的适配性较高，经济社会能够适应现行宏观税负水平；二是从税收制度和政策协调经济社会利益的角度来看，税收制度与经济社会治理的适配性不足。治理的要义是权衡各方面的利益、风险，使之得到有效协调和平衡，从而引导社会预期。但目前中国现行税收制度和政策难以寻找满足社会各方需求的最大"公约数"；三是从税收促进全面发展的角度来看，税收制度与经济社会发展的适配性偏低，税收制度尚未按照"人本逻辑"加以设计和安排，不能满足其促进人的现代化和经济发展方面的要求。

目前，中国的新发展格局呈现以人为核心的"六化"，即现代化、数字化、金融化、绿色化、老龄化和城镇化，因此，税收制度也需要在"六化"方面进一步提高适配性。

1. 提高税制与现代化的适配性

全面建成社会主义现代化国家是中国未来的发展目标，在以制度现代化

---

① 刘尚希：《"十四五"时期提高税收制度适配性的几点思考》，《税务研究》2021 年第 5 期，第 13～16 页。

推动物质现代化和人的现代化的过程中，也同样需要推动税收制度的现代化。较长一段时间以来，中国现代化的重心主要放在物质现代化上，在此阶段构建与市场经济相适应的税收制度，是与物质现代化相匹配的。但进入新发展阶段，如前所述，税收制度应当根据制度现代化的要求，按照"人本逻辑"进行改革，实现税收制度的现代化。

2. 提高税制与数字化的适配性

随着数字技术的发展，数字化成为继农业革命、工业革命之后的第三大技术革命。这将彻底改变人们的生产生活方式，深刻影响新时代经济社会的发展，也会对建立在工业社会基础之上的税收理论和税收制度带来颠覆性的影响。在数字化的场景下，行业边界模糊，制造与服务融合化，生产者与消费者一体化，就业虚拟化、远程化、非组织化等方面会影响到税源分布和税基的确定，并相应地影响纳税人、征税对象、计征方式等基本税制要素，未来的税收制度面临重构的可能性。同时，全球数字化的趋势也将促进国际贸易的数字化转型，并带来经济数字化下的国际税收问题，引发全球税收规则的调整。数字化对税收带来了影响和挑战，也对中国的税收制度变革和中国参与全球税收规则制定提出了新的要求。

3. 提高税制与金融化的适配性

金融化是金融交易与实体交易的高度融合，其基本功能是促进所有权的结构化和社会化，为所有社会财富和资源的流动、交换和使用提供金融手段，使不可交易变得可交易、不可使用变得可共享，进而提高社会财富的使用效率。例如，金融化与数字化的结合，使工业装备、场地、检测仪器等不可交易的资源变得可交易、可共享。资源资产化和资本化、资产证券化也将会超越现有税收制度的覆盖范围。财富、资源、知识产权和创造性劳动的金融化将使劳动收入、资本收入的边界不再清晰分明，这就需要重新定义相关征税对象、纳税人和税基。

4. 提高税制与绿色化的适配性

生态文明建设是关系中华民族永续发展的根本大计，生态环境问题是关系民生的重大社会问题。从中国自身的发展需要看，需要坚持"绿水青山就是金山银山"的理念，实施可持续发展战略，完善生态文明领域统筹协调机制，构建生态文明体系，推动经济社会发展的全面绿色转型，建设"美丽中国"①。同时，应对气候变化已成为国际竞争和博弈的热点，中国已经提出"中国二氧化碳排放力争 2030 年前达到峰值，努力争取 2060 年前实现碳中和"的目标，欧盟也提出了 2023 年实施碳边境调整机制，形成绿色壁垒。这些都对中国税收制度的适配性提出了要求，也将倒逼税制加速进行绿色转型。

5. 提高税制与老龄化的适配性

根据第七次全国人口普查结果，中国 60 岁及以上人口已达 2.64 亿人，占总人口的比重超过了 18%。社会老龄化、低生育率等问题也对税收制度的适配性提出了新要求。老龄化带来了社会成本的急剧上升、如何合理分摊养老成本等问题，我国社会财富的增长快于 GDP（国内生产总值）的增长，将居民金融资产、房产等财富向养老方向配置，社会财富的金融化支撑养老，加快养老第三支柱建设，都需要税收引导社会财富的配置。目前中国也提出了"优化生育"政策和实施"一对夫妻可以生育三个子女"政策，这也要求税收在支持子女生育上发挥相应的积极作用。

6. 提高税制与城镇化的适配性

根据《中国统计年鉴》的相关数据，中国的城镇化率由 1978 年的 17.9% 提高到 2020 年的 60% 以上。城镇化的发展趋势带来了税源空间配置的变化。税源与人的生产生活密切相关，随着城镇化率的进一步提高和城镇居民比例的不断扩大，税源主要集中在中心城市、都市圈、城市群，这使得税制在全国统一性和区域差异性的协调上难度加大，农民市民化的"双跨"特点也将使纳税人的居住地原则难以实施。这些问题都使得税收制度的适配性下降，因此体现区域特点的地方税建设将更为迫切。

为满足经济社会发展"六化"趋势的要求，新发展阶段的税收制度有

---

① 《中华人民共和国国民经济和社会发展第十四个五年规划和 2035 年远景目标纲要》，2021 年 3 月 13 日，http://www.gov.cn/xinwen/2021-03/13/content_5592681.htm。

必要通过系统性改革提高与"六化"的适配性,基本方向是构建以人为核心的创新友好型、环境友好型的数字化税收制度。

(三)"十四五"时期税制改革重点:完善现代税收制度和推动高质量发展

1."十四五"时期的税制改革目标:完善现代税收制度

在百年未有之大变局和进入新发展阶段的背景下,"十四五"时期需着力提升发展质量和效益,保持经济持续健康发展;坚持创新驱动发展战略,加快发展现代产业体系;形成强大的国内市场,构建新发展格局;全面推进乡村振兴,完善新型城镇化战略;优化区域经济布局,促进区域协调发展;全面深化改革开放,持续增强发展动力和活力;推动绿色发展,促进人与自然和谐共生;持续增进民生福祉,扎实推动共同富裕①。税收制度应服务于上述目标和要求,并为构建新发展格局、推动高质量发展贡献力量。

(1)"十四五"时期的税制改革目标

根据《中华人民共和国国民经济和社会发展第十四个五年规划和2035年远景目标纲要》,"十四五"时期要完善现代税收制度,具体包括以下七个方面的内容(见表2)。

表2 "十四五"时期税制改革目标

序号	税制改革目标
1	优化税制结构,健全直接税体系,适当提高直接税比重
2	完善个人所得税制度,推进扩大综合征收范围,优化税率结构
3	聚焦稳定制造业、巩固产业链和供应链,进一步优化增值税制度
4	调整优化消费税征收范围和税率,推进征收环节后移并稳步下划地方
5	完善税收优惠制度
6	推进房地产税立法,健全地方税体系,逐步扩大地方税政管理权
7	深化税收征管制度改革,建设智慧税务,推动税收征管现代化

---

① 《中华人民共和国国民经济和社会发展第十四个五年规划和2035年远景目标纲要》,2021年3月13日,http://www.gov.cn/xinwen/2021-03/13/content_5592681.htm。

（2）"十四五"时期税收政策的改革要求

"十四五"规划从多个方面提出了税收政策方面的要求，包括"对企业投入基础研究实行税收优惠，实施更大力度的研发费用加计扣除、高新技术企业税收优惠等普惠性政策，构建有利于企业扩大投资、增加研发投入、调节收入分配、减轻消费者负担的税收制度，实施有利于节能环保和资源综合利用的税收政策"等23项税收政策要求，涉及坚持创新驱动发展、加快发展现代产业体系、形成强大的国内市场和构建新发展格局、加快数字化发展、全面深化改革、完善新型城镇化战略、推动绿色发展、实行高水平对外开放、增进民生福祉等18个发展领域①。

2. "十四五"时期税收改革的着力点：围绕高质量发展推进改革

综合来看，基于构建新发展格局和推进高质量发展的目标，在按照"十四五"规划中有关建立现代税收制度和完善税收政策的要求进行改革时，应重点注意以下方面。

（1）推进间接税和直接税的改革，进一步优化税制结构

优化税制结构需要在重点健全直接税体系的同时，积极做好间接税的相关改革工作，在两者的互动和协调过程中逐步优化结构。

一是继续推进个人所得税和房地产税等直接税的改革，完善直接税体系。在目前个人所得税实行部分综合征收的基础上，逐步扩大综合所得范围。未来需要把工资薪金所得、劳务报酬所得、稿酬所得、特许权使用费所得、生产经营所得、其他财产所得以及投资所得纳入综合范围。在房地产税改革方面，目前已明确了"立法先行、充分授权、分步推进"的改革原则。2021年10月23日，第十三届全国人民代表大会常务委员会第三十一次会议通过了《关于授权国务院在部分地区开展房地产税改革试点工作的决定》，这标志着即将进行房地产税改革试点。随着房地产税改革试点的推行，未来相关部门应在深化试点的基础上尽快统一立法，在全国范围推行房

---

① 《中华人民共和国国民经济和社会发展第十四个五年规划和2035年远景目标纲要》，2021年3月13日，http://www.gov.cn/xinwen/2021-03/13/content_5592681.htm。

地产税改革。

二是优化增值税制度和推进消费税改革，完善间接税体系。全面实施的营改增改革统一了国内的增值税制度，在总体上解决了抵扣链条中断和重复征税等问题，但现行增值税制度依然存在着税率档次过多、税制过于复杂等问题，"十四五"期间需考虑完成简并增值税税率等中性化改革目标。同时，海南自由贸易港也在进行零售环节征收销售税的改革，"十四五"时期也应结合数字经济发展情况研究增值税的未来改革方向等问题。现行消费税制度的改革主要涉及征收范围、税率水平和征收环节等方面，由于未来中央与地方收入划分改革中会涉及消费税收入归属的重新调整，因而需要在收入分享的前提下实施消费税相关制度改革。从经济社会发展和税收调节的需要来看，现行消费税征税范围仍具有进一步扩展的可能，包括将影响生态环境和高档消费的相关产品和行为纳入征收范围，并同时提高部分商品的税率，这也是在"十四五"时期结构性减税的前提下可以选择进行增税的主要空间。消费税的征收环节后移仍然会受制于税收征管能力，相关部门需要考虑在征管能力允许、条件成熟的情况下，根据消费税征税对象的不同特点，逐步将部分商品的消费税由主要在生产环节征收过渡到在零售或批发环节征收。此外，"十四五"期间还应将增值税与消费税等流转税税种关联起来进行改革。

（2）依照在高质量发展中促进共同富裕的要求，构建促进共同富裕的税收政策体系

共同富裕是社会主义的本质要求。2021年8月17日，习近平总书记在中央财经委员会第十次会议上再次强调"促进共同富裕"，并明确了共同富裕的要求是全民富裕、全面富裕、勤劳创新致富和逐步共富，要正确处理公平与效率的关系，形成发展成果人人享有的合理分配格局。促进共同富裕的总思路是："坚持以人民为中心的发展思想，在高质量发展中促进共同富裕，正确处理效率和公平的关系，构建初次分配、再分配、三次分配协调配套的基础性制度安排，加大税收、社保、转移支付等调节力度并提高精准性，扩大中等收入群体比重，增加低收入群体收入，合理调节高收入，取缔

非法收入，形成中间大、两头小的橄榄型分配结构，促进社会公平正义，促进人的全面发展，使全体人民朝着共同富裕目标扎实迈进"①。基于上述认识，需充分发挥税收在促进共同富裕上的作用。具体表现为："要合理调节过高收入，完善个人所得税制度，规范资本性所得管理。要积极稳妥推进房地产税立法和改革，做好试点工作。要加大消费环节税收调节力度，研究扩大消费税征收范围。要加强公益慈善事业规范管理，完善税收优惠政策，鼓励高收入人群和企业回报社会。"②

（3）研究碳减排相关税收政策，建立健全有利于绿色低碳发展的税收政策体系

2020 年 9 月，习近平总书记在联合国大会上宣布"中国二氧化碳排放力争 2030 年前达到峰值，努力争取 2060 年前实现碳中和"。《中华人民共和国国民经济和社会发展第十四个五年规划和 2035 年远景目标纲要》也将绿色生态可持续发展作为中国"十四五"期间的重要战略目标之一，要求广泛形成绿色生产生活方式，碳排放达峰后稳中有降，生态环境根本好转，"美丽中国"建设目标基本实现。中国提出的碳达峰、碳中和目标，意味着要完成全球最高碳排放强度降幅，用全球历史上最短的 30 年时间实现从碳达峰到碳中和，要完成这一目标需要开展的是一场广泛而深刻的经济社会系统性变革，这表明"30·60"目标"无疑将是一场硬仗"，是未来要面对的一项艰巨任务。税收政策作为促进节能减排、低碳绿色发展的重要政策工具，应配合碳排放交易和其他绿色低碳相关政策，在实现"30·60"目标中发挥积极作用。为此，2021 年 9 月 22 日发布的《中共中央 国务院关于完整准确全面贯彻新发展理念做好碳达峰碳中和工作的意见》中明确提出"研究碳减排相关税收政策"。2021 年 10 月 24 日出台的《国务院关于印发2030 年前碳达峰行动方案的通知》（国发〔2021〕23 号）中也明确提出"建立健全有利于绿色低碳发展的税收政策体系，落实和完善节能节水、

① 《扎实推动共同富裕》，《人民日报》2021 年 10 月 16 日，第 1 版。
② 《扎实推动共同富裕》，《人民日报》2021 年 10 月 16 日，第 1 版。

资源综合利用等税收优惠政策，更好发挥税收对市场主体绿色低碳发展的促进作用"。因此，"十四五"时期可结合中国碳达峰的实际情况，积极研究包括碳税在内的碳减排政策，合理制定和出台绿色低碳相关的税收政策。

（4）制定适应数字化转型的税收政策，协调国际数字税相关规则

随着全球新一轮科技革命和产业变革的兴起，以区块链、人工智能、物联网为代表的数字技术正逐步渗透到社会生活的各个领域，数字经济的迅猛发展带来了商业模式的全新变革。建立在工业社会基础上的传统税制改革缓慢，与经济数字化的不适应性越来越强。无论是税收原理上还是征管实践上，中国当前税制没有完全适用于数据资产化和新兴数字产业的相关规定。除税基侵蚀这种各国当前面临的共同难题外，经济数字化还为我国现行税制的实施带来了许多棘手的新挑战。面对数字化转型对税收带来的影响和挑战，有必要针对当前中国经济数字化转型中的主要税收制度和税收征管问题，重点进行改革，增强税收对数字化转型的适应性。

同时，跨境电子商务和数字贸易也成为全球化的重要内容，并与反税基侵蚀和利润转移（BEPS）的国际税收规则融合在一起①。目前，作为应对数字化经济税收挑战解决方案的一部分，OECD（世界经济合作与发展组织）和 G20（二十国集团）在应对 BEPS 问题包容性框架上已经取得进展。根据 OECD 在 2021 年 7 月 1 日发布的公告，全球 130 个国家和司法管辖区已经加入新的"双支柱"计划，"支柱一"将跨国企业的部分税收权利重新分配到其有业务活动和赚取利润的市场，而不管公司是否存在实体；"支柱二"则是将全球最低公司税率设定为 15%。结合上述国际税收规则的变化，中国应积极参与国际数字税等相关税收规则的协调工作。

---

① 刘尚希：《"十四五"时期提高税收制度适配性的几点思考》，《税务研究》2021 年第 5 期，第 13～16 页。

B.4
"十四五"时期中国宏观税负走势研判

梁　季*

摘　要： 宏观税负是观察财政风险的一个视角，尽管其与财政风险没有必然直接的联系，但宏观税负值的高低可以折射一个国家财政风险的大小。本报告首先回顾了中国自 1994 年以来宏观税负演变特征。具体来说，中国中小口径的宏观税负水平经历了 15 年的长时间稳步上升，2008 年金融危机后平稳增长，2016 年至今则是快速下降时期。中国经济发展步入新常态以来，经济下行且减税力度不断加大，2016 年以来税收收入占 GDP 的比重、占一般公共预算收入的比重以及占一般公共预算支出的比重均呈明显下降趋势。税收政策化解公共风险的同时，对财政的支撑作用在减弱，财政风险在聚集。其次，观察世界主要发达经济体，发现其宏观税负在波动中上升。据此，通过对中国"十四五"时期宏观税负走势做出研判，认为"稳定"和"优化"是中国未来宏观税负调整的主基调，并提出了稳定宏观税负的若干改革建议。

关键词： 宏观税负　财政风险　税收政策

一　宏观税负：观察财政风险的一个视角

宏观税负是指一个国家（地区）的税负总水平，通常以一定时期（一

---

* 梁季，经济学博士，中国财政科学研究院公共收入研究中心副主任，研究员，博士生导师。中国税务学会理事，主要研究方向为财税理论与政策。中国财政科学研究院陈彦廷博士、黄巍硕士对本报告的数据分析有贡献。

般为一年）的税收总量（或政府收入总量）占国内生产总值（GDP）的比重来表示①。因此，宏观税负是个相对值概念，它一方面反映了一国（地区）新创造价值中政府部门所拥有的份额，另一方面也反映了市场主体为公共产品和服务供给所承受的负担。宏观税负用公式表示为：

$$宏观税负 = 税收收入总量/国内生产总值(GDP) * 100\%$$

鉴于中国政府预算管理与发达国家存在较大差异，因此，对税收收入总量，即分子口径的确定也存在较大差异。从中国政府预算实践来看，分子口径主要有3种：一是小口径税收收入，仅指税收收入，即由全国税务机关以及海关代征的18个税种的税收总收入；二是中口径税收收入，指一般公共预算收入，包括税收收入和非税收入；三是大口径税收收入，指纳入预算管理的全部政府收入。目前，中国政府预算分为一般公共预算、政府性基金预算、国有资本经营收入预算和社会保险基金预算，通常称为"四本预算"。大口径税收收入总量通常是指这"四本预算"收入科目下所有收入的汇总额减去"四本预算"中重复记账数额后的总差额。正是由于对税收收入总量划分口径的不同，从而产生了不同口径下的宏观税负，即中国宏观税负也相应地分为小、中、大三个口径。基于本书的研究对象和研究范围，本部分仅分析小、中口径的宏观税负。

宏观税负水平从收入侧面反映了政府动用经济资源的能力以及政府与市场的关系。在财政支出既定的前提条件下，宏观税负水平决定了政府债务水平，进而决定了财政风险的大小。宏观税负水平高，政府债务水平则相对较低，财政风险较小。反之，财政风险大。因此，宏观税负与政府债务犹如硬币的正反面，折射出财政风险的高低。在加快构建以国内大循环为主体、国内国际双循环相互促进新发展格局的背景下，宏

① 宏观税负也有以税收收入总量占国民生产总值（GNP）的比重，或税收收入总量占国民收入（NI）的比重来表示的，但目前比较常用的表示方式是税收收入总量占国内生产总值（GDP）的比重。

观税负水平及结构也在一定程度上反映了国家宏观调控战略布局和充分利用国际、国内两个市场进行资源调度、优化配置的能力。实现宏观税负水平与新发展格局、经济社会高质量发展要求相契合,是健全完善复杂严峻经济形势下宏观调控政策、推动经济社会发展与公共风险防控有效均衡的重要措施。

现实环境下影响宏观税负的因素较多,经济体制、发展阶段、城镇化水平、社会政策、政府效率等都会对其产生直接或间接的影响。但是,在诸多影响因素中,政府职能定位和事权范围大小是最基础、最主要的影响因素,它是经济体制、发展阶段、城镇化水平以及社会政策的综合反映。在当今各国政府普遍以"债"度日的形势下,各国对政府债务的态度和理念也是影响宏观税负水平的一个重要因素。因此,通过分析宏观税负走势和水平,可以透视其背后的财政运行状态和财政风险的高低。比如,1994 年以来,中国中小口径的宏观税负水平经历了"长时间稳步上升"到"近年来快速下降"的演变过程。宏观税负稳步上升期大致为 1994 ~ 2007 年,中国经济社会奇迹式发展,公共财政需要基本得到满足,政府债务水平得到有效控制,财政更可持续,财政风险较小,形成了财政可持续与经济发展的良性循环。2008 年金融危机后平稳增长,2016 年至今,是中国中小口径宏观税负水平快速下降时期。在此期间,中国经济发展步入新常态,为对冲经济下行、拉动经济增长,中国一方面减税降费、一方面适度增加了财政支出强度,形成了中小口径宏观税负水平快速下降、政府债务规模和债务负担率快速上升的财政经济运行态势,财政可持续受到较大挑战,财政风险在聚集、扩大。

再比如,欧洲各国普遍以高宏观税负水平著称,这种格局始于 20 世纪70 年代,随着政府职能的扩大、社会福利诉求的提升,欧洲主要国家的宏观税负水平快速提高,在 20 世纪 80 年代至 90 年代初,欧洲各国宏观税负水平仍在上升,但上升速度略有下降。20 世纪 90 年代后期,受《马斯特里赫特条约》和《稳定与增长公约》的约束,欧盟成员国纷纷实施财政整顿,通过控制公共支出、加税、提高宏观税负水平等手段控制政府债务规模,降低财政风险。20 世纪末、21 世纪初,欧盟各国纷纷减税,宏观税负快速下

降，2004 年后虽有所回升，但仍未达到 20 世纪 90 年代后期水平，财政支出刚性较大，收支缺口只能以政府债务弥补，财政风险不断上升，最终导致欧债危机和经济发展长期低迷。

总之，宏观税负与财政风险呈现负相关关系，宏观税负水平能够在一定程度上折射财政风险的高低。但是，宏观税负水平高并不一定代表财政风险降低，财政风险增加也并不一定意味着宏观税负水平低，宏观税负水平只是财政风险乃至公共风险大小的参考因素，而非决定因素。

二　中国宏观税负的历史演变：缓慢上升与快速下降

改革开放以来，中国宏观税负备受关注。1994 年分税制财政体制改革目标明确设定为"提高两个比重"，即"提高财政收入占 GDP 的比重和提高中央收入占财政收入的比重"，这意味提高宏观税负水平是 1994年财税体制改革的总要求，增值税制度也得以在我国普遍推行，并不断得以强化。之后，中国中小口径的宏观税负均稳步提高，这一趋势持续了近 15 年。宏观税负长期稳定提高意味着税收收入和一般公共预算收入正常长期超过 GDP 增长，这一现象引发社会各界热议，褒贬不一，在十八届三中全会前达到热议高潮。2013 年 11 月，党的十八届三中全会通过的《中共中央关于全面深化改革若干重大问题的决定》定调"稳定宏观税负"，2014 年 6 月中共中央政治局会议通过《深化财税体制改革总体方案》，"稳定宏观税负"的基调得以进一步重申。这意味着决策层认为，中国宏观税负水平与经济社会发展是适配的，宏观税负水平应保持适度稳定。但是，随着经济下行压力的增大，减税呼声不断，2016 年 7 月，中央政治局会议明确提出"降低宏观税负"，降低企业税费成本成为2016 年供给侧结构性改革"三去一降一补"任务中的"重中之重"，之后，各项减税降费政策纷纷落地，中小口径宏观税负也随之下降，到2020 年，中小口径宏观税负已分别降至 18.0% 和 15.2%。随着宏观税负的下降，各级财政收支平衡的压力不断加大，财政可持续发展受到严峻挑战。2021 年 3 月 23 日，韩正副总理在中国财政科学研究院主持召开的财税工作座谈会上重提"稳定宏观税负"。这意味着决策层认为，未来一段时期，从促进新发展格局构建的角度看，宏观税负不宜继续降低，应保持适度稳定。

经济总量决定了财政收入规模的上限，财政收入又构成经济总供给的组成部分，二者相互影响。1994 年分税制改革以来，在经济高速增长期，中国税收收入以更高的速度增长，宏观税负因此提高；经济增速放缓后，中国税收收入以较低的增速增长，导致宏观税负下降。宏观税负的演变，既有经济因素，也受税费制度改革及其政策变动的影响。

（一）中小口径宏观税负的演变特征

自 1994 年分税制改革以来，中国中口径宏观税负与小口径宏观税负总体上走势基本一致，都经历了一个先逐步上升后逐步下降的过程，呈现出倒 "U" 形曲线，但中口径宏观税负的增幅和降幅都显著高于小口径宏观税负。其中，中口径宏观税负是指一般公共预算收入占 GDP 的比重，而小口径宏观税负指税收收入占 GDP 的比重。两者差额即是非税收入占 GDP 的比重。

1994～2011 年，伴随着中国经济的快速发展，政府需要更多的资源发挥宏观调控的作用，中国中口径宏观税负和小口径宏观税负从 1994 年的不到 11% 开始持续增长，并于 2012～2015 年分别稳定在 21.8% 和 18.6% 的水平上。

2016 年开始，随着中国经济步入新常态，政府开始出台一系列减税降费政策来刺激经济，中国中口径宏观税负和小口径宏观税负都出现了较大幅度的下降。2020 年，中国中口径宏观税负为 18.0%，小口径宏观税负为 15.2%，与 2005～2006 年的宏观税负水平基本持平。

虽然自 1994 年以来，中国中口径宏观税负和小口径宏观税负基本走势一致，但变动幅度却有差异。为了分析这种差异，将对二者之差进行分析。

二者之差的经济含义就是非税收入占 GDP 的比重。1994～2015 年，非税收入占 GDP 的比重从 0.2% 持续增长至 4.0%，随着减税降费政策的推进实施，2016 年非税收入占 GDP 的比重又逐步回落，降至 2020 年的 2.8%。因此，中口径宏观税负在 1994～2015 年的增幅显著高于小口径宏观税负，2016 年开始其降幅也显著高于小口径宏观税负。图 1 显示了 1994～2020 年中国中小口径宏观税负趋势。

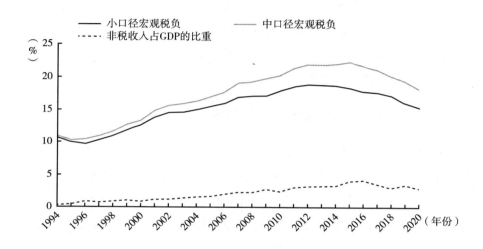

图1　1994～2020 年中国中小口径宏观税负趋势

数据来源：财政部、国家统计局。

（二）从税收收入弹性关系看宏观税负

自 1994 年以来，中国税收收入增速总体上波动幅度要比 GDP 不变价增速大得多，主要因为 GDP 不变价增速剔除了价格因素，1994 年以来的税收收入增速大致可以分为三个阶段：一是 1994 年至 2006 年的稳定波动阶段，中国税收收入增速在 12.5%～21.6% 之间稳定波动；二是 2007 年至 2009 年的异常波动阶段，2007 年中国税收收入增速骤升至 31.1%，并在后两年内跌至 9.8%，这与 2007 年经济过热以及 2008 年金融危机密切相关；三是 2010 年以来的波动下降阶段，随着 GDP 可比增速的逐年下降，税收收入增速也从 2010 年的 23.0% 波动下降至 2020 年的 - 2.3%（见图 2）。

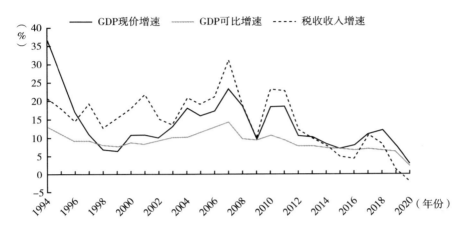

图 2　1994～2020 年我国税收收入增速与 GDP 增速对比

数据来源：财政部、国家统计局。

1994 年以来，中国税收收入增速与 GDP 现价增速的大体走势相当，且波动幅度都较大，为探究二者之间更深入的关系，同时剥除价格因素的干扰，对此，将从税收弹性的角度展开分析。

1997～2012 年，中国税收弹性始终大于 1，这就意味着中国在这段时期内的税收收入增速高于 GDP 现价增速，这是因为，中国确立社会主义市场经济体制以及分税制改革后，制度改革红利不断释放，经济高速增长，经济繁荣，商品生产流通活跃，市场主体效益好，居民收入提高，税基不断扩大，带动税收收入的更高速增长，税收收入弹性大于 1，中小口径宏观税负稳步提高。

在 1994～1996 年与 2013～2020 年，中国的税收弹性始终小于 1，意味着中国在这段时期内的税收收入增速低于 GDP 现价增速，尽管两个时期税收收入弹性均小于 1，但背后原因却并不同。

1994～1996 年，新税制运行尚在磨合期，利益分配格局尚在调整中，新税制筹集财政收入的功能尚未充分发挥，同时，社会主义市场经济体制确

立之初的经济高速增长带来严重通胀，GDP 现价增速超高，使得税收收入
弹性小于 1。

2013 年以来税收收入弹性小于 1 的主因在于经济下行和减税降费。经
济下行带来市场主体经营效益不好，居民收入增长乏力，商品服务生产流通
需求不足，2020 年税收弹性出现了 - 0.92 的异常值（见图 3），这是在减税
降费的背景下，同时受到了新冠肺炎疫情的冲击，导致税收收入出现了负
增长。

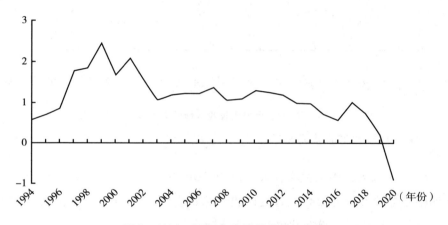

图 3　1994～2020 年中国税收弹性趋势

数据来源：财政部、国家统计局。

（三）重点税种收入占 GDP 比重的演变特点

总体来说，自 1994 年以来，在中国重点税收中，国内增值税收入占 GDP
的比重最高，企业所得税次之，个人所得税和国内消费税占比大致相当。

自 1994 年以来，中国国内增值税（含营业税）占 GDP 的比重总体上经
历了小幅波动、较快上涨以及逐年下降三个阶段。1994～1999 年，中国国
内增值税（含营业税）占 GDP 的比重在 5.6% ～6.1% 之间波动，较为平
稳。进入 21 世纪以来，尤其是加入世界贸易组织后，中国经济水平得到了
较快发展，国内增值税（含营业税）占 GDP 的比重也从 2000 年的 6.4% 较

快地提高到了 2007 年的 8.2%。2008 年以后，受全球金融危机以及增值税转型改革的影响，国内增值税（含营业税）占 GDP 的比重开始下降，此后，2009 年初增值税转型改革，税基缩减，2016 年实现全面"营改增"，2018 年与 2019 年两次调低增值税税率，以及 2020 年新冠肺炎疫情对市场的负面冲击，使国内增值税（含营业税）占 GDP 的比重从 2007 年历史最高值的 8.2% 逐年下降至 2020 年的 5.6%。

1994~1999 年，中国企业所得税占 GDP 的比重从 1.5% 逐步降至 0.9%，这是由于 20 世纪末中国 GDP 增速较高，但企业所得税优惠政策较多，且企业利润率水平较低，企业所得税增速低于 GDP 现价增速。进入 21 世纪后，随着市场经济的繁荣发展，中国企业所得税占 GDP 的比重开始了波动上升的过程，并于 2015 年达到最高值 4.0%。尤其是 2001 年加入世界贸易组织后，国内市场进一步改革开放，企业所得税占 GDP 的比重从 2000 年的 1.0% 骤升至 2.4%。2008 年，中国统一企业所得税法，标准税率从之前的 33% 降低至 25%，使得企业所得税占 GDP 的比重从 2008 年的 3.5% 降至 2010 年的 3.1%。随着经济繁荣，企业所得税占 GDP 的比重随之上升至 2015 年的最高点，之后伴随着减税降费政策的实施，企业所得税占 GDP 的比重又下降至 2020 年的 3.6%。

国内消费税占 GDP 比重的演变过程主要分为三大阶段，其中，分界点为 2009 年和 2016 年。1994~2008 年国内消费税占 GDP 的比重稳定在 0.8%~1.0%。2009 年实施了烟草消费税、燃油消费税等改革，使得国内消费税占 GDP 的比重从 2008 年的 0.8% 骤升至 1.4%，2009~2020 年稳定在 1.2%~1.5% 的水平上。

自 1994 年以来，伴随着中国国民收入的不断提高，中国个人所得税占 GDP 的比重总体上呈现上升趋势，从 1994 年的 0.2% 上升至 2018 年的最高值 1.5%，2020 年的比重为 1.1%，其中，在 2012 年和 2019 年出现了两次拐点。这是由于 2011 年 9 月 1 日实施了修订后的《中华人民共和国个人所得税法》，将工资薪金费用扣除标准从 2000 元提高到了 3500 元，提升幅度较大，并调整了相关级距和税率，总体基调为减税，使得 2012 年个人所得税占 GDP 的比重

从 2011 年的 1.2% 降到 1.1%。此外，2018 年 10 月 1 日又继续提高了工资薪金费用扣除标准，2019 年开始实行个人所得税新规，使得 2019 年个人所得税占 GDP 的比重从 2018 年的 1.5% 降到 2019 年的 1.0%（见图 4）。

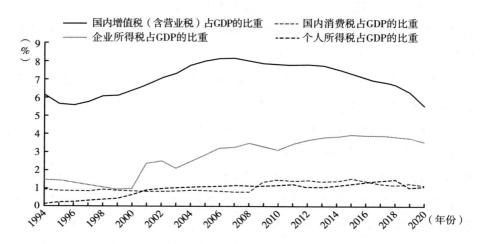

图 4　1994～2020 年中国重点税种税收收入占 GDP 比重对比

数据来源：财政部、国家统计局。

总之，自 1994 年以来，在中国重点税种中，国内增值税宏观税负经历一个快速上升又快速下降的过程，企业所得税宏观税负总体上升，个人所得税和消费税宏观税负缓慢上升，变动较小。因国内增值税收入占比高，且税负变动幅度较大，在一定程度上决定了中国宏观税负的总体走向。

三　税收对财政的支撑作用在减弱，财政风险在聚集

现代工业国家中，税收是政府筹集收入的主要手段，对财政支出发挥着基础性的支撑作用。自 1994 年分税制财政体制改革以来，中国税收收入规模逐年扩大，占财政收入和财政支出的比重稳步提高，对财政的基础性支撑作用越发稳固。自 2014 年中国经济发展步入新常态以来，为对冲经济下行

带来的公共风险，中国多年来持续实施减税降费政策。经济下行叠加减税力度的不断加大，税收收入占 GDP 的比重、占一般公共预算收入的比重以及一般公共预算支出的比重均呈明显下降趋势，税收政策化解公共风险的同时，对财政的支撑作用在减弱，财政可持续风险在聚集。

（一）2020 年税收收入占一般公共预算收入和支出的贡献度在降低

剔除改革因素影响①，自 2016 年以来，中国税收收入占一般公共预算支出的比例逐年降低，2020 年税收收入对一般公共预算支出的比重降至最低。从全国层面看，全国税收收入占全国一般公共预算支出的比重从 2017 年的 71.1% 降至 2020 年的 62.8%，中央税收收入占中央一般公共预算支出的比重从 2017 年的 79.8% 降至 2020 年的 67.3%，分别下降 8.3 和 12.5 个百分点。自 2018 年以来，地方税收收入占地方一般公共预算的比重从 40.4% 降至 35.5%，下降了 4.9 个百分点（见图 5）。

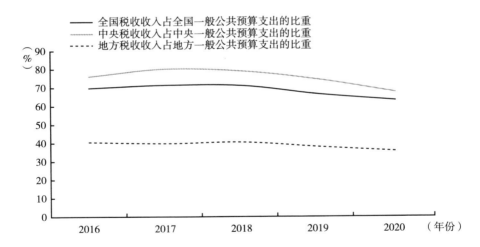

图 5　2016～2020 年全国、中央与地方税收收入占一般公共预算支出比重

数据来源：财政部、国家统计局。

---

① 2016 年税收收入占一般公共预算支出的比重高于 2015 年和 2017 年，主要是 2016 年 5 月 1 日全面推开营改增试点之前地方清缴积欠营业税所致。

分地区①来看，东部地区税收收入对一般公共支出的支撑作用较大，2016～2020年税收收入占一般公共预算支出比重的均值为56.6%。西部地区税收收入对一般公共支出的支撑作用较小，2016～2020年税收收入占一般公共预算支出比重的均值为23.9%。中部地区和东北地区税收收入占一般公共支出的比重居中，但距离东部地区有较大的差距，2016～2020年中部地区和东北地区的均值分别为31.0%和25.9%。

从趋势来看，东部地区、中部地区、西部地区和东北地区税收收入占一般公共支出的比重均逐年降低。其中，东部地区和东北地区自2018年以后下降速度较快，分别从2016年的59.1%和27.3%降至2020年的53.3%和22.2%，分别下降5.8和5.1个百分点。相较而言，中部地区和西部地区下降趋势较为平缓，分别从2016的31.5%、25.0%下降至2020年的28.1%、21.5%，分别下降了3.4和3.5个百分点（见图6）。

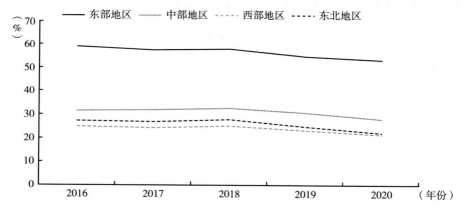

图6　2016～2020年东部地区、中部地区、西部地区和
东北地区税收收入占一般公共预算支出比重

数据来源：wind数据库、各省财政厅。

注：2020年东部地区海南、中部地区河南、西部地区西藏收入数据缺失，故上述四省2020年未纳入计算。

---

① 东部地区包括北京、天津、河北、上海、江苏、浙江、福建、山东、广东和海南；中部地区包括山西、安徽、江西、河南、湖北和湖南；西部地区包括内蒙古、广西、重庆、四川、贵州、云南、西藏、陕西、甘肃、青海、宁夏和新疆；东北地区包括辽宁、吉林和黑龙江。

此外，2020年税收收入在一般公共预算收入中占比为84.37%，较2019年上升1.38个百分点，但1994年分税制改革以来，税收收入占一般公共预算收入的比重总体呈现下降趋势。2001年，全国税收收入占一般公共预算收入的比重为93.4%，而2020年该比重仅为84.37%，下降近10个百分点（见图7）。从上述分析中可以看出，税收对财政的支撑作用在弱化。

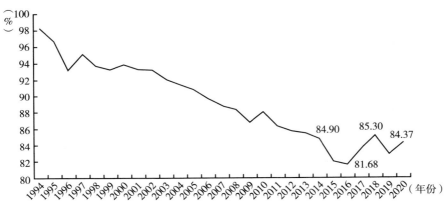

图7　1994～2020年税收收入占一般公共预算收入比重

数据来源：财政部、国家统计局。

（二）税收收入增速和一般公共预算支出增速差距在增大

从总量来看，2016～2020年全国一般公共预算支出逐年增长，从2016年的187755.2亿元增长到2020年的245588.0亿元，年均增速为6.9%。全国税收收入自2016年的130360.7亿元上升至2019年的15800.46亿元，而后2020年下降至154310亿元，年均增速为4.3%。税收收入年均增速低于一般公共预算支出增速2.6个百分点。

分年度来看，2017年，全国税收收入增速高于全国一般公共预算支出增速，2018～2019年二者增速下降趋势近似，2020年全国税收收入增速远低于全国一般公共预算支出增速，且全国税收收入增速呈下降态势。2017年，全国税收收入增速为10.7%，高于全国一般公共预算支出增速3.1个百分点。2018～2019年，全国税收收入的增速低于全国一般公共预算支出

增速，但差距不大，未超过1个百分点。2020年，全国一般公共预算支出增速为2.8%，税收收入增速为-2.3%，相差5.1个百分点（见图8）。

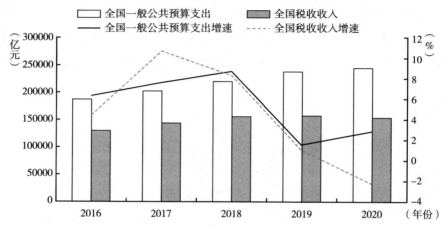

图8 2016～2020年全国税收收入与一般公共预算支出及增速

数据来源：财政部、国家统计局。

从中央层面看，2016～2020年，中央一般公共预算支出从2016年的86804.5亿元增长到2020年的118410.87亿元，年均增速为8.1%。中央税收收入自2016年的65669.04亿元上升至2019年的81020.33亿元，而后2020年下降至79643.06亿元，年均增速为4.9%。税收收入年均增速低于一般公共预算支出增速3.2个百分点。

分年度来看，2017年中央税收收入增长速度远高于中央一般公共预算支出增长速度，2018、2019年中央税收收入增速以较快的速度下降，2020年进一步降低。具体来说，2017年，中央税收收入增速为10.6%，高于中央一般公共预算支出增速5.3个百分点。之后三年，中央税收收入增速均低于中央一般公共预算支出增速，并且差距逐渐拉大。2018～2020年，中央税收收入增速与中央一般公共预算支出增速差距分别为1.4个百分点、6.2个百分点和8.4个百分点，二者差距呈明显扩大趋势（见图9）。

从地方层面看，2016～2020年，地方一般公共预算支出规模从160351.4亿元增长至210492.5亿元，年均增速为7.1%；地方税收收入规模从

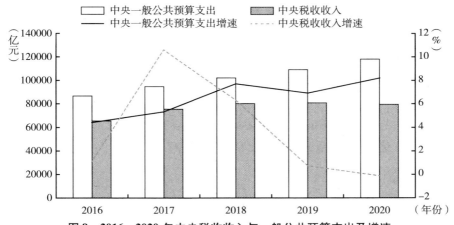

图9 2016～2020年中央税收收入与一般公共预算支出及增速

数据来源：财政部、国家统计局。

64691.7亿元上升至74666.9亿元，年均增速为3.7%。税收收入年均增速低于一般公共预算支出增速3.4个百分点。

分年度看，2016～2018年，地方税收收入增速高于地方一般公共预算支出增速，二者差距分别为1.2个百分点、3.3个百分点和1.7个百分点。之后，地方税收收入增速迅速下降至2019年的1.3%和2020年的0.03%，远低于一般公共预算支出增速8.5%和3.3%（见图10）。

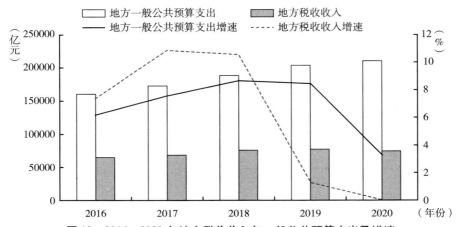

图10 2016～2020年地方税收收入与一般公共预算支出及增速

数据来源：财政部、国家统计局。

综上分析得出，无论从全国层面，还是从中央与地方层面来看，近两年税收收入增速均低于一般公共预算支出增速，且二者差距呈扩大趋势。这表明，经济下行和减税政策导致税收收入增长乏力，并且在经济转型时期尤其需要政府支出扩大对冲公共风险，进而带来一般公共预算支出的刚性增长，财政收支的反向变动趋势弱化了税收对财政支出的支撑作用。

（三）政府债务规模和占比均创历史新高

财政收入增长乏力、财政支出刚性增长，必然会带来政府债务规模的增长，财政支出对债务的依赖度也在提高。2016～2020年，中国国债余额从120066.8亿元增长至208905.9亿元。其中，2016～2019年，国债余额增速为11%～13%。2020年，受新冠肺炎疫情冲击和减税降费的影响，为弥补一般公共预算收入的下降与一般公共预算支出增加的缺口，国债发行额为70907.9亿元，大幅提高了国债余额的规模、占比和增速。2020年末，国债余额达到208905.9亿，国债余额增速达到24.3%，远高于前4年（见图11）。此外，为应对新冠肺炎疫情影响，2020年还发行了特别国债1万亿元。

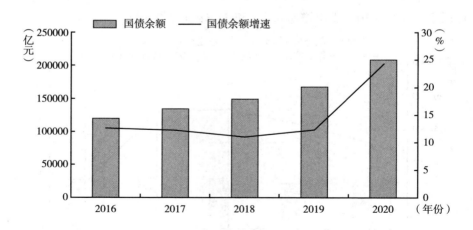

图11　2016～2020年中央财政国债余额及增速

数据来源：财政部。

近年来，地方政府债务余额也在逐年增长。地方政府债务余额从 2016 年的 153164.0 亿元增长至 2020 年的 256614.7 亿元，5 年间累计增长了 67.54%。2017 ~ 2019 年的地方债余额增速分别为 7.79%、11.82% 和 15.43%，而 2020 年达到 20.4%（见图 12）。

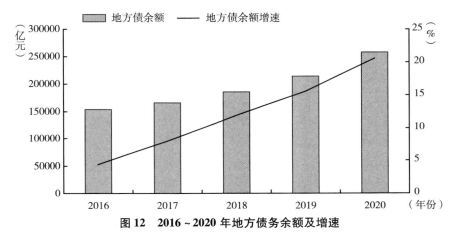

图 12　2016 ~ 2020 年地方债务余额及增速

数据来源：财政部。

近年来，无论是中央还是地方债务余额均呈明显增长态势，2020 年增幅甚大，相应债务负担率持续攀升，2016 年中国债务负担率为 36.6%，2017 和 2018 年略有下降，分别为 36.0% 和 36.4%，而 2019 年上升至 38.6%，2020 更是提高至 45.8%。债务负担率的持续攀升加大了财政运行风险（见图 13）。

（四）财政支出对调入资金的依赖度在提高

中国有四本预算，近年来加强了四本预算之间的资金统筹融合力度，同时，地方政府还从预算稳定调节基金中调入资金，以满足当年一般公共支出的需要。其中，一般公共预算支出资金来源分为三部分：一般公共预算收入、一般债务收入、调入资金和结转结余使用。2020 年由于新冠肺炎疫情和进一步减税降费的影响，国务院提出的 2020 年中央和地方预算草案中，全国一般公共预算收入为 180270 亿元，比 2019 年预算执行数下降 5.3%；与此同时，支出 247850 亿元，增长 3.8%。在此基础上，安排一定规模的

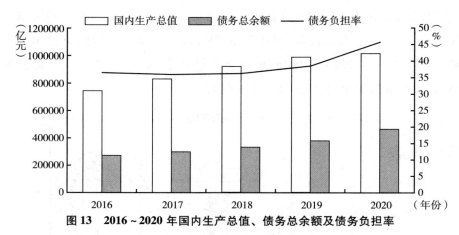

图 13　2016～2020 年国内生产总值、债务总余额及债务负担率

数据来源：财政部、国家统计局。

结转结余和调入资金，其中，中央财政调入资金预算为 8880 亿元，安排全国赤字 37600 亿元，增加 10000 亿元。

近年来，调入资金的规模和占比均在提高。2016～2020 年，全国财政使用结转结余及调入资金（以下简称"全国财政调入资金"）规模从 7226.4 亿元增加至 26133.3 亿元，年均增速为 37.9%。其中，中央财政调入资金从 1315.1 亿元增加至 8880 亿元，地方从预算稳定调节基金调入及结转结余（以下简称"地方调入资金"）从 5911.31 亿元增加至 17253.3 亿元。2016～2020 年，全国财政调入资金占全国一般公共预算支出的比重分别为 3.9%、4.9%、6.7%、9.3% 和 10.6%，呈明显上升趋势。从中央一般公共预算来看，2019 年以前，中央财政调入资金占中央一般公共预算支出的比重未超过 3%，而 2020 年这一比例陡升至 7.5%。2016～2019 年，地方调入资金占地方一般公共预算支出的比重分别为 3.7%、4.9%、6.59% 和 9.3%，呈明显上升态势，2020 年该比重回落至 8.2%，这主要是由于中央政府加大了对地方政府转移支付力度（见图 14）。

从中央财政调入资金与地方调入资金的结构来看，2016～2019 年间，中央财政调入资金占全国调入资金的比例未超过 20%，而 2020 年这一比例攀升至 30% 以上（见图 15）。

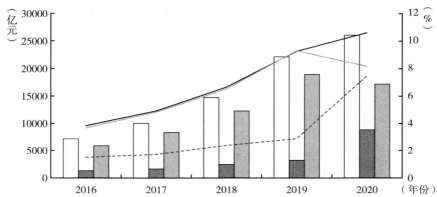

图14　2016～2020年全国、中央和地方调入资金占一般公共预算比重

数据来源：财政部。

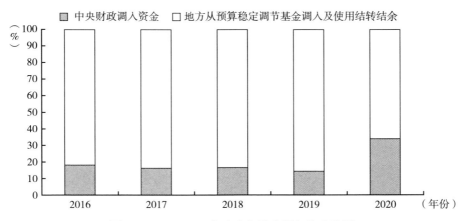

图15　2016～2020年中央与地方调入资金比例

数据来源：财政部、国家统计局。

　　综上所述，税收收入占一般公共预算收入的比重在下降，一般公共预算支出对债务资金和调入资金的依赖度在提升，这充分表明我国税收对财政的支撑作用在减弱，财政风险在聚集。

四 全球宏观税负的演变趋势分析

20世纪90年代以来，伴随着全球经济的兴衰波动，世界主要发达经济体的宏观税负也在波动中上升，近年来，宏观税负水平在33%~34%之间变动。

（一）OECD国家：在波动中上升，总水平高于20世纪末期

本部分以37个OECD国家税收收入占GDP比重的均值来反映OECD国家的平均宏观税负。

1994年以来，OECD国家的平均宏观税负总体上经历了先升后降、再升再降，最后升至历史高位并稳定波动的阶段。1994~2000年，OECD国家的平均宏观税负从32.4%提高到33.3%，然后开始下降，于2004年降至32.5%，于2007年提高到33.2%。但随着2008年全球金融危机的到来，OECD国家的平均宏观税负自2007年的33.2%降至2009年的31.8%。随着全球经济回暖，从2010年开始，OECD国家的平均宏观税负开始逐步提升，于2016年达到历史最高点34.0%，此后几年则处在高位的稳定波动中（见图16）。

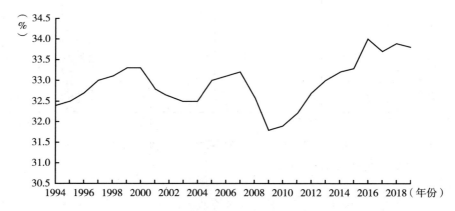

图16 1994~2020年OECD国家税收收入占GDP比重均值走势

数据来源：OECD网站。

（二）欧盟国家：总体缓慢上升，成员国经济越发达，宏观税负越高

本部分以 27 个欧盟国家税收收入占 GDP 比重的均值来反映欧盟国家的平均宏观税负水平，以欧盟 27 个国家税收收入之和占欧盟 27 个国家 GDP 之和的比重反映欧盟国家的整体宏观税负。基于数据的可得性，本报告将分析 2005～2019 年的欧盟国家平均宏观税负水平以及 2007～2019 年的欧盟国家整体宏观税负。

总体上来看，欧盟国家平均宏观税负水平低于欧盟整体水平约 3.5 个百分点，这意味着在欧盟国家中，经济体量越大的国家往往其宏观税负越高。分时期来看，欧盟国家的平均宏观税负在 2005 年以来经历了上升—下降—波动式上升三个阶段。2005 年至 2007 年，欧盟国家平均宏观税负从 35.5% 提高到了 35.9%。在 2008 年全球金融危机的冲击下，欧盟国家平均宏观税负从 2007 年的 35.9% 持续下降到了 2010 年的 34.6%，下降了 1.3 个百分点，而欧盟整体宏观税负也从 2007 年的 39.0% 持续下降到了 2010 年的 37.9%，下降了 1.1 个百分点。此后，随着全球经济回暖，欧盟宏观税负也开始逐步提高，欧盟国家平均宏观税负提高到了 2019 年的 36.6%，提高了 2 个百分点，而欧盟整体宏观税负提高到了 2019 年的 40.1%，提高了 2.2 个百分点（见图 17）。

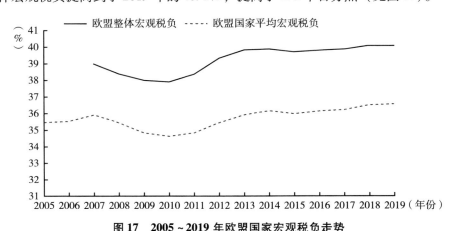

图 17　2005～2019 年欧盟国家宏观税负走势

数据来源：OECD 网站。

（三）典型发达国家：宏观税负水平差异较大，总体呈上升趋势

本部分选取了美洲、欧洲以及亚洲六个发达国家，分析1994年以来的宏观税负水平及其变动趋势。通过比较分析发现，近三十年来，除美国外，其他五国宏观税负水平均在波动中上升，各国间宏观税负水平差异较大，欧洲国家宏观税负水平远高于美洲和亚洲国家，美国居于日本与韩国之间，韩国最低，这其中也折射出各国政府汲取、动员经济资源能力的差异以及社会政策的差异。

1. 美国：波动幅度大，近年在25%上下波动，2019年处于近五年低点

1994年以来，美国宏观税负的走势经历了一波三折。1994～2000年，美国宏观税负从1994年的26.3%增长到2000年的28.3%，提高了2.0个百分点，之后便开始迅速下降，于2003年降至24.5%，相比2000年下降了3.8个百分点。此后，美国宏观税负再度上升，并于2007年提高到26.8%，相比2003年提高了2.3个百分点。但伴随着2008年全球金融危机的到来，美国宏观税负于短时间内迅速下降至2009年的23.0%，相比2007年下降了3.8个百分点。金融危机后，美国的宏观税负开始缓慢增长，并于2017年几乎回到了2007年的水平。但随着2018年特朗普政府税改相关政策落地实施，美国的宏观税负从2017年的26.7%陡降至2018年的24.4%，下降了2.3个百分点。2019年宏观税负水平与2018年基本持平（见图18）。

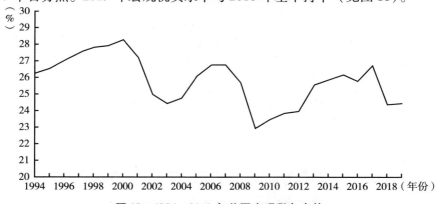

图18　1994～2019年美国宏观税负走势

数据来源：OECD网站。

2. 英国：波动上升至近33%，目前处于近五年高点

1994 年以来，英国的宏观税负总体上在波动中不断上升，且其波动幅度在不断收窄。1994～2003 年，英国宏观税负波动较大，十年均值为 31.0%，标准差为 1.18，2010～2019 年，均值为 32.5%，标准差为 0.36，这说明英国的宏观税负在不断收窄的波动中逐步提高。分阶段来看，1994～1996 年，英国宏观税负从 30.6% 下降至 29.2%，下降了 1.4 个百分点，并在接下来几年内迅速提高，2000 年，英国宏观税负达到了 32.8%，相比 1996 年提高了 3.6 个百分点。进入新世纪后，英国宏观税负开始下降，于 2003 年降至这段时期最低点，为 31.1%，相比 2000 年下降了 1.7 个百分点，而后回升至 2007 年的 32.9%，相比 2003 年提高了 1.8 个百分点。在 2008 年金融危机的影响下，英国宏观税负回落至 2009 年的 31.0%，比 2007 年下降了 1.9 个百分点，此后便开始了缓慢、波动上升，于 2019 年达到了 33.0%。与美国类似，英国的宏观税负在 2000 年和 2007 年之后都存在明显的先降后升趋势，都于 2000 年和 2007 年达到了倒"V"型曲线的顶点，而在 2003 年和 2009 年降至最低点（见图 19）。

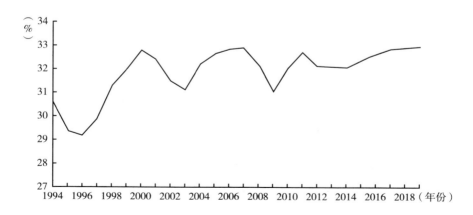

图 19　1994～2019 年英国宏观税负走势

数据来源：OECD 网站。

3. 德国: 在波动中大幅提高, 至2019年达到近30年最高点

1994年以来, 德国的宏观税负总体上处于上升趋势, 大致可以分为波动下降及波动上升两个阶段。1994~2004年, 德国宏观税负水平波动下降, 从36.2%降到了34.3%, 下降了1.9个百分点, 其中, 1997~2000年有短暂上升。2004年之后, 德国宏观税负开始波动上升, 至2019年时, 德国宏观税负已达38.8%, 较2004年提高了4.5个百分点, 其中, 上升过程中偶有下降, 最明显的是2009~2010年, 德国宏观税负下降了1.2个百分点 (见图20)。

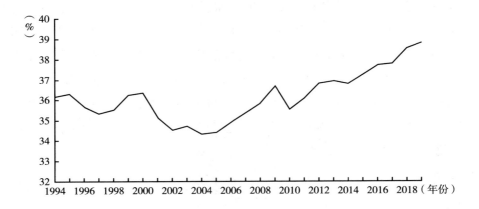

图20　1994~2019年德国宏观税负走势

数据来源: OECD网站。

4. 法国: 总体处于上升趋势, 目前水平在45%以上

1994年以来, 法国的宏观税负总体上处于上升趋势, 大致可以分为四个阶段。1994~1999年, 法国宏观税负波动上升, 从42.8%提高到了44.5%, 提高了1.7个百分点。1999~2009年, 法国宏观税负波动下降, 从44.5%降至最低值41.8%, 下降了2.7个百分点, 其中, 2003~2006年有短暂上升回调, 幅度不大。2009~2013年, 法国宏观税负快速上升, 从41.8%升至45.7%, 提高了3.9个百分点。2013年后, 法国宏观税负开始保持高位平稳波动, 2019年宏观税负为45.6% (见图21)。

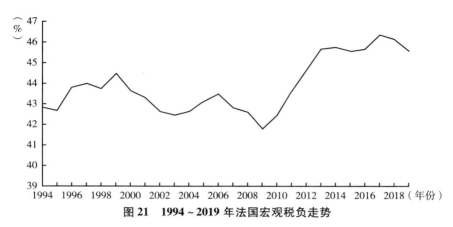

图21 1994~2019年法国宏观税负走势

数据来源：OECD网站。

5. 日本：波动中上升，目前处于历史高位，在32%以上

1994年以来，日本的宏观税负总体上处于上升趋势中，大致可分为小幅稳定波动和大幅上涨两个阶段。1994~2004年，日本宏观税负比较稳定，始终在24.6%~26.1%的范围内波动。2003年后，日本的宏观税负开始逐步提高，到2018年其宏观税负达到了32.1%，相比于2004年的25.2%提高了6.9个百分点。在日本宏观税负逐步提高的过程中，受2008年全球金融危机的影响，2007~2009年也出现了短暂地向下回调，回调幅度约1.4个百分点（见图22）。

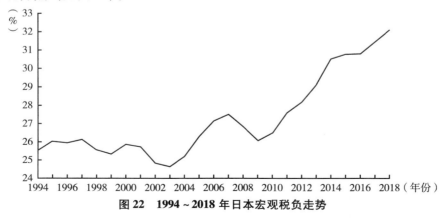

图22 1994~2018年日本宏观税负走势

数据来源：OECD网站。

6. 韩国：明显上升，目前处于历史高位，2019年为27.3%

1994 年以来，韩国宏观税负总体上处于明显的上升趋势中，从 1994 年的 18.6% 到 2019 年的 27.3%，共提高了 8.7 个百分点。即便韩国宏观税负于 1997 年、2004 年、2007 ~ 2010 年以及 2013 年发生了四次向下回调，但都时间短且幅度小，回调幅度最大的是 2007 ~ 2010 年，在此期间韩国宏观税负回调了 1.3 个百分点（见图 23）。

图 23　1994 ~ 2019 年韩国宏观税负走势

数据来源：OECD 网站。

五　以税制改革稳定宏观税负，并优化税负结构

从上述分析中可以看出，当前中国宏观税负已处于历史最低点，也低于全球主要经济体，这在一定程度上反映了中国财政风险叠加的情况。基于此，本报告认为，"十四五"时期，中国宏观税负宜稳不宜降，但这并不意味着税制无须或不能改革，而是应该在税制优化中稳定宏观税负，实现税负的结构性调整。

（一）中国宏观税负调整的背景与现实

1. 高度不确定是未来世界发展的最明显特征

当今世界处于百年未有之大变局，人类发展进入高风险社会。在农业社会，风险主要来源于自然灾害，人类在其面前无能为力。在工业社会，人类生产活动能力大大增强，生产分工愈加精细、合作成为常态，人与人之间的关系更加密切，相应地内生了与人类活动相关的各种风险。目前，人类进入信息化时代，知识分工、技术进步以及财富虚拟化程度逐渐提高，相应催生出诸多新类型风险，其背后原因是人类社会自组织能力不断增强，伴随而来的不确定性也越来越大。

当前，数字技术催生的产业变革对人类发展的影响尚未明了，国际政治、经济格局正在重构，全球经济尚未走出金融危机阴影，又遭受新冠肺炎疫情重创，世界贸易和产业分工格局正在经历深刻调整。西方国家民粹主义盛行，逆全球化趋势明显，全球产业链、供应链面临冲击和重新布局，"黑天鹅"事件频发，各类风险相互转化，风险处理不当则可能衍化成危机，高度不确定性成为未来世界发展的最明显特征。

2. 构建新发展格局对宏观税负调整提出了新要求

党的十九届五中全会通过的《中共中央关于制定国民经济和社会发展第十四个五年规划和二〇三五年远景目标的建议》（以下简称《建议》）提出，要加快构建以国内大循环为主体、国内国际双循环相互促进的新发展格局。在新发展格局中，国内大循环为主，国际循环为辅，二者皆为构建新发展格局、实现我国经济高质量发展的重要手段。强化国内大循环为主，也就是要提升中国自主发展的能力，深化供给侧改革，提振内需，减少经济发展对国际市场的过度依赖，加快解决人民对美好生活的向往与发展不充分、不均衡之间的矛盾，而重视和加强国际大循环则应当作为推动国内大循环的一个补充和策应，需要服从和服务于国内大循环，实现国内经济社会发展与世界经济发展的有机融合，为构建人类命运共同体提供有效支撑。

构建新发展格局是我国经济发展战略的重大调整。改革开放后很长一段时间内，中国经济发展较为落后，GDP 总量和人均收入水平较低，资本和技术匮乏，为此，我国抓住世界经济快速全球化机遇，发挥劳动力等要素低成本优势，深度参与国际分工，形成"两头在外"发展模式，利用国际经济大循环，创造经济增长的世界奇迹。当前国内外环境发生重大变化，逆全

球化思潮不断蔓延，全球经济长期尚未从金融危机阴影中走出，叠加新冠肺炎疫情，全球需求不足，国内生产体系内部循环不畅和供需脱节，经济发展的创新动力不足，更需要适时调整发展战略，从依靠资源资本投入、依靠国际循环为主转向依靠创新、依靠国内循环为主的新发展战略。新发展格局构建的过程必然会引起中国宏观税负水平及结构的变化，同时宏观税负水平与结构也必然引起市场主体税收负担的变化。因此，构建新发展格局必须要高度重视宏观税负的研究、调整和优化，以便健全完善相应的财税政策，提高政府履行职能的效能，为市场主体创新发展营造优质发展空间。

构建新发展格局是我国适应新发展阶段的主动选择，作为反映政府与市场关系，对影响我国宏观收入分配格局、影响我国财政能力和财政风险的宏观税负也要主动调整，以顺应经济发展战略调整，推动新发展格局构建。

3. 宏观税负新历史低点要求权衡处理好公共风险与财政风险的关系

如前文所述，中国中小口径宏观税负处于历史低点，即使从大口径来看，我国宏观税负在国际上看也不算高，且近年逆全球走势而下行。比如，2017 年，OECD 国家平均宏观税负为 34.2%[①]，创近年来历史新高，高于 2000 年的 33.8%[②]和 2007 年的 33.6%[③]。而 2019 年，我国大、中、小口径宏观税负分别为 34%、19.2%、15.9%[④]，均呈现明显下降趋势，而且普遍低于 OECD 国家水平。尽管名义上我国大口径宏观税负与 OECD 国家基本持平，但是因为土地出让金收入占我国政府基金收入比重较高[⑤]，且每年波动较大，同时，大部分用于弥补土地开发成本，因此，如果考虑到政府收入中土地出让金能够统筹使用的规模，中国大口径宏观税负水平则不高于 30%。

在现代社会，财政作为政府重要的调控工具，其基本功能在于防范化解经济风险等各类公共风险，确保社会稳定运行，防止宏观经济大起大落，实

---

① 基于 OECD 网站数据计算得到。
② 基于 OECD 网站数据计算得到。
③ 基于 OECD 网站数据计算得到。
④ 根据《关于 2019 年中央和地方预算执行情况与 2020 年中央和地方预算草案的报告》相关数据计算得到。
⑤ 2019 年土地出让金收入为 72584.42 亿元，占全国政府性基金收入的比重为 85.9%。

现发展的可持续性。基于此，适度扩大财政风险以对冲公共风险成为可能。近年来，中国政府以主动减税降费、扩大财政风险的实践恰恰印证了这一点。但财政是国家治理的基础和重要支柱，因此财政风险不能无限制扩大，否则不但不能化解公共风险，反而会引发财政危机，进而诱发系统性风险，转化为公共风险。2008 年由欧债危机引发的经济危机便是典型案例。

宏观税负的新历史低点决定了我国财政风险达到了历史高位，继续以减税降费来对冲公共风险的空间大大收窄，因此，必须要在财政风险与公共风险之间进行权衡，把握好财政风险的度。因此，中国宏观税负新历史低点是中国未来调整宏观税负的现实背景。

（二）"稳定"和"优化"是中国未来宏观税负调整的主基调

从总量上看，未来中国宏观税负水平要稳定。新发展格局构建仍要保持必要的财政支出强度，以强大、有力的政府推进发展战略的快速转型。比如，通过扩大政府投资以拉动内需，通过增加创新投入、深化供给侧改革以及提高公共服务水平来促进消费转型升级，使公共消费更加合理，使居民能消费、敢消费，从而拉动经济社会高质量发展。再比如，供给体系创新力需要强化国家战略科技力量、加大基础科研投入。无论政府投资还是公共消费，均需要政府财力做保障，因此，宏观税负宜保持在一定水平。当然，宏观税负不宜过高，否则会加重市场主体经营负担，抑制经济活力，不利于经济发展。当前，在多年减税降费政策影响下，中国宏观税负水平处于 21 世纪以来的最低点，财政风险在快速聚集，上述因素均需要中国宏观税负保持在一定水平之上。

从结构上看，中国宏观税负结构要优化。从宏观层面来看，税基可分为劳动、资本和消费三大类。消费成为新发展格局的战略基点，而劳动和消费税负对消费的影响更直接、更明显，因此应调整、优化宏观税负结构，使得税负结构更有利于新发展格局的构建。从收入结构上看，中国要提高直接税收入占比，适度降低间接税占比，以降低间接税对生产供给效率的负面影响，同时强化税收的调节功能。

（三）在深化税制改革中稳定和优化宏观税负

1. 构建以增值税和个人所得税为主体的"双主体"税制模式

当前，从收入功能看，我国税收体系呈现明显的"一税独大、结构失衡"特征，即增值税长期处于"绝对优势"地位，是各级财政收入仰仗的主体，但存在管理复杂、问题较多的弊端。2019 年，国内增值税收入占全部税收收入的比重达到 39.5%（占 GDP 的比重为 6.3%），是税收入的首要来源。而个人所得税长期处于"弱势"地位，不利于满足中等收入群体的消费需求。2019 年，个人所得税收入占全部税收收入的比重仅为 6.6%，占 GDP 的比重仅为 1.1%，而 OECD 国家个人所得税收入占 GDP 比重通常都在 6% 以上。为此，迫切需要改变当前这种增值税"一税独大"的税收体系格局，建立增值税和个人所得税"双主体"税收体系结构，这既是深化我国宏观调控制度体系改革的需要，也是推进我国供给侧结构性改革的需要，还是增强我国微观主体活力、提升我国市场运行效率的需要，更是优化宏观、微观收入分配结构促进"双循环"新格局形成的需要。

2. 进一步优化增值税制度，提高增值税"中性"程度

科学合理的增值税制度安排是实现增值税"中性"特点的保证，如税基要尽量宽广，税率要尽量统一，留抵税款要及时、足额退还，中间环节没有税收优惠等。基于理想与现实的差距，未来我国增值税改革要从以下几个方面着手。

首先，加快实施增值税税率简并改革，形成"1 档标准税率 + 1 档优惠税率"的税率格局。尽管从税率档次上看，目前仅有三档税率，但三档并两档的改革并非简单地将其中一档取消。这是因为，我国两档税率改革目标是"绝大多数商品和服务适用标准税率，而少数商品服务适用低税率"的改革，而非简单地取消或归并一档税率。从目前中国增值税税率格局来看，事实上存在两档基本税率，即 13% 和 6%。目前，绝大多数服务适用 6% 的税率，且产生的收入占国内增值税收入的比重在 40% 以上。目前这种税率格局带来的问题较多，不但大大增加纳税人核算和遵从成本，更重要的是不

符合增值税"中性"要求，不利于企业公平竞争。为此，增值税税率简并的关键在于商品和服务税率的统一。

其次，加快建立增值税留抵退税制度。2018 年 5 月我国开始实施增值税留抵税额退税政策，但目前仍实行增量留抵退税和比例退税，即仅与2019 年 3 月底相比新增加的期末留抵税额按照 60% 的比例退税，并未真正建立留抵退税制度。对留抵税额实行 100% 退税是消费型增值税制度的内在要求，也是企业不承担增值税负担的必要保证，因此建立留抵税额退税制度不但是结构性减税的需要，更是优化税制的要求。

最后，大力清理增值税优惠政策。增值税为生产税，其最大优点在于"中性"，再加之税负转嫁特点，不适于在中间环节进行税收优惠安排，否则会导致抵扣链条中断，出现重复征税问题。而我国增值税在近 30 年的历次改革中，为形成改革共识，减少改革阻力，陆续出台了诸多税收优惠政策。在最新营改增试点改革文件《关于全面推开营业税改征增值税试点的通知》（财税〔2016〕36 号）中，以附件 2 的形式列示了从营业税平移过来的优惠政策或改革过渡性政策，多达 40 多项，再加之原增值税的一些免征、即征即退以及地方的税收返还政策，预计可达百项。这些政策不但侵蚀了税基，减少了财政收入，还不利于增值税中性特点发挥和公平竞争环境的创造，大大增加了征管风险。曾有企业人员谈到，"哪里有增值税优惠（返还），哪里就有增值税专用发票虚开"，因此必须下大力气清理增值税税收优惠政策。

3. 继续推进综合与分类相结合的个人所得税改革

2019 年，我国个人所得税改革向"综合税制"迈出了关键性的一步，税制改革带来与其相匹配的征收管理方式的"颠覆性"转变，这为未来税制优化奠定了征管基础。个人所得税"主税种"地位主要体现于构建自动稳定宏观经济调控制度体系、扩大中等收入群体、筹集财政收入以及调节个人收入分配四个方面。以此标准来看，目前个人所得税制度尚不完善，税制仍为"小综合、大分类"模式，未能完全体现量能纳税原则；扣除制度不完善，影响个人所得税覆盖面，进而影响其调节收入分配能力的发挥；资本

性所得以及财产性所得的比例税率无法体现个人所得税的累进性特点；合伙企业比照个体工商户的征税办法与合伙企业的发展现状远不适应，合伙企业的"穿透税制"尚未真正建立，从而影响我国中小投资者的积极性以及资本市场的运行效率，等等。为此，我国需要进一步完善个人所得税改革，健全综合与分类相融合的个人所得税制度体系，为促进消费、优化收入分配结构提供有力保障。

4. 实施消费税部分税目征收环节后移和收入划分改革

尽快实施消费税部分税目征收环节后移和收入划分改革，充分发挥其筹集财政收入能力，缓解地方财政压力，提升地方财政收支的"匹配度"。从收入规模上看，消费税是我国第三大税种，2019 年，国内消费税收入为1.25 万亿元，占全部税收收入的 8%，收入能力较强。从消费税的税目来看，多数税目具有"受益性"和"负外部性"的特点，典型的如烟酒。烟酒消费量大的地区，由烟酒消费导致的卫生支出相对较高，汽车和成品油消费量大的地区，其交通治理成本则会更高，而将烟酒、汽车以及成品油消费收入下划地方政府，可充分体现地方财政收入的"受益性"原则，提高地方财政收支的"匹配度"。从消费税收入结构来看，卷烟消费税收入占比在50% 以上，加上成品油和汽车消费税，三税目消费税收入占比可超过 80%，同时，我国卷烟消费税负担远低于其他国家，仍有很大的提升空间，因此，深化消费税改革，必须要推进消费税后移征收环节和收入划分改革，且重点要聚焦卷烟、成品油和汽车三个税目上，完善国内消费税收入划分制度，提高消费税对地方收入的贡献度，促进地方各级财政收支均衡，保持适当的宏观税负水平，防范和化解地方债务风险。

参考文献

刘尚希：《构建公共政策协同的生成机制 加快结构性改革步伐》，《人民政协报》2021 年 10 月 26 日，第 6 版。

梁季：《税收促进第三次分配与共同富裕的路径选择》，《人民论坛》2021 年第 28 期，第 34～39 页。

梁季、陈少波：《完善我国直接税体系的分析与思考》，《国际税收》2021 年第 9 期，第 33～42 页。

刘尚希：《"十四五"税制改革的整体思考》，《中国财经报》2021 年 6 月 1 日，第 8 版。

刘尚希：《宏观经济形势及宏观政策内在逻辑发生新变化》，《财政科学》2021 年第 4 期，第 5～8、20 页。

刘尚希：《以公共风险的结构和强度重塑财政政策体系》，《财政科学》2021 年第 3 期，第 5～9 页。

刘尚希、武靖州：《风险社会背景下的财政政策转型方向研究》，《经济学动态》2021 年第 3 期，第 13～23 页。

梁季、孙家希、吕慧：《落实落细减税降费政策 助力"六稳""六保"》，《中国财政》2020 年第 24 期，第 14～16 页。

梁季、陈少波：《基于投入产出模型看新冠肺炎疫情对我国税收收入的影响——以旅游业为例》，《税务研究》2020 年第 12 期，第 107～114 页。

梁季：《以减税降费助力"双循环"畅通》，《人民论坛》2020 年第 30 期，第 66～69 页。

刘尚希、梁季：《中国政府收入全景图解（2020）》，中国财政经济出版社，2020。

骆永民、樊丽明：《宏观税负约束下的间接税比重与城乡收入差距》，《经济研究》2019 年第 54（11）期，第 37～53 页。

李彦龙、乔倩：《宏观税负、产业结构与经济增长》，《中国软科学》2019 年第 6 期，第 185～192 页。

刘崇珲、陈佩华：《我国宏观税负和微观税负差异分析》，《税务研究》2018 年第 4 期，第 101～103 页。

武彦民、温立洲：《对我国当前宏观税负水平的经济学分析》，《税务研究》2018 年第 3 期，第 10～16 页。

闫坤、于树一：《开启减税降费的新时代：以降"税感"拓展政策空间》，《税务研究》2018 年第 3 期，第 3～9 页。

陈文东：《关于宏观税负指标的理论辨析》，《税务研究》2016 年第 11 期，第 83～87 页。

B.5
税收法定：为经济社会发展注入确定性

张学诞　魏升民[*]

摘　要： 落实税收法定原则是新一轮财税体制改革的重要内容，其重大现
实意义在于为经济社会发展注入确定性。通过对税收法定政策文
件落实情况的梳理与分析可以看出，近年来中国落实税收法定原
则成效显著，"一税一法"逐步落实，税收法治理念渐趋深入人
心。建议相关部门在统筹处理好中央与地方、政府与市场、税收
立法与执法司法关系时，加快实现税收法定原则对现行税种的全
覆盖，择机废止税收领域的"1985 年授权立法"行为，推动税
收立法权收归全国人大及其常委会，并不断创新立法思路和理
念，推动税收法定原则在宪法层面得到确认。

关键词： 税收法定　授权立法　良法善治　税收基本法

税收法定，亦称"税收法定原则"或"税收法定主义"。根据学者
考证，税收法定思想的萌芽，可追溯至英格兰国王约翰（John King）于
1215 年 6 月 15 日在温莎城堡附近的兰尼米德订立的《大宪章》（拉丁
语：*Magna Carta*），而这一思想最早是由我国民法学者谢怀栻将其作为
西方国家税法的四大基本原则之一介绍到国内的。从全球范围来看，税
收法定原则已得到当今追求法治的国家的广泛认可，并被贯彻到立法实

---

* 张学诞，经济学博士，中国财政科学研究院公共收入研究中心主任、研究员，博士生导师，
中国财政学会理事，主要研究方向为财税理论与政策；魏升民，助理研究员，中国财政科学
研究院博士研究生，国家税务总局科研人才库成员，主要研究方向为税收理论与政策。

践中，税收法定原则与罪刑法定原则一起，逐渐发展成为保护公民人身权和财产权、构筑现代文明社会的两大基石。近年来，中国加快落实税收法定原则的成就显著，观察和审视这一领域的变化和进步，是一个具有重大现实意义的研究课题。

一 落实税收法定原则的重大现实意义

"法者，天下之程式也，万事之仪表也。"落实税收法定原则的意义包括：为社会主义市场经济持续、健康、稳定发展营造良好的营商环境；规范征纳行为，为保护纳税人合法权益提供程序保障；落实依法治国理念，以点带面推进社会主义民主政治建设和法治建设；改善国家权力配置，健全完善国家治理能力和治理体系等。放眼历史，落实税收法定原则的重大现实意义，还体现在为经济社会发展注入确定性。

（一）税收立法过程体现凝聚社会共识、为经济社会发展注入确定性的过程

《中华人民共和国宪法》《中华人民共和国立法法》《中华人民共和国全国人大组织法》及全国人大及其常委会的议事规则等，都对立法程序做了翔实而明确的规定，包括法律案的提出、审议、表决和公布四个阶段。税收立法同样需要经历上述阶段。

1. 提出税收法律案

税收法律案通常由财政、税务、海关等部门共同起草，送交国务院审查批准后，再正式提请全国人大或其常委会审议。其中一个重要的步骤是在国务院审查批准前发布税收法律案的征求意见稿，面向社会公开征求意见，这是充分吸纳民众意见、凝聚社会共识、构建确定性的过程。以增值税法为例，在其征求意见稿通知中就有明确表述："为完善税收法律制度，提高立法公众参与度，广泛凝聚社会共识，推进开门立法、科学立法、民主立法，我们起草了《中华人民共和国增值税法（征求意见稿）》，现向社会公开征

求意见"①。

2. 审议税收法律案

法律案的审议是立法程序中最重要的环节。根据《中华人民共和国立法法》等法律的规定，列入全国人民代表大会会议议程的法律案，由各代表团和有关的专门委员会审议。列入全国人大常务委员会会议议程的法律案，各方面意见比较一致的，可以经两次常委会会议审议后交付表决；调整事项较为单一或部分修改的法律案，各方面意见比较一致的，也可以经一次全国人大常委会会议审议后交付表决。全国人大及其常委会审议税收法律案的过程，是进一步发扬民主、集思广益、凝聚共识和构建确定性的过程。例如，在已经完成立法任务的 12 部税收法律中，除《中华人民共和国企业所得税法（草案）》是首次审议即通过外，《中华人民共和国车船税法》《中华人民共和国船舶吨税法》《中华人民共和国烟叶税法》《中华人民共和国环境保护税法》《中华人民共和国车辆购置税法》《中华人民共和国耕地占用税法》《中华人民共和国资源税法》《中华人民共和国城市维护建设税法》《中华人民共和国契税法》《中华人民共和国印花税法》均是审议两次后才交付表决的。

3. 表决税收法律案

根据《中华人民共和国立法法》等法律的规定，列入全国人大会议审议的法律案，须由全体代表的过半数通过。列入全国人大常委会审议的法律案，须由全国人大常委会全体组成人员的过半数通过。目前，已经完成立法任务的 12 部税收法律中，《中华人民共和国企业所得税法》是由全国人大会议表决且高票通过的②，《中华人民共和国车船税法》《中华人民共和国环境保护税法》《中华人民共和国船舶吨税法》《中华人民共和国烟叶税法》《中华人民共和国车辆购置税法》《中华人民共和国耕地占用税法》《中华人民

---

① 《〈中华人民共和国增值税法（征求意见稿）〉公开征求意见》，国家税务总局网站，2019 年 12 月 26 日，http://www.chinatax.gov.cn/chinatax/n810356/n810961/c5140207/content.html。

② 2007 年 3 月 16 日，十届全国人大第五次会议表决通过《中华人民共和国企业所得税法（草案）》，其中赞成 2826 票，反对 37 票，弃权 22 票。

共和国资源税法》《中华人民共和国契税法》《中华人民共和国城市维护建设税法》和《中华人民共和国印花税法》均是由全国人大常委会表决通过的。

4. 公布税收法律

公布法律是立法过程的最后一道程序。按照《中华人民共和国宪法》和《中华人民共和国立法法》的相关法律规定，中华人民共和国主席根据全国人大和全国人大常委会的决定公布法律，并签署公布法律的主席令，载明该法律的制定机关、通过和施行日期。例如，《中华人民共和国企业所得税法》（中华人民共和国主席令第六十三号，自 2008 年 1 月 1 日起施行）和《中华人民共和国契税法》（中华人民共和国主席令第五十二号，自 2021 年 9 月 1 日起施行）等。

（二）税收立法实践体现稳定社会预期、注入确定性的过程

改革开放初期，百废待兴，立法经验明显不足，立法实践处于摸索阶段，但经济体制改革和对外开放进程一日千里，对税收法制建设的要求迫切，时不我待。按照邓小平"现在立法的工作量很大，人力很不够，因此法律条文开始可以粗一点，逐步完善……总之，有比没有好，快搞比慢搞好"① 的指示，全国人大先后制定和颁布了三部有关涉外税收的单行法律，即《中华人民共和国中外合资经营企业所得税法》（1980 年）、《中华人民共和国个人所得税法》（1980 年）和《中华人民共和国外国企业所得税法》（1981 年），并公布了三部税收法律的施行细则。尽管这种以所有制为基础制定的税收立法模式，深深地打着计划经济体制影响的烙印②，但毋庸置疑，三部税收法律充分适应了中国对外开放初期引进外资、开展对外经济合作的现实需要，迅速建立起一套规范化、制度化、合理化的涉外税收制度体系，并通过立法将改革政策具体化、清晰化、明确化，从而奠定了制度演进和制度变迁的方向，稳定了外国投资者的信心，为进一步巩固和稳定改革开

---

① 邓小平：《解放思想，实事求是，团结一致向前看》，《邓小平文选（1975～1982 年）》，人民出版社，1983，第 137 页。

② 卢炯星：《论完善外商投资法律制度》，《中国法学》1996 年第 3 期，第 71～79 页。

放大局注入确定性①。

进入 20 世纪 90 年代，中国的改革开放和现代化建设事业从计划经济体制转向社会主义市场经济体制，各种法律、法规和规章纷纷出台，极大地填补了中国相关领域的空白，2011 年 3 月 10 日十一届全国人大常委会委员长吴邦国宣布"中国特色社会主义法律体系已经形成"。这一时期，《中华人民共和国中外合资经营企业所得税法》《中华人民共和国外国企业所得税法》两部法律被《中华人民共和国外商投资企业和外国企业所得税法》（1991 年）取代，我国不再按照不同的企业形式和投资合作方式实行不同的税法、不同的税率和不同的税收优惠，而是参照国际税收惯例和通行做法管理外商外资，这是落实税收法定尤其是确保课税要素明确的重要举措。制定新中国成立后的第一部税收征管法律——《中华人民共和国税收征收管理法》（1992），旨在规范税收法律关系主体双方权利义务，保护纳税人的合法权益，促进税收征管法制化、科学化、规范化，这是体现程序法定、彰显程序正义的关键步骤。制定新的《中华人民共和国企业所得税法》（2007），统一内外资企业所得税，逐步建立起一个规范统一、稳定透明的市场环境，有利于各类市场主体稳定预期，和平地参与竞争。同时，国务院根据有关授权决定颁布实施了一系列的税收暂行条例，包括《中华人民共和国增值税暂行条例》《中华人民共和国消费税暂行条例》《中华人民共和国营业税暂行条例》《中华人民共和国土地增值税暂行条例》《中华人民共和国资源税暂行条例》等，税收暂行条例适应了改革开放的需要，与几部税法一同构建了适应社会主义市场经济需要的税收制度，为保障改革开放和社会主义市场经济体制的建立发挥了重要作用②。

---

① 一个典型的事例是，改革开放之初，国外一些媒体对中国是否真的实行对外开放持怀疑态度，甚至怀疑中国能否以法律的形式处理对外开放中遇到的问题，第六届全国人大常委会委员长彭真亲自主持立法机关工作，广泛收集国外有关跨国合资经营的法律经验，并与中国实际相结合，制定了《中华人民共和国中外合资经营企业所得税法》，这部法律为引导和推动改革开放奠定了十分重要的基础。参见刘松山：《国家立法三十年的回顾与展望》，《中国法学》2009 年第 1 期，第 31～50 页。

② 《全国人大常委会法工委负责人就〈贯彻落实税收法定原则的实施意见〉答问》，中国政府网，2015 年 3 月 25 日，http://www.gov.cn/xinwen/2015-03/25/content_2838356.htm。

时至今日，中国绝大多数税种实现了"一税一法"，全面落实税收法定原则正在逐渐从方案设想变为客观现实，即便目前的主要做法是逐步将税收暂行条例通过修改上升为法律，但这并不妨碍中国税收法治建设迎来里程碑式的跨越。现阶段，中国落实税收法定原则最为突出且鲜明的表征是，税收立法与税收改革相融共生、互促并进。税收改革是在税收法治轨道上稳步推进，于法有据；涉及重大改革的税收立法，先通过"税改试点"① 积累立法经验，再不断修改完善制度；上升为税法后，应进一步发挥引导、推动、规范和保障改革的作用，做到重大改革于法有据，实现立法和改革决策的有序衔接，充分巩固和深化已有的改革成果。以增值税为例，未来一旦完成增值税立法任务，不仅是贯彻落实税收法定原则的重要体现，而且有利于将大规模减税降费政策中形成的13%标准税率以及即将实施的"三档并两档"改革成果以法律形式固定下来，降低各类经营主体面临的政策不确定风险，稳定市场预期，从而为经济社会发展注入税收确定性。

二 落实税收法定原则的进程

（一）观察的标准参照与政策依据

党的十八大以来，随着依法治国理念、依法治税实践的深入实施，加快落实税收法定原则的呼声越来越高。例如，2012年全国两会期间，全国人大代表、编剧赵冬苓联合31位代表提交了《关于终止授权国务院制定税收暂行规定或者条例的议案》，呼吁全国人大及其常委会尽快收回税收立法权、税收法律解释权，被喻为当年"最有含金量的议案"，引发社会各界的

---

① 有研究认为，"纵观改革开放以来的立法进程，始终高度重视立法'试点'是我国税收立法的一个重要特点……'税改试点'实质上都是'立法试点'"。参见张守文：《我国税收立法的"试点模式"——以增值税立法"试点"为例》，《法学》2013年第4期，第59~66页。

广泛关注①。

以习近平同志为核心的党中央高度重视人民群众呼声，及时回应人民群众期待，多次反复强调和积极推进税收法治进程，加快落实税收法定原则。2013 年 11 月，党的十八届三中全会审议通过了《中共中央关于全面深化改革若干重大问题的决定》，第一次在党的重要纲领性文件中明确提出"落实税收法定原则"，并将其放在"加强社会主义民主政治制度建设"部分，而不是"深化财税体制改革"部分。2014 年 6 月，中共中央政治局审议通过《深化财税体制改革总体方案》，再次明确要求立法者决定全部税收问题，即若无相应法律依据，国家不能征税，公民亦无须纳税。党的十八届四中全会审议通过的《中共中央关于全面推进依法治国若干重大问题的决定》，把"制定和完善……财政税收、金融等方面法律法规"作为"加强重点领域立法"的一项重要任务。十二届全国人大第三次会议审议通过《中华人民共和国立法法》，第八条第六款明文规定"税种的设立、税率的确定和税收征收管理等税收基本制度"只能制定法律，同时在第十条增加第二款、第三款对全国人大及其常委会的授权立法行为加以限制。同月，按照中央深改组的统一部署，全国人大常委会法工委牵头起草了《贯彻落实税收法定原则的实施意见》，对落实税收法定原则的路线图和时间表做出了明确安排和部署。

概言之，党的十八大以来，党中央、国务院擘画的一系列落实税收法定原则的重大安排和部署，是观察和分析落实税收法定原则成效的重要参照。与此同时，国家税务总局等作为落实税收法定原则的重要职能部门，制定和出台的关于推进税收法治建设的指导意见或工作规划，如《关于全面推进依法治税的指导意见》和《"十三五"时期税务系统全面推进依法治税工作规划》等，也为全方位、多视角审视中国落实税收法定原则的成效提供了政策依据。

---

① 《盘点近年备受关注的全国两会议案提案》，新华网，2015 年 3 月 2 日，http：//www. xinhuanet. com/politics/2015lh/2015 - 03/02/c_ 1114492779. htm。

（二）聚焦中央政策文件的梳理与分析

政策文件是体现党和国家的利益与意志，为实现特定目标而采取一定措施的重要载体，近年来，以政策文件为中心的研究理念在财税领域得到较为广泛的应用。例如，相关学者以党的十八大以来有关财税改革与财税法治的9个政策文件为样本，展现了在"全面深化改革"和"全面推进依法治国"的大背景下，中央高层是如何高度重视财税改革和财税法治的①；相关学者选取上海46份政策文件作为样本，对地方政府促进科技成果转化的财政政策进行了量化分析②。相关学者通过对地方制定的212份税收优惠政策文件进行系统识别与学理分析，发现目前地方税收优惠存在缺乏制定权限、妨碍公平竞争、违反合目的性原则等现实问题③。相关学者以现行12部税法文本为分析对象，分别对税法实体要素、税法程序要素、税法规则、税法文本结构进行梳理，从文本层面对中国税收立法的经验与缺漏做了可视化的分析④。

基于上述考虑，本部分选取党的十八届三中全会《中共中央关于全面深化改革若干重大问题的决定》、中共中央政治局《深化财税体制改革总体方案》、全国人大常委会法工委《贯彻落实税收法定原则的实施意见》以及国家税务总局《关于全面推进依法治税的指导意见》和《"十三五"时期税务系统全面推进依法治税工作规划》5份政策文件，将各份文件中与落实税收法定原则相关的内容进行归纳整理，凝练出"旧法修订""新法出台""税收条例上升为税收法律"等三方面内容（见表1），进一步分析和总结了中国落实税收法定原则的成效。

---

① 刘剑文：《财税改革的政策演进及其内含之财税法理论：基于党的十八大以来中央重要政策文件的分析》，《法学杂志》2016年第7期，第18~31页。

② 孙龙、雷良海：《地方政府促进科技成果转化的财政政策研究：基于上海市46份政策文件的量化分析》，《华东经济管理》2019年第10期，第27~32页。

③ 姚子健、李慧妍：《我国地方税收优惠制度的问题与完善——基于对212份税收优惠政策文本的研究》，《公共财政研究》2020年第6期，第19页，第34~51页。

④ 刘剑文、赵菁：《高质量立法导向下的税收法定重申》，《法学杂志》2021年第42（8）期，第95~112页。

表 1　部分中央政策文件中与落实税收法定原则相关的内容

制定方	政策文件	相关内容
党的十八届三中全会	《中共中央关于全面深化改革若干重大问题的决定》	落实税收法定原则。加快房地产税立法并适时推进改革,加快资源税改革,推动环境保护费改税
中共中央政治局	《深化财税体制改革总体方案》	适时完成增值税立法。加快房地产税立法并适时推进改革。抓紧修订《中华人民共和国税收征管法》
中央深改组统一部署,全国人大常委会法工委牵头起草	《贯彻落实税收法定原则的实施意见》	力争在 2020 年前完成落实税收法定原则的改革任务,将税收暂行条例上升为法律或者废止,并相应废止《全国人民代表大会关于授权国务院在经济体制改革和对外开放方面可以制定暂行的规定或者条例的决定》等
国家税务总局	《关于全面推进依法治税的指导意见》	加快税收征管法修订相关工作、环境保护税立法和个人所得税法修订等工作,配合把成熟稳定的单行税种法规上升为法律。将法治精神贯穿税收改革,坚持改革决策和立法决策相统一、相衔接……积极稳妥地推动其上升为法律制度
	《“十三五”时期税务系统全面推进依法治税工作规划》	推动落实税收法定原则,加快税收征管法修订,做好税收征管法及其实施细则修订后的工作,推动环境保护税和房地产税立法,把主要税种的征收依据逐步由行政法规上升为法律,进一步完善税收法律制度体系

资料来源:根据公开资料整理所得。

1. 旧法修订方面

一是修订《中华人民共和国税收征收管理法》。抓紧修订《中华人民共和国税收征收管理法》是《深化财税体制改革总体方案》确定的“六税一法”中的重大改革任务之一。自 2015 年 1 月《中华人民共和国税收征收管理法修订草案(征求意见稿)》向社会公布征求意见稿至今,已历时 7 年有余,虽然 2019 年国务院曾将其列入年度立法工作计划,但时至今日,新税收征收管理法仍未出台,税收程序法明显滞后。二是完成《中华人民共和国立法法》修正。十二届全国人大第三次会议审议通过《全国人民代表大会关于修改〈中华人民共和国立法法〉的决定》，其中与落实税收法定原则最具相关性的是《中华人民共和国立法法》第八条，在此增加一项并将其作为第六项，即"（六）税种的设立、税率的确定和税收征收管理等税收基本制度"，最大亮点在于将税种、税率和税收征收管理明示为法律保留事项，堪称我国税收法治进程中乃至整个依法治国进程中的里程碑事件。三是完成《中华人民共和国个人所得税法》第七次修正。这次修正不同于以往的数次修正，新个人所得税法改革的重点不是免征额、税率级距等事项的调整，而是立足税制整体优化和征管体系重塑，从法律层面为建立综合与分类相结合的现代个人所得税税制保驾护航。

2. 新法出台方面

《中华人民共和国环境保护税法》已于2016年12月25日经十二届全国人大常委会第二十五次会议审议通过，自2018年1月1日起施行。《中华人民共和国环境保护税法》是党的十八届三中全会提出全面落实"税收法定原则"要求后，全国人大常委会审议通过的第一部单行税法，是中国第一部专门体现"绿色税制"理念、推进生态文明和"美丽中国"建设的单行税法。作为专为新设税种出台的《中华人民共和国环境保护税法》，除肩负落实税收法定原则的重要任务外，更为重要的现实意义在于，其"费改税""税负平移"等立法思路和做法，为后续税收条例上升为税收法律的改革工作积累了经验，提供了借鉴。此外，政策文件中多次提及的房地产税立法任务，目前尚未完成，房地产税立法已经列入本届全国人大常委会的五年立法规划中，而十三届全国人大常委会的任期为2018年3月至2023年3月，预计最迟不晚于本届人大任期届满，会出台房地产税法草案。

3. 税收条例上升为税收法律方面

按照党中央审议通过的《贯彻落实税收法定原则的实施意见》，现阶段对各项税收条例修改并逐步上升为法律是贯彻落实税收法定原则的主要方式。具体而言，除《中华人民共和国环境保护税法》外，《中华人民共和国船舶吨税法》《中华人民共和国烟叶税法》等8部税法都是遵循"现行税收条例逐步上升为税收法律"的立法路径完成立法任务的，2019年向社会公开发布草案征求意见稿的增值税法、消费税法、土地增值税法，均是在各自原暂行条例的基础上修改完善而来的。截至 2021 年 10 月 31 日，中国现行 18 个税种中有 12 个税种已完成立法任务，占 2/3（见表 2），"一税一法"模式逐步落实，税收法治体系健全完善，人们对税收法治的内涵、精神意蕴、功能定位以及制度安排有了更加清晰深刻的认知，对税收法治的实现有着坚定的信心，这一理念已成为全社会的共识①。

表 2　截至 2021 年 10 月 31 日中国已完成立法任务的 12 个税种概况

税收法律名称	立法机关	立法时间	实施时间
《中华人民共和国个人所得税法》	全国人大	1980 年 9 月 10 日	自公布之日起施行,后经 1993 年、1999 年、2005 年、2007 年(两次)、2011 年、2018 年七次修正
《中华人民共和国企业所得税法》	全国人大	2007 年 3 月 16 日	自 2008 年 1 月 1 日起施行,后经 2017 年、2018 年两次修正
《中华人民共和国车船税法》	全国人大常委会	2011 年 2 月 25 日	自 2012 年 1 月 1 日起施行
《中华人民共和国环境保护税法》	全国人大常委会	2016 年 12 月 25 日	自 2018 年 1 月 1 日起施行
《中华人民共和国船舶吨税法》	全国人大常委会	2017 年 12 月 27 日	自 2018 年 7 月 1 日起施行
《中华人民共和国烟叶税法》	全国人大常委会	2017 年 12 月 27 日	自 2018 年 7 月 1 日起施行
《中华人民共和国车辆购置税法》	全国人大常委会	2018 年 12 月 29 日	自 2019 年 7 月 1 日起施行
《中华人民共和国耕地占用税法》	全国人大常委会	2018 年 12 月 29 日	自 2019 年 9 月 1 日起施行
《中华人民共和国资源税法》	全国人大常委会	2019 年 8 月 26 日	自 2020 年 9 月 1 日起施行
《中华人民共和国城市维护建设税法》	全国人大常委会	2020 年 8 月 11 日	自 2021 年 9 月 1 日起施行

① 刘剑文、刘静：《"十三五"时期税收法治建设的成就、问题与展望》，《国际税收》2020 年第 12 期，第 13 页。

税收法律名称	立法机关	立法时间	实施时间
《中华人民共和国契税法》	全国人大常委会	2020 年 8 月 11 日	自 2021 年 9 月 1 日起施行
《中华人民共和国印花税法》	全国人大常委会	2021 年 6 月 10 日	自 2022 年 7 月 1 日起施行

资料来源：根据公开资料整理所得。

三　落实税收法定原则的主要难点

法律是治国之重器。立法是把党的主张——归根结底是人民的意志——变成国家共同体意志的过程，是一项"为国家定规矩、为社会定方圆的神圣工作"①。截至 2021 年 10 月底，中国尚有 6 个税种未完成立法任务，其数量占中国现行 18 个税种的 1/3，既有收入规模大的增值税和消费税，也有"牵一发而动全身"的房地产税，还有与国内外经贸形势密切相关的关税等。综合来看，落实税收法定原则过程中遇到的难点主要体现在以下方面。

（一）统筹处理中央与地方的关系，难点在于收入分享

自中华人民共和国成立以来，中央与地方的关系一直在不断优化与调整，其中，坚持法治化取向是统筹处理中央与地方关系的一项重要原则。贯彻落实税收法定原则，旨在将税收法定主义嵌入中央与地方的关系中，通过构建具备确定性特征的现代治理框架，促进中央与地方关系尤其是财政关系的法治化。然而，落实税收法定原则会触及税权在中央与地方之间的重新配置，例如税收立法权、税收征管权，尤其是税收收益权的重新配置，这是税收法定进程中亟待解决的难题。

以增值税和消费税为例，虽然二者于 2019 年 12 月一同发布了法律草案

---

① 《习近平谈治国理政》第二卷，外文出版社，2017，第 122 页。

的征求意见稿，但迄今均未完成立法任务。究其原因，增值税和消费税收入规模大，其分享比例的安排影响税收收入在中央与地方之间"如何切蛋糕"。财政部数据显示，2020年，国内增值税收入为56791亿元，国内消费税收入为12028亿元，两者合计占同期全国税收收入的比重为44.6%，尽管营改增试点全面推开后，基本建成了"在世界范围内具有先导意义的现代增值税制度"①，中央也通过适时调整增值税分享比例以保持中央与地方财力格局基本稳定，但这并不能说是运用法治化手段构建起的稳固的中央与地方关系，未来或面临新的调整与变化。增值税链条影响面广，与市场联动性强，与当前减税降费政策等为代表的供给侧结构性改革密切相关，其立法进展的一举一动都影响着财政和宏观经济全局。在消费税方面，按照中央与地方收入划分的改革方案，已经明确的消费税改革方案是后移消费税征收环节并稳步下划地方，其中，对高档手表、贵重首饰和珠宝玉石等条件成熟的消费品目率先改革，结合立法进展，再考虑对其他具备条件的品目实施改革，这意味着倘若烟、酒、油、车等收入规模较大的消费税品目一旦下划地方，或将导致中央与地方的收入和财力格局出现较大变化，可能会产生一系列连锁反应，这都值得相关部门在推进消费税立法时进行充分考虑和系统性前瞻。

（二）统筹处理政府与市场的关系，难点在于税率优化

税率是税收制度的中心环节和基本要素，是计算应纳税额的尺度，是衡量税收征管强度的重要指标。在其他税制要素不变的前提下，税率高低直接影响税收负担水平，也关系着国家与纳税人的利益分配（即政府与市场的关系）。诸多最优税制的研究成果表明，最优的税率水平不是随意确定的，应是有限度的、科学合理的。因此，合理确定税率，有利于为经济社会发展注入确定性，降低风险、引导预期，进而使经济社会系统整体的风险实现最

---

① 《完善现代增值税制度　助推经济全球化发展——王军出席OECD第四届增值税全球论坛并作主旨发言》，《中国税务》2017年第5期，第9~10页。

小化。当前推进中国税收法定进程面临的一大难点是如何确定税率，包括简并多档次税率，如增值税；提高部分税目的税率，如消费税；设定适宜的法定税率，如房地产税等。

例如，囿于企业、行业的负担变化及其对财政收入的影响，增值税法的征求意见稿中继续维持现行的 13%、9% 和 6% 三档税率，"三档并两档"改革短期内较难完成，距离真正意义上的现代增值税制度仍有差距。消费税方面，提高高耗能、高污染产品及部分高档消费品税率的改革举措"高举低落"，主要考虑担心其可能对相关产业链条造成不利冲击和负面影响。目前，最难确定的当属房地产税的税率。尽管国内对房地产税领域改革的研究逐年增多，但房地产税作为一个全新的税种，主要面向数以亿计的自然人纳税人征收，波及面广、牵涉利益多、社会争议大。许多学者提出了不同的房地产税及其测算方案，其中争议焦点在于房地产税的税率设计，在 0.1% ~ 5% 区间波动。事实上，不同的房地产税税率方案，不仅是对课税对象（房地产）征税强度的考量，更是对社会财富在政府与纳税人之间如何进行"二次分配"的权衡，深刻影响政府与市场的关系变化，需要国家在推进房地产税立法时慎之又慎。此外，现行房产税、城镇土地使用税和土地增值税与房地产、土地市场的联系紧密，城镇土地使用税和土地增值税的立法难点和进展与房地产税同步同频，具体完成时间也取决于房地产税的立法进展。

（三）统筹处理税收立法与执法司法的关系，难点在于良法善治

良法善治是建设中国特色社会主义法治体系、建设社会主义法治国家的本质要求。党的十九大报告强调要"以良法促进发展、保障善治"，对贯彻落实税收法定原则而言，不仅是指完成全部税种的立法任务，更重要的是指将法治理念融入税收立法、执法、司法全过程中，在税收领域实现真正意义上的良法善治。总体而言，近年来，在全面依法治国的重大战略布局下，税收法治建设稳步推进，税收法治水平不断提升，但距离良法善治这一目标仍有差距。

在税收立法方面，"一税一法"目标即将实现，但部分税收法律法规存

在内容滞后性、相关规定不周延性、不同规定之间的差异性、对民意吸纳不够、部分条款把握不准等问题，如现行 12 部税收法律文本中出现的"其他""相关""有关"等不确定性概念达 105 次[①]，这决定了对"良法"的追求要把立法质量摆在首位。在税收执法方面，中国长期深受"轻程序、重实体"等法律观念的影响，2015 年发布的《中华人民共和国税收征管法修订草案（征求意见稿）》迄今未完成，这既不利于税务机关依法行政，更不利于保障纳税人的合法权益。在税收司法方面，有学者统计发现，1998 ～ 2017 年，全国税务行政诉讼案件数量逐年减少，这和同期全国法院一审行政案件数量变化趋势相反，也和同期全国税收收入趋势相反，还和同期全国税务稽查案件有问题户数占比趋势相反[②]。这在某种程度上说明，纳税人的合法权益的保障尤其是纳税争议案件较难通过司法渠道解决，不利于落实税收法定原则，更不利于在税收司法领域真正践行法治理念。

四 落实税收法定的对策建议

（一）加快实现税收法定原则对现行税种的全覆盖

完成未立法税种的立法任务，推动税收法定原则对税种的全覆盖，在现阶段尤为重要且紧迫。

1. 加快完成增值税、消费税和土地增值税的立法任务

增值税、消费税收入规模合计占全国税收收入的比重将近 50%，一旦完成两大税种的立法任务，对全面贯彻落实税收法定原则无疑具有重大现实意义，建议尽快完成增值税、消费税法征求意见程序，尽快提交全国人大审议。财政部、国家税务总局于 2019 年 7 月 16 日联合公布《中华人民共和国

---

① 刘剑文、赵菁：《高质量立法导向下的税收法定重申》，《法学杂志》2021 年第 42（8）期，第 95～112 页。

② 刘云刚：《全国税务行政诉讼案件为何如此之少？》，澎湃新闻网，2019 年 1 月 18 日，https://m.thepaper.cn/newsDetail_forward_2871434。

土地增值税法（征求意见稿）》，预计将在2022年列入全国人大常委会立法规划，建议同步加快推进其立法进程。

2. 积极推进并制定出台关税法

《中华人民共和国关税法（草案）》已被纳入全国人大常委会2021年立法工作计划"初次审议"环节，考虑到近年来中国的关税制度比较稳定，制定并出台关税法的时间或在2022年年底前，但也存在一定的变数。主要原因如下：第一，联动立法影响。现行《中华人民共和国进出口关税条例》是根据《中华人民共和国海关法》制定的，制定关税法时，需要先修改《中华人民共和国海关法》相关内容，尤其是该法的第五章"关税"部分。第二，机构改革影响。一直以来海关部门想同步修改关税法和《中华人民共和国海关法》，自2018年国家机构改革后，国家质检总局的出入境检验检疫管理职责和队伍划入海关总署，这在一定程度上使关税立法更趋复杂。第三，国际经贸形势变动影响。鉴于关税在中美贸易中的特殊地位，加上区域协定和国际经贸规则等许多条款需要前瞻考虑关税可能的变化等，这使关税立法的时限可能调整。

3. 积极稳妥推进房地产税立法和改革

房地产税立法曾先后被列入十二届、十三届全国人大常委会立法规划和工作计划，但迄今尚未完成。《中华人民共和国国民经济和社会发展第十四个五年规划和2035年远景目标纲要》以及全国人大常委会"稳妥推进房地产税立法"的表述，体现了党和国家推进房地产税改革"积极且谨慎"的态度。2020年11月以来，财政部部长刘昆先后在《人民日报》和《经济日报》上撰文，强调要"积极稳妥推进房地产税立法和改革"。2021年5月，财政部、全国人大常委会预算工委、住建部及国家税务总局四部门在北京主持召开了房地产税改革试点工作座谈会。2021年10月，习近平总书记在《求是》上发表重要文章《扎实推进共同富裕》，再次强调要积极稳妥推进房地产税立法和改革。同月，十三届全人大常委会授权国务院在部分地区开展房地产税改革试点工作，为期5年。简言之，房地产税改革思路从"立法先行"转变为"先试点再立法"，说明房地产税法或将在试点完成后出台。

（二）择机废止税收领域的"授权立法"行为

2015 年出台的《中华人民共和国立法法》第八条规定"税种的设立、税率的确定和税收征收管理等税收基本制度只能制定法律"，并在第五十一条再次强调"全国人民代表大会及其常务委员会加强对立法工作的组织协调，发挥在立法工作中的主导作用"，表明税收领域立法正从行政部门主导转向全国人大及其常委会主导，择机废止"1985 年授权立法"成为备受关注的话题，但当时授权立法的范围不局限于税收领域，还涵盖了经济体制和对外开放等多方面，所以全面废止这一授权立法行为的难度较大①。一个可行的改革路径是，在保留"1985 年授权立法"决定的前提下，全国人大就税收领域的授权立法做出专门的限制性规定，并将《中华人民共和国立法法》第八条关于税收保留事项的规定进一步细化和明确化，如进一步调整为"税种的设立、税率的确定、税收优惠的调整、税收征收管理、税收法律责任等税收基本制度只能制定法律"。

（三）推动税收法定原则在宪法层面得到确认

研究表明，落实税收法定原则，最理想的是推动税收法定原则在宪法层面得到确认。有学者梳理了 111 个国家的税收宪法条款，发现居第一位的是关于纳税义务的条款，居第二位的是关于税收法定原则的条款，宪法包含明确税收法定原则的国家占比 81.0%②。事实上，我国将有关明确表述税收法定原则的条文增补进宪法的难度非常大，这在历次宪法修正案的改革实践以及众多学者的讨论中可窥一二。

一种观点建议将税收法定原则直接写入宪法。例如，运用宪法修正案的形式，在宪法中辟专章对财税制度进行明文规定，体现税收法定原则；或在宪法第五十六条中增加与税收法定原则相关的规定，如"无法律明文

---

① 熊伟：《重申税收法定主义》，《法学杂志》2014 年第 2 期，第 23～30 页。

② 翟继光：《税收法定原则比较研究——税收立宪的角度》，《杭州师范学院学报》（社会科学版）2005 年第 2 期，第 42～48 页。

规定或授权，任何人不得被强迫缴纳任何税款"；或将《中华人民共和国立法法》第八条中的税收法定条款直接"移植"进宪法，并加以适当完善。另一种观点建议由全国人大牵头制定税收基本法。将税收基本法视作税收法律体系的母法，有利于通过税收基本法贯彻税收法定主义原则，弥补宪法与其他税收法律之间的不足和空白，保障税收法定原则得到全方位落实。2020 年以来，具有税收基本法性质的税法总则引发了学者们的讨论①，如 2021 年十三届全国人大四次会议期间，全国人大代表杨松、刘小兵提出制定税法总则议案②，还有学者探讨了税法总则立法的基本问题③，或将预示税收法定原则任务完成后，税收法治建设的重点会转向税法总则的制定。

然而，落实税收法定原则绝非完成立法任务后便可"一蹴而就"，征纳关系中的重要参与方——纳税人，亦是推动落实税收法定原则的关键力量。遥观美国自 1988 年出台《纳税人权利法案》（*Taxpayer Bill of Rights*）以来的发展事实，充分印证了纳税人权利保护与落实税收法定原则的重要关联④。1927 年，美国最高法院前大法官奥利弗·霍姆斯（Oliver Holmes）在菲律宾烟草公司诉国税局案（Compañía General de Tabacos de Filipinas v. Collector of Internal Revenue）的判决中说："……税收是我们为文明社会支付的对价（Taxes are what we pay for a civilized society）"。如此而言，在迈向全面建设社会主义现代化国家新征程上，落实税收法定原则必然会为张扬正义与公平、彰显"税收作为文明对价"价值和理念，注入坚实的力量和强有力的确定性。

---

① 单晓宇：《财税法专家：制定税法总则十分必要》，《中国税务报》2020 年 1 月 8 日。
② 曹伟：《制定税法总则　全面落实税收法定原则——专访全国人大代表、上海财经大学公共经济与管理学院院长刘小兵》，《审计观察》2021 年第 4 期，第 17 ~ 20 页。
③ 施正文：《税法总则立法的基本问题探讨——兼论〈税法典〉编纂》，《税务研究》2021 年第 2 期，第 94 ~ 103 页。
④ 许多奇：《落实税收法定原则的有效路径——建立我国纳税人权利保护官制度》，《法学论坛》2014 年第 29 期，第 54 ~ 61 页。

参考文献

谢怀栻：《西方国家税法中的几个基本原则》，载刘隆亨主编《以法治税简论》，北京大学出版社，1989，第 150～157 页。

邓小平：《解放思想，实事求是，团结一致向前看》，《邓小平文选（1975～1982 年）》，人民出版社，1983。

卢炯星：《论完善外商投资法律制度》，《中国法学》1996 年第 3 期，第71～79 页。

刘剑文：《财税改革的政策演进及其内含之财税法理论：基于党的十八大以来中央重要政策文件的分析》，《法学杂志》2016 年第 7 期，第 18～31 页。

姚子健、李慧妍：《我国地方税收优惠制度的问题与完善——基于对 212 份税收优惠政策文本的研究》，《公共财政研究》2020 年第 6 期，第 19 页，第 34～51 页。

刘剑文、赵菁：《高质量立法导向下的税收法定重申》，《法学杂志》2021 年第 42（8）期，第 95～112 页。

王文婷：《让税收法定原则真正落地》，《学习时报》2016 年 10 月 6 日。

刘剑文、刘静：《"十三五"时期税收法治建设的成就、问题与展望》，《国际税收》2020 年第 12 期，第 11～18 页。

《习近平谈治国理政》第二卷，外文出版社，2017。

刘尚希：《以公共风险的结构和强度重塑财政政策体系》，《财政科学》2021 年第 3 期，第 5～9 页。

熊伟：《重申税收法定主义》，《法学杂志》2014 年第 2 期，第 23～30 页。

翟继光：《税收法定原则比较研究——税收立宪的角度》，《杭州师范学院学报》（社会科学版）2005 年第 2 期，第 42～48 页。

B.6
"十四五"时期个人所得税改革展望

施文泼[*]

摘　要： 在扎实推进共同富裕的背景下，"十四五"时期个人所得税改革
承担着重要的使命。本文从个人所得税改革面临的新形势和改革
目标出发，聚焦个人所得税综合所得征收范围、税率结构、高端
人才税收优惠政策等方面，探讨现行个人所得税税制改革的重点
和难点问题，并提出了构建包容公平与效率的个人所得税制度，
稳步推进综合所得扩围改革，优化税率结构，优化股权激励个人
所得税制度等对策建议。

关键词： 个人所得税　税制改革　公平　效率

　　深化个人所得税制度改革是建立现代财政制度的重要内容之一。2018
年实施的个人所得税改革，实现了全面减税与税制完善的有机结合，在多方
面具有突破性意义，对中国宏观经济、社会发展和国家治理的深远影响逐步
显现，也为中国个人所得税制度的进一步完善奠定了基础。尽管此次个人所
得税改革可圈可点，亮点纷呈，但只是迈出了万里长征的第一步，综合与分
类相结合的个人所得税税制在实施过程中，在税制模式、综合所得范围、税
率结构、优惠政策等方面仍存在可优化空间。这就需要根据经济社会发展要
求对个人所得税税制不断予以改革完善，从而更好地发挥个人所得税税制在

---

　　* 施文泼，经济学博士，中国财政科学研究院副研究员、硕士生导师，主要研究方向为税收理
　　论与政策。

国家治理中的重要作用。

党的十九大报告指出，中国社会的主要矛盾已经发生了根本的变化，要满足人民群众日益增长的美好生活需要，迫切需要把促进全体人民共同富裕摆在更加重要的位置，并作为各项政策改革和调整的出发点和着力点。党的十九大报告进一步提出了"全体人民共同富裕迈出坚实步伐"的 2035 年目标和"全体人民共同富裕基本实现"的 2050 年目标。实现共同富裕，需要在促进经济健康发展、实现国民收入持续增长的基础上，通过调整完善相关政策，促进收入分配格局的优化，提高收入分配的公平性。税收是国家宏观经济调控和社会治理的重要工具，党的十九届五中全会通过的《中共中央关于制定国民经济和社会发展第十四个五年规划和二〇三五年远景目标的建议》明确提出，要"完善现代税收制度，健全地方税、直接税体系，优化税制结构，适当提高直接税比重，深化税收征管制度改革"。个人所得税是直接税体系中最为重要的税种之一，是发挥税收收入调节功能的主要手段。2021 年 8 月 17 日，习近平总书记在中央财经委员会第十次会议上发表重要讲话，指出"要合理调节过高收入，完善个人所得税制度，规范资本性所得管理"，从而对个人所得税的改革与实施提出了更迫切的要求。在"十四五"时期乃至未来更长一段时期，结合中国收入分配格局和创新发展的新形势、新要求，进一步明确个人所得税的定位和职能，完善综合与分类相结合的个人所得税制度，合理扩大综合所得征收范围，优化税率结构，完善有助于吸引高端人才的税收政策体系，对促进税制公平和效率、优化收入分配格局、激励人才创新、构建新发展格局具有不可或缺的重要作用。

一 "十四五"时期个人所得税改革面临的新形势：公平与效率的权衡

个人所得税的改革需求，来自进一步发挥个人所得税在实现公平和促进效率两方面的迫切要求。从中国经济社会发展的形势变化来看，当前中国的收入分配格局出现了新的发展趋势，与此同时，构建新发展格局的需要也对人才创新发展提出了新的要求。这两方面的形势变化和发展新趋势，共同构成了进一步深化个人所得税的背景。

（一）中国收入分配状况变化的新趋势

改革开放四十多年来，中国取得了令人瞩目的经济增长成就，与此同时，收入分配差距也在不断拉大。国家统计局住户调查数据显示，从20世纪80年代初到21世纪初期，中国居民收入基尼系数从0.31上升到0.45。2013年国家统计局进一步公布了2003～2012年的中国居民收入基尼系数，此后逐年发布。从现有数据来看，2008年中国居民收入基尼系数达到0.491的最高值，此后连续7年下降，2015年达到最低值0.462，但随后又有所回升，2019年中国居民收入基尼系数为0.474，总体仍高于0.4的警戒线（见图1）。

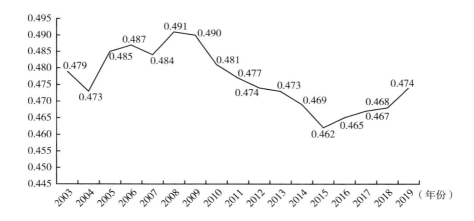

图1　2003～2019年中国居民收入基尼系数

资料来源：国家统计局。

从整体数据来看，中国居民收入基尼系数目前处于较为稳定的高位运行状态，相关学者基于2013年和2018年住户调查数据，发现这一段时期中国的收入分配差距没有明显扩大，也没有明显缩小，但是出现了新的结构性变化。工资收入相对于总收入的集中率在下降，在一定程度上缩小了总体的收入分配差距；与此同时，财产性收入相对于总收入的集中率上升，拉大了总

体的收入分配差距。这意味着我国居民财产分布的不均等性在增强，财产分布及其带来的财产性收入成为收入分配不平等的重要来源。未来随着财产性收入在居民收入中的占比提高，总体收入差距还将进一步扩大①。

长期居民收入差距的扩大，导致居民财产存量水平存在差距，近年来的诸多调查和研究结果都表明了这一趋势。西南财经大学中国家庭金融调查与研究中心于 2017 年发布的《中国家庭金融调查报告》显示：收入最高的 10% 的家庭的可支配收入占所有家庭可支配收入的 56.96%。资产最多的 10% 的家庭拥有的金融资产占所有家庭金融资产的 61%。在家庭金融资产中，银行存款占 57.75%，其中，收入最高的 10% 的家庭储蓄占居民总储蓄的 74.9%，收入最高的 5% 的家庭储蓄占居民总储蓄的 61.8%，而 55% 的家庭没有或几乎没有储蓄。

中国人民银行调查统计司城镇居民家庭资产负债调查课题组（2020）于 2019 年 10 月开展的城镇居民家庭资产负债情况调查结果显示，在中国家庭资产分布情况中，总资产最高的 10% 的富裕家庭占有全部财富的 47.5%，总资产最高的 20% 的富裕家庭占有全部财富的 63%，后 40% 的家庭只占全部财富的 8.8%（见表 1）。

表 1　中国城镇居民家庭总资产分布情况

单位：万元，%

按总资产由低到高分组	均值	占全部家庭总资产比重
0% ~ 20%	41.4	2.6
20% ~ 40%	99.3	6.2
40% ~ 60%	164.4	10.3
60% ~ 80%	282.4	17.8
80% ~ 90%	493.3	15.5
90% ~ 100%	1511.5	47.5

资料来源：中国人民银行调查统计司城镇居民家庭资产负债调查课题组（2020）。

---

① 罗楚亮、李实、岳希明：《中国居民收入差距变动分析（2013 – 2018）》，《中国社会科学》2021 年第 1 期。

高收入家庭拥有更多资产。将家庭总收入从低到高排序，总收入最高的20%的家庭所拥有的总资产占全部样本家庭总资产的半数以上。其中，收入最高的10%的家庭户均总资产为1204.8万元，是收入最低的20%的家庭户均总资产的13.7倍。这表明了中国家庭收入与资产分布高度重合，且资产分布非常不均等。从资产的结构来看，城镇居民家庭资产以实物资产为主，户均资产为253万元，占家庭总资产的79.6%，实物资产最高的10%的家庭拥有的资产占总样本实物资产的比重为47.1%。居民拥有的金融资产占比较低，但金融资产的分化程度更明显，不均等程度更显著。受调查家庭中，有99.7%的家庭拥有金融资产，户均金融资产为64.9万元，占家庭总资产的比重为20.4%。将家庭按照金融资产从低到高进行排序，金融资产最高的10%的家庭所拥有的金融资产占总样本金融资产的比重为58.3%（见表2）。

表2　中国城镇家庭金融资产和实物资产分布情况

单位：%

按金融资产由低到高分组	占总样本金融资产的比重	按实物资产由低到高分组	占总样本实物资产的比重
0%~20%	1.0	0%~20%	2.3
20%~40%	3.8	20%~40%	6.1
40%~60%	7.7	40%~60%	10.3
60%~80%	15.0	60%~80%	18.1
80%~90%	14.2	80%~90%	16.0
90%~100%	58.3	90%~100%	47.1

资料来源：中国人民银行调查统计司城镇居民家庭资产负债调查课题组（2020）。

2020年，在新冠肺炎疫情的冲击下，民众的实际收入和预期收入都有所减少，但低收入阶层受到的冲击大于中高收入阶层，这使得收入差距在疫情以后进一步扩大了。同时，低收入阶层的金融资产不足，面临流动性约束，而高收入阶层的预防性储蓄增加，这也拉大了金融资产分布的差距①。

① 甘犁：《低收入人群收入受疫情冲击更大，收入差距扩大》，中国经济网，2020年9月3日，https://www.ce.cn/xwzx/gnsz/gdxw/202009/03/t20200903_ 35660048.shtml。

2021年1月12日，中国人民银行发布的《2020年金融统计数据报告》显示，截至2020年12月，中国居民储蓄存款已经超过92万亿元。从招商银行发布的2020年年报数据来看，可以更明显地看出金融资产的分布不均等情况。2020年，招商银行零售客户总数为1.58亿户，其中，私人银行客户（金融资产超1000万元以上的客户）占比为0.06%，户均资产为2775.27万元，总资产占零售客户总资产的31.03%；金葵花客户（金融资产50万元以上的客户）占比为1.9%，户均资产为152.27万元，总资产占零售客户总资产的51.12%；普通客户占比为98.04%，户均资产仅为1.03万元，总资产占零售客户总资产的17.85%[①]。

过大的财富和收入分配差距，已经成为中国面临的严重的经济社会问题，这不仅阻碍经济的长期健康可持续发展，甚至可能造成阶层固化，形成社会鸿沟。正是在这样的背景下，党的十九大报告指出"我国社会主要矛盾已经转化为人民日益增长的美好生活需要和不平衡不充分的发展之间的矛盾"。财富和收入分配差距的扩大，正是发展不平衡不充分的典型表现之一，要实现发展成果全民共享，全面建成小康社会，必须深化财富和收入分配制度改革，加快个人所得税等直接税的制度改革，更好地发挥税收调节作用，降低收入分配的不均衡程度。

（二）为实现创新发展，吸引、激励人才的重要性日益增强

党的十九届五中全会提出，要加快构建以国内大循环为主体、国内国际双循环相互促进的新发展格局，并确立了2035年进入创新型国家前列的远景目标。在新发展格局中，加强科技创新是畅通国内大循环、增强我国在国际大循环中主动地位的关键，而创新最终依赖于激发人才尤其是高端人才的创新活力。激发人才创新活力，不仅是实现我国中长期发展目标的内在要求，也是应对全球风险变化和新挑战、畅通国内大循环、增强我国在国际大

---

① 数据来源：《招商银行2020年度报告》，http：//file.cmbimg.com/cmbir/20210330/8ce67d4e-e74c-4ed2-ad2a-231a0470d2c1.pdf。

循环中的主动地位、全面塑造发展新优势的必然选择。

党的十九届五中全会通过的《中共中央关于制定国民经济和社会发展第十四个五年规划和二〇三五年远景目标的建议》明确提出：坚持创新在我国现代化建设全局中的核心地位，深入实施科教兴国战略、人才强国战略、创新驱动发展战略。创新驱动最终取决于人才和教育，未来的全球竞争就是人才的竞争。在全球人才竞争中，我国仍有较大的提升空间。由德科公司、欧洲工商管理学院等联合发布的全球人才竞争力排名显示，2020年中国的人才竞争力在132个国家中排在第42位，与美国、英国、日本等发达国家以及新加坡、韩国等创新型经济体有不小的差距（见表3）。从分项排名看，中国对海外人才吸引程度的排名较为落后，仅排在第87位，这成为中国人才竞争力偏弱的重要原因。当前，各国都千方百计筑强已有的科技优势，主要发达国家纷纷通过强化高层次人力资本的所得税税收激励，充分发挥税收对科技创新主体的激励作用。全方位构建有利于人才高质量发展的个税政策环境，这是引进和留住高端人才、充分激发人才创新活力的必要条件。当前，中国个人所得税制度存在制约引进和留住高端人才的因素，这些因素成为制约激发人才创新活力的制度瓶颈，更不利于中国提升全球竞争力、加快形成新发展格局、促进企业发展。为有效破除这一制度瓶颈，需要进一步推进个人所得税改革，形成激发人才创新活力的税制优势，这也构成了进一步深化个人所得税制度改革的重要目标之一。

表3　全球部分国家人才竞争力情况排名

国家	2020年排名	2019年排名	2016年排名
新加坡	3	2	2
美国	2	3	4
英国	12	9	7
日本	19	22	19
韩国	27	30	37
中国	42	45	48

资料来源：INSEAD（2020）。

二 新形势下个人所得税改革需要考虑的重点问题

（一）个税覆盖面和收入规模问题

从理论来看，个人所得税具有两大基本职能：一是筹集财政收入，二是调节收入分配。其中，收入职能是第一位的，这不仅是因为个人所得税具有税基广泛、税源充足、收入稳定增长的优势，能够保证税收收入的持续稳定增长；而且因为个人所得税只有覆盖足够多的人群、达到较大的收入规模后，才能发挥足够的调节作用。个人所得税的调节功能主要在个人收入端通过累进税制实现"抽肥"，并结合支出端的"补瘦"，实现收入在不同人群间的再分配。

从中国当前个人所得税的征税对象和征税范围来看，其覆盖面较窄，个人所得税收入占全部税收收入的比重较低，限制了个人所得税发挥调节收入分配作用的空间。在 2011 年个人所得税改革之前，中国个人所得税纳税人占全国人口的比重约为 6.5%，当年提高免征额改革之后，这一比重降到 2% 左右。2018 年个人所得税改革后，仅考虑基本减除费用标准提高这一因素，个人所得税纳税人占城镇就业人员的比例就由 44% 降至 15%，如果进一步考虑纳税人享受六项专项附加扣除的情况，税改后年度应纳税额大于零的纳税人数量还将进一步减少。

与个税人口覆盖面相适应，个人所得税收入占全国税收收入的比重同样处于较低水平，2011 年个人所得税收入只占全国税收收入的 6.75%，2019年、2020 年这一比重仍只有 6.58%、7.50%，而 2019 年 OECD 国家的这一比重平均值为 24.0%（见表 4、表 5）。相较其他主要国家而言，中国个人所得税覆盖面窄、收入功能弱，导致个人所得税严重丧失了应有的收入分配调节功能。

表4　2011～2020年中国个人所得税收入情况

单位：亿元，%

年份	个人所得税收入	全国税收收入	个税收入占比
2011	6054	89738	6.75
2012	5820	100614	5.78
2013	6531	110531	5.91
2014	7376	119175	6.19
2015	8617	124922	6.90
2016	10089	130361	7.74
2017	11966	144370	8.29
2018	13872	156403	8.87
2019	10389	158000	6.58
2020	11568	154310	7.50

资料来源：财政部网站。

表5　2019年OECD国家个税收入占税收收入比重情况

单位：%

国家	个税收入占税收收入比重	国家	个税收入占税收收入比重
澳大利亚	41.1	韩国	17.5
奥地利	22.6	拉脱维亚	20.8
比利时	26.6	立陶宛	23.4
加拿大	36.6	卢森堡	23.8
智利	7.2	墨西哥	21.2
哥伦比亚	6.2	荷兰	21.6
捷克	12.6	新西兰	39.6
丹麦	52.4	挪威	26.1
爱沙尼亚	16.5	波兰	15.1
芬兰	29.0	葡萄牙	18.4
法国	21.1	斯洛伐克	10.9
德国	27.4	斯洛文尼亚	14.3
希腊	15.0	西班牙	22.7
匈牙利	14.5	瑞典	28.5
冰岛	40.8	瑞士	30.7
爱尔兰	31.5	土耳其	16.3
以色列	21.0	英国	27.6
意大利	25.7	美国	41.5
日本	19.1	OECD平均值	24.0

注：澳大利亚、日本和墨西哥为2018年数据。

资料来源：OECD，"Revenue Statistics – OECD countries：Comparative tables"，https：//stats.oecd.org/Index.aspx？DataSetCode＝Rev.

从个税分项目收入情况来看，2018 年中国个人所得税有 12 个项目，税改后归并为 9 个项目，从各项目收入情况来看，个人所得税收入的主要收入来源是工资、薪金所得，2018 年该项目的个人所得税收入占个人所得税总收入的 67.26%。工资、薪金所得，劳务报酬所得，稿酬所得和特许权使用费所得四项劳动所得的个人所得税收入占比达 71.93%（见表 6）。个人所得税收入的主要收入来源是劳动所得，这与国民收入中劳动报酬占主体的结构是一致的，但也不可忽视资本性所得课税较轻的事实。这是因为资本性所得主要是由高收入阶层取得的，相比劳动报酬，资本所得的税率较低，且具有大量的税收优惠政策，如对个人存款利息所得，中国长期实行免征个人所得税的政策，对国债利息所得同样予以免税，而个人存款和国债持有者主要是高收入者，这使得高收入阶层的总体税负较轻。

表 6 2018 年中国个人所得税分项目收入情况

单位：万元，%

项目	收入	占比
1. 工资、薪金所得	93308223	67.26
2. 个体工商户生产、经营所得	7916067	5.71
3. 企事业单位承包、承租经营所得	1426251	1.02
4. 劳务报酬所得	6251929	4.51
5. 稿酬所得	112914	0.08
6. 特许权使用费所得	107733	0.08
7. 利息、股息、红利所得	11522655	8.31
8. 财产租赁所得	870744	0.63
9. 财产转让所得	15302718	11.03
10. 偶然所得	1253129	0.90
11. 其他所得	324436	0.23
12. 税款滞纳金、罚款收入	322879	0.23
合　计	138719678	100

资料来源：《中国税务年鉴 2019》。

总体而言，个人所得税的收入调节能力必须在保证较大规模收入的基础上才能够发挥，保持适当的收入规模和增长潜力决定了个人所得税下一步的改革方向不应该是大幅度的减税性制度调整，一方面，从个税目前的征税对象和征税范围来看，虽然在进行大规模减税，但减轻的主要是中高收入阶层的税负，对收入分配状况显然是不利的。另一方面，个人所得税也要根据收入形式的变化进行结构性调整，提高对其他收入特别是资本性收入的调控力度，促进劳动所得与资本所得之间的税负均衡。

（二）税率结构与最高边际税率问题

中国的个人所得税征收长期实行七级累进税率，最高边际税率长期保持在45%。2018年新修订的《中华人民共和国个人所得税法》规定，将工资薪金、劳务报酬、稿酬、特许权使用费四项劳动性质所得，记为综合所得，实行超额累进税率，45%的最高边际税率仍维持不变。当前，适当调整税率结构，特别是降低最高边际税率的呼声较高，主要理由如下：一是与国外相比我国的综合所得最高边际税率过高，抑制了劳动者的积极性，也不利于吸引和留住高端人才；二是中国居民收入普遍较低，而最高边际税率对应的收入阈值过高，使得这一税率档次形同虚设，反而引发了纳税人的道德风险，刺激了高收入阶层的避税行为，造成税款流失。针对存在的问题，需要从以下五个方面进行分析。

第一，2018年新修订的《中华人民共和国个人所得税法》将原适用20%比例税率的劳务报酬、稿酬、特许权使用费三项所得纳入了综合所得范围，而高档税率及其对应收入阈值没有调整，这使得具有多种收入来源的高科技人才的实际税负有了较大幅度的增加，这在一定程度上影响了他们的创新积极性。从这个角度来看，在扩大综合所得课征范围时，可适当对税率结构进行调整，实现税负的平稳过渡。

第二，从国际比较来看，中国最高边际税率（45%）处于较高水平，但不是最高水平。在全球参与统计的150个国家和地区中中国位居第17，有27个国家最高边际税率高于40%，有62个国家最高边际税率在35%及以上。从G20集团的数据来看（不计沙特阿拉伯），G20集团个税最高边际税率的均值为39%，中国排在日本之后，与澳大利亚等6国并列第2（见表7、表8）。

表7 全球部分国家（地区）个人所得税最高边际税率情况

最高边际税率	国家数目	具体国家(地区)情况
>50%	7	科特迪瓦（60%）、芬兰（56.95%）、日本（55.97%）、丹麦（55.9%）、奥地利（55%）、瑞典（52.9%）、阿鲁巴岛（52%）
41%~50%	20	比利时（50%）、以色列（50%）、斯洛文尼亚（50%）、荷兰（49.5%）、爱尔兰（48%）、葡萄牙（48%）、西班牙（47%）、冰岛（46.25%）、卢森堡（45.78%）、澳大利亚（45%）、中国（45%）、法国（45%）、德国（45%）、南非（45%）、韩国（45%）、英国（45%）、希腊（44%）、意大利（43%）、印度（42.74%）、巴布亚新几内亚（42%）
35%~40%	35	智利（40%）、刚果（金）（40%）、几内亚（40%）、毛里塔尼亚（40%）、刚果（布）（40%）、塞内加尔（40%）、瑞士（40%）、中国台湾（40%）、土耳其（40%）、乌干达（40%）、津巴布韦（40%）、哥伦比亚（39%）、新西兰（39%）、挪威（38.2%）、摩洛哥（38%）、苏里南（38%）、赞比亚（37.5%）、纳米比亚（37%）、美国（37%）、乌拉圭（36%）、阿尔及利亚（35%）、阿根廷（35%）、喀麦隆（35%）、塞浦路斯（35%）、厄瓜多尔（35%）、赤道几内亚（35%）、埃塞俄比亚（35%）、加蓬（35%）、马耳他（35%）、墨西哥（35%）、巴基斯坦（35%）、菲律宾（35%）、泰国（35%）、突尼斯（35%）、越南（35%）

资料来源：https://tradingeconomics.com/country-list/personal-income-tax-rate。

表8 G20集团成员个人所得税最高边际税率情况

成员	最高边际税率(%)	成员	最高边际税率(%)
日本	55.97	土耳其	40
澳大利亚	45	欧盟(均值)	38
中国	45	美国	37
法国	45	阿根廷	35
德国	45	墨西哥	35
南非	45	加拿大	33
韩国	45	印度尼西亚	30
英国	45	巴西	27.50
意大利	43	俄罗斯	15
印度	42.74	沙特阿拉伯	—

资料来源：https://tradingeconomics.com/country-list/personal-income-tax-rate。

第三，从个税最高边际税率对应的收入阈值来看，中国的收入阈值高于多数国家，但主要是因为我国的人均工资较低，从相对数来看，中国收入阈值与人均工资的比值要远高于大多数 OECD 国家。2020 年中国城镇私营单位就业人员年人均工资为 57727 元，收入阈值与人均工资的比值为 16.63，而同期 OECD 国家中这一比值高于中国的只有奥地利、韩国、墨西哥和土耳其，大多数 OECD 国家的这一比值要低于 5（见表 9）。也就是说，中国适用个税最高边际税率的人数占比要远低于其他国家。

表 9　中国和 OECD 国家的个税最高边际税率及收入阈值情况

国家	个税最高边际税率（%）	收入阈值（本国货币单位）	人均工资（本国货币单位）	收入阈值/人均工资
澳大利亚	45	180000	59352	3.03
奥地利	55	1000000	41736	23.96
比利时	50	41060	36984	1.11
加拿大	33	214369	49512	4.33
智利	40	15615320	5365368	2.91
哥伦比亚	25	51900000	6950988	7.47
捷克	23	1701168	333732	5.10
丹麦	56	577174	474900	1.22
爱沙尼亚	20	0	12780	—
芬兰	31.25	78500	39996	1.96
法国	45	157806	34176	4.62
德国	45	274612	32664	8.41
希腊	44	40000	17890	2.24
匈牙利	15	0	2973408	—
爱尔兰	40	35300	36444	0.97
意大利	43	75001	26076	2.88
日本	45	40000000	3999600	10.00
韩国	45	1000000000	39601092	25.25
拉脱维亚	31	62800	9816	6.40
立陶宛	32	81162	8568	9.47
卢森堡	42	200004	55356	3.61
墨西哥	35	3898140	90072	43.28
荷兰	49.5	68507	28860	2.37
新西兰	39	180000	53088	3.39
挪威	16.2	1021550	520800	1.96
波兰	32	85528	46800	1.83
葡萄牙	48	80882	13176	6.14

续表

国家	个税最高边际税率(%)	收入阈值（本国货币单位）	人均工资（本国货币单位）	收入阈值/人均工资
俄罗斯	15	5000000	407772	12.26
斯洛伐克	25	37163.63	10548	3.52
斯洛文尼亚	50	72000	19548	3.68
南非	45	1656601	204180	8.11
西班牙	47	300000	22824	13.14
瑞典	52	523200	384000	1.36
土耳其	40	650000	26508	24.52
英国	45	150000	26424	5.68
美国	37	523601	44952	11.65
中国	45	960000	57727	16.63

注：各国的收入阈值和人均工资单位为该国的本国货币单位，因本部分以收入阈值与人均工资的比值进行对比分析，故未将二者的单位进行统一。

资料来源：各国个税最高边际税率和收入阈值数据来自各国的税法。中国城镇私营单位就业人员年平均工资数据来源为国家统计局，其余各国平均工资数据来自：https://money.cnn.com/interactive/news/economy/davos/global‐wage‐calculator/index.html。

第四，从资本利得税率情况来看，中国对财产转让所得和股息红利所得征收20%的个人所得税，相比全球部分国家这一税率并不高（见图2），同时中国针对资本所得还有诸多税收优惠政策，比如，对个人储蓄存款利息所

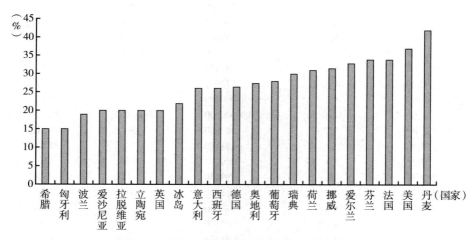

图2　全球部分国家资本利得税最高边际税率

资料来源：根据各国税法整理。

得免税，对个人在上交所、深交所转让从上市公司公开发行和转让市场取得的上市公司股票所得免税，对个人从公开发行和转让市场取得的上市公司股票股息红利所得实行差异化税率政策等。

第五，从 OECD 国家对个人所得税税率调整的最新趋势来看，呈现出两方面的特征：一是降低中低收入阶层的税负，主要做法是降低中低档税率、提高税前扣除标准、增加税前扣除项目、增加劳动所得税收抵免等。相比之下，中国的个税低档税率在 2011 年改革之后已经处于较低水平。二是最高边际税率在经过 20 世纪 80 年代的大幅度降低以及 21 世纪初期的小幅下调后，个人所得税对高收入者的调节作用相对弱化，再分配效果降低。近几年来个人所得税又呈现出新一轮的提高趋势。特别是在新冠肺炎疫情发生以后，受收入分配格局和财政收入状况恶化的影响，越来越多的国家提高了个税最高边际税率，并考虑提高资本利得税率。如 2020 年起西班牙增加了一档税率，也就是提高了最高边际税率，对年收入超过 30 万欧元的个人适用的税率由 45% 提高到 47%。2018 年特朗普提出减税之后，拜登提出的税改方案对减税走向做了扭转，在个人所得税方面，主要体现为将年收入 40 万美元以上家庭的最高边际税率从 37% 恢复到 39.6%，对年收入超过 100 万美元的前 0.3% 的高收入家庭实现的（长期）资本利得等资本性收益由现行的 20% 比例税率改为统一适用个人所得税累进税率，即实际上将适用 39.6% 的最高边际税率。

总体而言，当前对税率结构以及最高边际税率的调整与否，要看税制目标如何在公平与效率之间进行权衡，如果是公平优先，那么改革的重点应该是中低档税率而非最高边际税率。总体来看，最高边际税率可调整的空间不大。对个税的效率取向，也就是对高端人才的激励作用的发挥，需要考虑的是调整整体的税制，还是制定单独的税收政策，其目的是在保持税制总体公平的前提下，对高端人才实现精准的定向激励。

（三）扩大综合所得范围问题

从理论来看，个人所得税覆盖的所得类别非常广，将不同种类划分为综

合所得还是分类所得，可以有多种不同的标准：一是根据收入的性质划分，将所得性质相同的收入统一纳入综合所得，将性质不同的所得列为分项所得单独计征；二是根据收入的规律性划分，将稳定、具有固定周期的经常性收入纳入综合所得，将临时性、偶然性所得列为分类项目；三是根据获取收入需要付出的努力程度划分，将有费用扣除的所得纳入综合所得，将没有费用扣除的所得列为分类项目；四是根据监控难度划分，将税务部门易于监控的所得纳入综合所得，将不容易监控的所得列为分类项目[1]。

在2018年的个税改革中，将工资薪金、劳务报酬、稿酬和特许权使用费四项所得纳入综合所得范围，实际上主要考虑了征管便利的因素，同时也兼顾了同一性质所得的税收公平性。从征管的难易程度来看，这四项所得的个税都实行代扣代缴制度，监管较为到位，征管难度和漏洞都较小。从所得性质来看，工资薪金、劳务报酬和稿酬都属于劳动所得，而特许权使用费虽然属于资本所得，但专利权、著作权等特许权的取得与个人付出的劳动密切相关，在征管实践中也极易与劳务报酬所得和稿酬所得混淆，因此纳入综合所得有利于实现劳动所得之间的税负公平。

扩大综合所得范围，提高个税的收入调节能力，已经成为中国下一步个税改革的重点。从理论上讲，综合所得覆盖的所得项目越广，越能全面反映纳税人的收入和税收负担能力，充分体现税收公平原则。从征管实践来看，实行综合征税也有利于减少不同所得项目之间的税收差异，消除个人通过转化所得项目形式进行避税的漏洞。但考虑到中国实行综合和分类所得税制的时间较短，民众的税收遵从意识较为薄弱，税收征管模式、技术手段和信息化程度尚未达到税制要求，在综合所得的扩围改革中，应综合考虑调节需要、征管难易程度、现实阻力等多方面的因素，采用循序渐进的方式进行。

从个税的所得项目类别和改革需求来看，当前可考虑纳入综合所得范围的所得类别主要有两种：一是生产经营所得，二是资本所得，资本所得具体又包括利息、股息、红利所得，财产租赁所得和财产转让所得三类所得。这

---

① 李波等：《我国个人所得税改革与国际比较》，中国财政经济出版社，2011。

两种不同的选择也各有利弊。

1. 将生产经营所得纳入综合所得范围的理由和难点

将生产经营所得纳入综合所得范围，主要出于以下三方面的考虑。

第一，从所得性质来看，生产经营所得属于经常性所得，同时兼具劳动所得和资本所得双重属性，将其纳入综合所得范围是国际通行做法，也较易获得社会认同。

第二，在征管实践中，生产经营所得和劳务报酬所得较难区分，存在征管漏洞。一是目前个税制度对个人劳务报酬所得和生产经营所得的定义在业务范围上存在较多的交叉重叠，实际征管中不仅使纳税人难以辨别，而且税务机关也不易判断，加之两者的计税方式、适用税率截然不同，容易因判断不清而导致多征或少征。二是当前随着数字技术与经济活动深度融合，传统商业经营门槛大幅降低，微商、直播带货等C2C经营模式兴起，使得自然人可借助互联网成为商业经营主体，零工经济日益盛行，生产经营所得和劳务报酬所得愈发难以明确区分，进一步加大了个税征管难度。三是一些高收入者滥用部分地区对生产经营所得实行核定征收的政策，通过转换所得性质规避税款缴纳，既造成了严重的税收流失，也引发了强烈的负面舆论。

第三，在征管模式上，生产经营所得和综合所得的税率结构、扣除方式、申报方式较为相似，在征管衔接上更为容易。进一步将生产经营所得纳入综合所得范围，可以将现行的两项个人所得税汇算清缴制度合二为一，有利于消除现行制度中两者混淆的问题，实现"预扣预缴""分期预缴"和"汇算清缴"的统一，较好地提升税法遵从度。

将生产经营所得纳入综合课征范围的难点在于制度和征管两个层面。

第一，从制度层面来看，生产经营所得的纳税人包括个体工商户业主、个人独资企业和合伙企业投资者，不同类型纳税人的业务性质涵盖了一般工商业用户，律师事务所、会计师事务所等专业服务机构，以及股权投资企业等，不同类型的纳税人差别很大，其所得中属于生产经营所得还是资本所得的成分难以准确划分。因此，如果将其统一纳入综合所得范围，可能造成纳税人的资本所得部分特别是部分以资本所得为主的纳税人税负大大增加，不

利于鼓励创业投资。

第二，从征管层面来看，生产经营所得的纳税人数量庞大，业务范围广泛，不同类型纳税人的业务极具个性，要准确实现对纳税人的收入成本核算比较困难。当前在实际征管中存在查账征收、定额征收、核定应税所得率、核定征收率等多种征收方式，其中以核定征收方式为主。因此，将经营所得纳入综合所得范围后，首先面临如何准确核算其所得额的难题，导致征管难度较大，并会增加绝大多数无经营所得纳税人的申报负担。

2. 将资本所得纳入综合所得范围的理由和难点

将财产转让所得，财产租赁所得，股息、红利所得等资本所得纳入综合所得范围，主要出于以下两方面的考虑。

第一，平衡资本所得和劳动所得税负、增强个税调节收入分配能力的需要。目前，我国综合所得（主要为劳动所得）最高边际税率为45%，而资本所得适用20%的税率。同时资本所得还存在大量的税收优惠，如个人转让上市公司、新三板股票暂不征收个税，股息红利差别化征收个税，个人储蓄存款免征个税，政府债券利息收入免征个税等。劳动和资本两大生产要素间的税负明显不公，过大的税负差距对个人辛勤劳动的积极性造成了负向影响。当前社会呈现的资本聚集现象，已经拉大了劳动所得与资本所得之间的差距，而二者在个人所得税税制上的过大差异进一步强化了这种结果，这一政策导向亟须矫正。

第二，消除高收入人群的避税渠道。劳动所得和资本所得之间的巨大税率差距，增加了高收入纳税人通过转化收入性质进行避税的动力，进一步恶化了收入分配格局。如影视行业纳税人在取得劳务报酬所得时成立个人工作室，随后将股权转让给劳务费用支付方，将劳动所得转化为股权转让所得，从而将该笔收入应适用的税率由劳务报酬的45%降低为财产转让所得的20%。

因此，将资本所得纳入综合所得范围，与劳动所得适用统一的税率结构，有助于克服资本所得税率低于劳动所得税率的弊端，消除高收入群体将劳动所得转换成资本所得进行避税这一漏洞，增强个人所得税的收入调节功能。

将资本所得纳入综合所得范围也面临着现实的困难。

第一，部分资本所得的信息获取难度较大，征管成本较高。资本所得的来源比较隐蔽，如股权转让的真实价格难以核查、财产转让所得和财产租赁所得多数为个人直接交易、扣缴义务人责任意识淡薄，税收机关的实际征管难度较大。资本所得税负提高后，如果税收征管不能到位的话，反而可能会强化纳税人逃税避税的动机。

第二，资本的流动性强，对资本所得征收重税可能会抑制资本积累，甚至出现资本流失的问题，从而影响经济增长。

（四）对高技术人才的个税激励政策问题

高技术人才的创新性活动是企业创新的重要推动力。因此，激励高技术人才的创新活力，一直是各国人才政策和税收政策的重点任务之一。从企业角度来看，为了激发人才的创新潜力，越来越多的企业实施了股权激励计划，这使得高技术人才的收入越来越多的不再是纯粹的工资性收入，而有很大一部分来自资本性所得。

股权激励是企业为吸引和留住优秀人才，激发员工创新活力，以公司股票为标的，通过股票期权、限制性股票、股权奖励等形式对员工推行的一种长期性的激励与约束机制，是国际上通行的最具吸引力的手段和机制，也是实现企业与员工共同发展、推动企业创新和健康稳定发展的重要手段。在创业公司发展早期，实施股权激励计划可以弥补公司资金不足、员工工资不高等劣势，吸引和留住核心员工，提高员工工作积极性。对上市公司而言，实施股权激励，对员工同样具有不容忽视的激励作用，而且通过股权激励，还有利于形成劳动者与所有者的利益共享机制，是收入分配体制改革有效实现的途径之一。

中国企业的股权激励实践始于 20 世纪 90 年代，2005 年证监会颁布《上市公司股权激励管理办法（试行）》后，上市公司的股权激励进入了蓬勃发展时期。据统计，2006 年只有 44 家公司披露了 44 份首期 A 股上市公司股权激励计划，在 2020 年已有 440 家发布了 448 份首期 A 股上市公司股权激励计划（见图3）。此外，境外上市公司和非上市公司实施的股权激励计划更是难以统计。

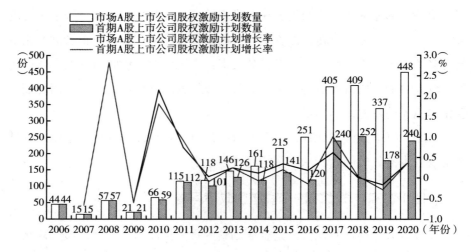

图3 2006~2020年A股上市公司股权激励计划数量及增长率

资料来源：上海荣正投资咨询股份有限公司《2020年度A股上市公司股权激励实践情况统计与分析报告》。

股权激励对于留住优秀人才、推动企业创新有着较强的激励作用，而个税负担则是影响企业实施股权激励计划的重要因素。由于股权激励的结果具有较大的不确定性，股权激励适用的个人所得税政策直接影响被激励员工能获得的最终收益，由此影响员工参与股权激励的积极性和获得股权后的行为选择，也决定了股权激励计划能否取得预期的激励效果。

为了激励高技术人才开展创新活动，鼓励科技创新，促进科技成果转化，我国借鉴国际经验，对境内公司实施的股权激励制定了一系列的税收优惠政策。财政部、国家税务总局于2016年联合印发了《财政部 国家税务总局关于完善股权激励和技术入股有关所得税政策的通知》（财税〔2016〕101号，以下简称《通知》），对非上市公司股权激励实行了特殊的个人所得税政策，将纳税人原本适用的两个课税环节合并到股权转让环节，并统一按照20%的税率征税，消除了被激励员工的资金压力，有力地降低了税负成本。《通知》还将上市公司股权激励的递延纳税期限由6个月延长至12个月，也在一定程度上减轻了被激励员工的资金压力。但是，现行股权激励个人所得税政策仍存在不少限制条件，造成了一定程度的税负不公，不利于更好地发挥股权激励的实施效果,也弱化了股权激励计划对高技术人才的激励作用。

1.非上市公司股权激励个税政策限制条件过于严格,难以切实发挥效应

在实际执行中,真正能享受非上市公司股权激励个人所得税优惠政策的企业并不多。据报道,2017年上海市只有14家企业、合计516人享受到了《通知》中的优惠政策,而同期在上海股权托管交易中心挂牌的初创企业就有172家,实际实施了股权激励的非上市企业(未备案)更是百倍于此。《通知》政策效果不佳的主要原因在于限制条件较多、较严,且不契合非上市高科技企业的股权激励特点,主要体现在两个方面:一是在授予方式上,《通知》限定激励标的应为境内居民企业的本公司股权,这意味着企业只能采用向激励对象直接授予股权的方式。但实际上非上市企业基于法律制度、公司治理和合规成本的考虑,除对特别核心的高层人才采用直接授予方式外,普遍采用的是通过持股平台间接授予股权的方式。二是在激励对象的人数上,《通知》将其限定在企业在职员工人数的30%以下,这一比例限制过于单一,没有区分不同企业的性质和特点。从非上市高科技企业的实际情况来看,企业研发人员占比较高,在实施股权激励计划时,激励对象的人数往往超过职工人数的30%,这也导致了很多非上市高科技企业无法享受税收优惠政策。

2.上市公司股权激励的个税纳税时点较早,税负较重,弱化了股权激励作用

按照中国个人所得税政策相关规定,境内上市公司实施股权激励计划,被激励员工应在行权日或解禁日按其取得的实际收益计算缴纳个人所得税,但在这一时点上被激励员工获得的仅是股权,没有实际的现金收益,为此员工需要另行筹集现金支付税款,资金压力较大。按照相关税收优惠政策的规定,虽然被激励员工能够享受递延纳税政策,但递延纳税期限不超过12个月,且受限于《中华人民共和国公司法》对公司高管减持股票比例的约束性规定,被激励员工无法一次性转让股票,因此,在递延纳税期限到期时仍将面临较高的税负水平和较大的税款支付压力。

（五）完善吸引境外人才的个人所得税政策问题

在国际竞争日益激烈的形势下,为了促进中国的科技创新,加大自主创

新能力，中国当前一个重要的人才战略是引进境外高端人才。个人所得税税负是影响人才流动的重要因素之一，因此，如何进一步完善吸引境外人才的个人所得税政策，对中国实行人才战略有着不容忽视的作用。

目前，中国在个人所得税法中并没有对高端人才实施专门的个税优惠政策，但个税影响引进高端人才的问题已经被决策层所认知，针对高税负不利于吸引和留住高端人才的弊端，目前我国也在粤港澳大湾区、福建平潭综合实验区和海南自由贸易港对高端紧缺人才的个税政策开展先行先试，具体政策内容如表 10 所示。

表 10　粤港澳大湾区、平潭综合实验区和海南自由贸易港的个税优惠政策

项目	粤港澳大湾区	平潭综合实验区	海南自由贸易港
政策名称	《财政部 税务总局关于粤港澳大湾区个人所得税优惠政策的通知》（财税〔2019〕31 号）	《财政部 国家税务总局关于福建平潭综合实验区个人所得税优惠政策的通知》（财税〔2014〕24 号）	《财政部 税务总局关于海南自由贸易港高端紧缺人才个人所得税政策的通知》（财税〔2020〕32 号）
政策对象	在粤港澳大湾区工作的境外（含港澳台）高端人才和紧缺人才	在平潭综合实验区工作的"台湾居民"①	在海南自由贸易港工作的高端人才和紧缺人才
政策内容	按内地与香港个人所得税税负差额给予补贴，该补贴免征个人所得税	按不超过大陆与台湾地区个人所得税税负差额给予的补贴，免征个人所得税	个人所得税实际税负超过 15% 的部分，予以免征。所得包括来源于海南自由贸易港的综合所得、经营所得以及经海南认定的人才补贴性所得
政策期限	自 2019 年 1 月 1 日起至 2023 年 12 月 31 日	自 2013 年 1 月 1 日起至 2025 年 12 月 31 日	自 2020 年 1 月 1 日起至 2024 年 12 月 31 日

注：财税〔2014〕24 号文的执行期限为 2013 年 1 月 1 日至 2020 年 12 月 31 日。依据《财政部 税务总局关于延长部分税收优惠政策执行期限的公告》（财政部 税务总局公告 2021 年第 6 号），该项政策的执行期限延长至 2025 年 12 月 31 日。

资料来源：财政部。

---

① "台湾居民"为文件原文用语，文件所称"台湾居民"是指持有《台湾居民来往大陆通行证》的个人。

　　总体来看，在粤港澳大湾区、平潭综合实验区和海南自由贸易港对高端人才实施区域性优惠政策试点，为未来进一步完善高端人才的个税政策奠定了基础。但是，部分地区实行的吸引高端人才的个税优惠政策，也易于形成"税收洼地"，引发地区间不当财税竞争，不利于激发人才创新活力。粤港澳大湾区、平潭综合实验区和海南自由贸易港实行的个税优惠政策，通过对财政补贴免税或超税负部分免税的方式，保证了境外高端人才和紧缺人才的个税实际税负不超过15%。但吸引境外高端人才制订的个税优惠政策只限于粤港澳大湾区、平潭综合实验区和海南自由贸易港部分地区，实施差异化的区域个税政策也会带来一些问题，突出表现为税收的不公平性，以及与全国范围内生产要素自由流动的市场配置要求相悖。在粤港澳大湾区、平潭综合实验区和海南自由贸易港个税政策出台后，国内其他地区也表示出对本地人才可能会流向上述三地的担忧。同时，其他地区为抢夺人才和避免人才流失，不得不实施显性或隐性的人才补贴政策，甚至有一些经济不发达地区在外部压力下也开始考虑制定本地区的补贴政策。如果对给予个人的财政补贴征收个税，相当于个人没有享受优惠或削减了优惠。这些地区自行出台的补贴政策，也属于政策不规范的做法。尽管目前粤港澳大湾区、平潭综合实验区和海南自由贸易港是个税政策的先行先试地区，但实际上这种优惠政策试点模式已引发其他地区的效仿，并带来地区间的财税竞争，不利于区域一体化协同发展。因此，有必要兼顾境内外人才税负的公平性，在全国范围内统一制定和完善吸引境外高端人才的个人所得税政策，降低高端人才的实际个税负担，并适当缓解区域性优惠政策对人才竞争的干扰。

三　"十四五"时期个人所得税改革的思路和建议

（一）构建包容公平和效率的个人所得税制度

　　公平和效率是个人所得税改革需要权衡的重要目标。从税制设计的角度看，调节收入分配和促进收入分配公平是个税的主要职能之一，税收公平是

个人所得税改革首先应遵循的重要理念，也是应达到的重要目标。在中国收入分配形势长期面临不均等问题且出现了新的特点的形势下，更需要突出税收对收入分配的调节作用。然而，在新发展阶段，面临着更严峻的国际竞争局势，"十四五"规划目标的实现仍然要求经济保持一定的增长率，而加大对人才创新的激励和促进科技创新又是提高经济效率和促进经济高质量发展的需要。发挥税收对劳动者积极性的引导作用，促进经济健康可持续发展仍然是税制改革所需要考虑的重要方面，因此，个人所得税改革所要达到的公平目标要与效率目标相结合，统筹考虑公平与效率的要求，兼顾收入分配调节与人才激励。要通过制度和政策的合理设计，构建能够同时包容公平与效率的个人所得税制度和政策体系，在公平与效率之间实现动态平衡。既要实现对高收入者的合理调节，又要着力构建有利于吸引人才、激励人才的政策体系，为发挥人才创新性创造良好的制度环境。

（二）稳步推进综合所得扩围改革，取消部分所得优惠项目

在进一步扩大综合所得征收范围的问题上，建议在"十四五"期间从三个方面进行改革。

一是将生产经营所得纳入综合所得范围。从公平税负和防范出现避税漏洞的目的出发，有必要将生产经营所得纳入综合所得范围，实现一体征税。从现实条件来看，生产经营所得属于经常性收入，其实行的累进税率结构与综合所得的税率结构差异较小，实践中对生产经营所得的征管也相对充分，将其纳入综合所得阻力较小。

在生产经营所得纳入综合所得范围后，在短期内仍可对大多数纳税人实行核定征收的做法，但应尽可能取消定额征收的方式，保留核定应税所得率和核定征收率的方式。对取得高收入的个人独资企业和合伙企业，特别是对目前采取核定征收方式的企业，应通过提高核定应税所得率和核定征收率的方式倒逼其建账建制，促进税收公平和行业规范化。对当前数量较大、收入低的个体工商户业主，通过允许其核定扣除一定费用（如扣除30%）或增加其可享受的免税收入，尽量维持其现有税负水平。未来则需要进一步完善生

产经营所得的征管模式，尽可能推动从核定征收到查账征收的征管模式转变。

二是对利息所得、股息红利所得和财产转让所得等资本性收入，保留分类征收的做法，但必须重视对部分资本性收入免税在当前形势下带来的税负不公问题，尽快取消对个人存款利息所得和国债利息所得全部免税的政策，对其按照20%的比例税率征税。但考虑到中低收入群体特别是老年人往往缺乏可靠的投资渠道，因而更愿意购买无风险的国债或存入银行获取利息收入，且这部分利息收入对其维持基本生活具有重要的保障意义，因此可对个人年度取得的低于一定限额的利息所得税予以退税。在对资本所得课税进行全覆盖后，未来再讨论是否要纳入综合所得一体课税。

三是进一步扩大个人所得税征税范围，消除税法漏洞。目前我国个人所得税法对应税项目采用正列举的方法，没有列举到的项目不属于应税所得，这不仅导致个人所得税税基较实际经济活动更为狭窄，也加剧了部分纳税人之间的税负不公。随着我国市场经济的不断发展和完善，各类新兴行业、新的经济现象、商业行为和经营方式等不断涌现，个人收入所得特别是高收入人群已经由单一化向多元化发展、由透明化向隐蔽化发展，个人收入渠道增多，收入水平提高，收入结构日趋复杂，一些资本性收入以及企业高管享受的附加福利，都没有纳入征税范围中，而高收入人群所得中这几类收入均占较大份额。因此，有必要在《中华人民共和国个人所得税税法》中增加兜底条款，以适应纳税人收入结构日益复杂的新形势，合理扩大个税的征收范围，防止出现税收漏洞。

（三）优化税率结构，促进不同性质收入的税负均衡

在扩大综合所得范围后，有必要考虑适度调整劳动所得和资本所得的税率结构，改革的目的在于：一是简化税制，促进有效征管，减少征税漏洞；二是减少纳税人避税动机和空间，强化对高收入者的收入调节；三是鼓励资本的长期持有，避免资本流失对经济的不利影响。具体的对策建议包括以下三点。

一是适当降低综合所得最高边际税率。但从调节收入分配的目标来看，最高边际税率下调的空间极为有限。

二是优化资本所得的税率制度，当前对其实施较低的比例税率不利于公平劳动和资本所得之间的税负，应从优化资本所得的税率结构入手，促进二者的税收公平。建议从公平税负和激励长期资本投入的双重目标出发，对短期资本所得实行与综合所得相同的税率，对长期资本所得实行较优惠的比例税率，但税率不宜设定过低。

三是建立税率级距自动调整机制。根据年度物价指数的变动情况，自动调整各个税率级距的阈值范围，使个税收入与个人的实际收入水平更加匹配。

（四）优化股权激励个人所得税政策，提高政策实施效果

为进一步发挥股权激励计划对人才创新的吸引力，建议从以下三个方面对现行股权激励个人所得税政策进行优化。

首先，优化非上市公司股权激励个人所得税政策，放宽不切实际的限制条件，扩大政策享受面，使政策进一步落实到位。一是放宽《财政部 国家税务总局关于完善股权激励和技术入股有关所得税政策的通知》（以下简称"101 号文"）对股权授予方式的限制，对非上市公司实施股权激励计划，授予员工股权，不管是采取直接授予的方式还是通过持股平台间接授予，都可以享受个税优惠政策。二是放宽对激励对象人数的比例限制。鉴于非上市高科技企业研发人员比例较高，以及公司在不同发展阶段的股权激励计划安排不同，建议将规定的"激励对象人数不超过在职员工的30%"这一比例限制放宽至50%。

其次，延长上市公司股权激励个税递延纳税期限。在短期内，应进一步延长递延纳税期限，充分发挥股权激励计划的长期激励作用。对上市公司实施的股权激励计划，按规定在行权或股票解禁时，计算确定被激励员工的应纳税所得额，并按照"工资薪金所得"项目及其对应税率计算应纳税额，将其纳税义务递延至被激励员工首次转让股票时，但递延期限最长不超过5年。

最后，以激励为导向，逐步统一上市公司与非上市公司股权激励个人所得税政策。在中长期内，可参考非上市公司的优惠政策，对上市公司股权激

励个人所得税政策进行优化,对上市公司符合相应限制条件的股权激励计划,参照实施现行非上市公司股权激励个人所得税政策,逐步实现上市公司与非上市公司股权激励个人所得税政策的统一。

(五)完善吸引境外人才的个人所得税政策

对境外人才的个人所得税政策应该是单独的一套制度,在不对境内产生影响的前提下统一在全国实施。目前粤港澳大湾区、平潭综合实验区和海南自由贸易港已实施高端人才个税政策。从未来国内构建新发展格局和各地的发展来看,有必要在部分地区先行先试和针对部分重点人群实施个税优惠政策的基础上,统一制定和完善吸引境外高端人才的个人所得税政策,并将其在全国范围内实施,打造更具人才吸引力的税收政策环境,避免各地出现政策攀比和自行出台不规范的补贴政策的现象,防范不当财税竞争行为。具体政策建议包括以下三点。

一是合理选择境外高端人才的个税优惠方式。现行部分地区实施的高端人才优惠政策主要有两种方式,一是粤港澳大湾区和平潭综合实验区对财政补贴(内地与香港地区个人所得税税负差额)的免税政策,二是海南自由贸易港对个人所得超税负部分的免税政策。比较来看,尽管两种方式都实现了个税实际负担不超过15%的效果,但在政策具体落实和影响等方面存在差别。对财政补贴进行免税,不影响个税制度的执行,但地方财政存在补贴负担;对超税负部分进行免税,不涉及地方财政的补贴,但涉及个税制度的执行,也会影响到中央与地方的税收收入。综合来看,采用对所得直接免税的方式更为简便,这种方式不需要财政补贴,并且能够相应降低地方财政的负担。但考虑到海南自由贸易港的个税试点政策具有特殊性,可先在全国范围内推广粤港澳大湾区和平潭综合实验区的个税政策。此外,也可以考虑借鉴国外经验,采用不同于粤港澳大湾区、平潭综合实验区和海南自由贸易港的个税优惠方式,即对高端人才的劳动所得实施税收抵免。

二是准确界定高端人才的标准。由于个税政策的优惠对象是高端人才,所以相关部门在政策实施中需要明确高端人才的具体标准。一般认为,高端

人才是具有创新能力，在各领域具有重大发现、重大成果的学术领军人才，在行业内具有极强影响力的高级管理人才以及国家急需紧缺的具有国际领先或国内一流专业水平的高端专业人才。目前粤港澳大湾区和海南自由贸易区都发布了各自个税政策中的高端紧缺人才的条件，其中，粤港澳大湾区的个税政策主要针对境外高端人才，海南自由贸易区的个税政策则针对境内外的高端人才（并要求收入超过 30 万元），但两地都明确要求高端人才必须在当地工作且在当地依法纳税，且具有国家、省、市相关人才证明或认定证明。综合来看，境外高端人才应该是在国内工作并依法纳税的境外高层次人才。考虑到境外高端人才个税政策将推广到全国，建议在中央层面统一明确高端紧缺人才的基本条件和标准，并在此基础上授权地方根据实际情况具体确定。

三是设置个税政策的优惠期限。从加强个税收入分配调节功能的角度来看，专门对高端人才实施优惠政策也会影响个税政策的公平性，引发其他群体的意见。因此，中长期应通过个税在税率等制度上的优化来增强对高端人才的税收激励力度，对高端人才的个税优惠政策应属于阶段性的优惠政策。考虑到境内外高端人才之间待遇的公平性，建议结合引进高端人才的需要和个税制度的改革趋势，对境外高端人才个税优惠政策设置优惠期限（如 5 年），优惠期限到期之后与境内高端人才适用相同的个税政策。

参考文献

甘犁：《低收入人群收入受疫情冲击更大，收入差距扩大》，中国经济网，2020 年 9 月 3 日，http://www.ce.cn/xwzx/gnsz/gdxw/202009/03/t20200903_ 35660048.shtml。

李波等：《我国个人所得税改革与国际比较》，中国财政经济出版社，2011。

罗楚亮、李实、岳希明：《中国居民收入差距变动分析（2013~2018）》，《中国社会科学》2021 年第 1 期。

中国人民银行调查统计司城镇居民家庭资产负债调查课题组：《2019 年中国城镇居民家庭资产负债情况调查》，《中国金融》2020 年第 9 期。

INSEAD, *The Global Talent Competitiveness Index 2020: Global Talent in the Age of Artificial Intelligence*, Fontainebleau, France, 2020.

B.7
税收征管数字化转型的探索与思考

刘同洲*

摘　要： 作为税收征管数字化转型的元年，2020 年是上承"十三五"下
启"十四五"的一年，税收征管数字化建设大幅提升了经济社
会的运行效率，并为经济社会高质量发展注入了确定性。面对新
冠肺炎疫情风险和数字经济对税收征管制度的挑战，本报告基于
征管数字化转型的中国国情和国际经验，从以人民为中心推进税
收共治、以整体政府与数字政府架构重塑税收征管机制、数字技
术深化数据增值利用、依法治税促进以数治税等方面，提出了进
一步推进中国税收征管数字化转型的对策建议。

关键词： 数字经济　征管数字化转型　"非接触式"办税　"嵌入式"
征管

税收征管数字化转型（税收征管 3.0）由经济合作与发展组织（OECD）
于 2020 年在税收征管论坛（FTA）上正式提出，旨在构建"嵌入式"税收征
管模式，以实现涉税数据自动提取、应纳税额自动计算、纳税申报自动预填
的智慧化征管方式。中国的税收征管数字化建设与征管数字化理念一脉相承，
从 2015 年的《"互联网＋税务"行动计划》到 2017 年的《关于转变税收征管
方式提高税收征管效能的指导意见》（税总发〔2017〕45 号），前期的基础性

＊ 刘同洲，经济学博士，国家税务总局税收科学研究所博士后科研工作站博士后，主要研究方
向为税收理论与政策、税收征管数字化转型。

工作为征管数字化奠定了坚实基础。进入2020年，新冠肺炎疫情倒逼中国社会开启数字化转型，中国的税收征管数字化也随之迈入"提速增效"和"迭代升级"的全新赛道，从助力企业复工复产的税收大数据到"以纳税人缴费人为中心"的"非接触式"办税，成就非凡。2021年3月中共中央办公厅和国务院办公厅联合印发《关于进一步深化税收征管改革的意见》，为2020年画上圆满的句号，更为"十四五"时期中国税收征管数字化建设提出了新的要求和方向。回顾2020年并展望"十四五"，2020年必将是载入史册的一年，不仅是因为抗疫成就举世瞩目，更是因为在抗击疫情过程中数字化的理念、架构、技术以及应用深入经济社会的各个领域，数字化转型得到广泛认可。作为中国社会数字化转型的元年，2020年上承"十三五"下启"十四五"，税收征管数字化建设大幅提升了经济社会运行效率并为高质量发展注入确定性，在中国税收征管数字化转型乃至整个经济社会数字化转型中意义非凡，为实现税收治理现代化乃至国家治理现代化"保驾护航"。

一　中国税收征管数字化转型的最新进展

2020年，抗疫和经济复苏是整个社会经济的主题，中国税收征管数字化也因此有了鲜明的时代特性，基本围绕降低疫情传播速度、助力企业复工复产、推进经济高质量发展而加速推进。比较典型的有"非接触式"办税缴费服务、税收大数据应用、增值税专票电子化、"信用＋风险"监管四项内容。

（一）"非接触式"办税缴费服务的拓展

"非接触式"办税缴费服务，即通过打破地域和时间界限，以最大限度减少纳税人缴费人与税务人员的线下见面时间，促使纳税人缴费人以最便捷的方式办理涉税事项与咨询服务。通过涉税业务的"线上办理""一键办理""掌上办理"等"非接触"方式，达到"服务不见面，时刻都在线"的效果，为疫情防控与涉税服务"提质增效"。

在新冠肺炎疫情严重冲击中国经济社会发展的背景下，"非接触式"办税应时而生，构建了提升纳税服务质量的长效机制，是以人民为中心的发展思想在税收领域的具体应用。具体而言，一是坚持涉税事项"网上办"，梳理了 185 个可在网上办理的涉税缴费事项，涵盖税费申报缴纳、税收减免备案、跨区域涉税事项报告等日常高频涉税事项；二是涉税事项"线上办"，通过纳税服务热线、微信等渠道解决纳税人缴费人个性化的涉税问题；三是涉税事项"预约办"，为纳税人缴费人提供预约服务，错开业务高峰期安排优质服务。截至 2021 年底，90% 的涉税服务事项、99% 的纳税申报可在网上办理，随着"非接触式"办税的持续拓展，纳税人缴费人基本实现"一次不用跑"，税收征管数字化取得重大成果。

（二）税收大数据在企业纾困与经济复苏中的运用

税收大数据具有及时性强、覆盖面广、准确性高等特点，是征管数字化转型的"底层逻辑"。税收大数据可以系统性地对税收数据予以收集、挖掘、分析、应用，能够产生不可估量的价值。疫情防控期间，税务部门通过对税收大数据的深入挖掘，使得税收大数据以税咨政的作用得以充分发挥，有效帮助企业纾困解难和复工复产。

1. 税收大数据精准对接供销双方并畅通产业循环

税收大数据帮扶复工复产企业畅通产业链上下游。税务部门基于税收大数据，对企业复工复产状况进行了多维度分析，通过全国数据共享和信息联动，协助解决产业链上下游和供需双方的配套衔接问题。即利用增值税发票数据对企业销售状况持续跟踪和深入分析，从地理位置、纳税人信用等级、开票金额三个方面，筛选出适宜的原料销售方和购买方信息，在保护纳税人商业秘密和个人隐私的前提下，基于市场化原则促成交易双方进行商业往来。

2. 税收大数据保障税收政策精准落地

2020 年，财税部门相继出台了一系列减税降费政策，通过发挥税收大数据的精准定位功能，保障了纳税人减税红利的"应享尽享"，使减税降费

政策"落地生根"。具体而言，针对体量大且线下办理率较高的业务，通过对往年同期办税数据的比对分析，使用微信和官方平台对纳税人推送网上办税教程；利用税收大数据定向推送优惠政策，精准筛选出未及时享受税收优惠的纳税人，确保优惠政策应享尽享；利用税收大数据监测企业税务风险并予以及时提醒。

3. 税收大数据协助税务部门科学决策

除了利用税收大数据精准帮扶企业实现供销对接外，相关部门还可以通过对税收大数据的分析与挖掘，实现数据的增值利用，从行业、地区、规模、企业类型等不同维度动态分析经济运行现状，分析企业生产、经营、投融资等状况，提出切实可行的帮扶措施，为其他公共部门科学预测决策、精准施策给予支持。例如，企业资金流遇到困难后，"银税互动"将纳税信用转化成融资信用，协助企业申请银行贷款。积极推进银行和税务部门的数据直连，实现小微企业贷款网上"一站式"办理。税收大数据协助银行等金融机构精准放贷，这在一定程度上缓解了受疫情影响较大的企业现金流的压力。

（三）增值税专用发票电子化的推广

2020年的新冠肺炎疫情让社会各界深刻认识到无纸化、"非接触式"办税的重要性，作为税收征管改革的突破口和疫情防控的着力点，加速推进增值税发票电子化刻不容缓。基于此，2020年10月，增值税电子发票在宁波试点，基本实现了新办纳税人增值税专用发票电子化；2021年1月，增值税电子发票在全国全面推广使用，增值税发票电子化迈入新发展阶段。

新推出的增值税电子专用发票以改善纳税人用票体验为导向，增强了纳税人发票使用的便捷度，提升了纳税服务的获得感和满意度，更好地服务市场主体，降低征管运行成本，进一步优化了税收营商环境。具体而言，电子发票的应用将推动整个发票管理模式乃至税收征管模式的改革，推进发票申领、开具、报销、入账、申报等全流程电子化，实现涉税行为可追溯和涉税信息闭环管理、纳税办理线上化、报销流转无纸化。为顺应征管数字化转型的趋势，发票数字化升级与纳税人数字化升级紧密结合，帮助纳税人在全流程交易中实现发票价值的再造，促进供应链上下游之间信息、交易、结算的无缝链接，从而提高了核算和管理的现代化水平。

此外，增值税专用发票电子化将推进企业管理的全面数字化转型，实现与其他部门之间的税收数据共享和协同治理便利化。发票全面电子化将有力促进政府部门、企事业单位和社会组织的数字化转型，这也是对我国经济社会数字化转型的一次重大推动。

（四）动态"信用＋风险"精准监管模式的落地

随着大数据、云计算、人工智能等新一代数字技术的广泛应用，精准监管是当前税务部门对纳税人进行税收管理的主流模式。税务部门在 2020 年已初步建立了纳税人动态信用、监控预警、风险应对、联动融合的全流程新型监管机制，该机制以数据要素为导向，通过对业务流程的系统化和整体化设计，改变了以往分散的线条式业务管理模式。新模式将纳税人的动态信用风险状况融入分类分级服务与监管的全过程，实现风险、稽查、内控的一体实施，促进业务管理与数据治理的相互赋能。在"以数治税"的模式下，税务部门可利用大数据、区块链、人工智能等信息技术，持续推进动态"信用＋风险"管理体系建设，通过对海量涉税数据进行"一户式""一人式"的归集整理，依靠先进的算法群与多模型组合对纳税人涉税数据进行多维度关联分析，实行动态信用评价和监控、差异化风险识别和预估，从而提高税收监管的精准性和有效性。

具体而言，建立纳税人的动态信用积分和风险预警模型，可以实现对纳税人无痛无感的管理。通过实时数据生成纳税人当前业务疑点信息并判别风险等级，构建对纳税人事前服务提醒、事中更正提示或业务阻断、事后快速应对的全链条风险管理机制，对不同风险等级的纳税人实施差异化管理，确保"无风险涉税行为不打扰，高风险涉税行为及时阻断"，实现对市场主体干扰最小化、监管效能最大化、基层减负最实化的目标，既降低税收征管成本又提升税收征管效能，满足市场主体和税务部门差异化的需求。

二　中国税收征管制度面临的挑战与机遇

2020 年初的新冠肺炎疫情极大地改变了人类的生产生活方式，显著增加了整个社会经济的不确定性和风险。在此背景下，传统税收征管理念和架构已渐渐和数据驱动、智能化、"非接触式"办税等征管数字化的发展方向不相适宜，这也对以"人和事"驱动的传统税收征管制度产生了诸多挑战。

（一）数字化背景下中国税收征管制度面临的挑战

1. 新冠肺炎疫情冲击线下办税缴费模式

2020 年新冠肺炎疫情严重冲击中国经济社会发展，企业停产、停工，个人出行极大受限，疫情防控要求倒逼线下办税缴费模式亟须智能升级。传统的"接触式"办税服务将纳税人集中于办税服务大厅，纳税人缴费人与税务人员线下见面的次数较多、时间较长，长时间的人员聚集极易造成流行病的传播。此外，征纳双方因信息不对称导致纳税人"多跑路"现象时有发生，极大地增加了前台业务量及征纳双方的成本，不仅导致税收征管效率降低，更影响了纳税人减税的获得感和办税的满意度。因此，"减少接触"和"优质便捷"成为疫情期间纳税缴费服务的核心，亟须构建高效、便捷、智能的"非接触式"办税缴费模式。

2. 数字经济倒逼税收征管改革

随着中国数字经济的蓬勃发展①，新业态、新模式衍生出一系列税收征管问题。在纳税人收入来源多样化、经营模式复杂化、交易主体虚拟化、交易资产跨区域超流动的数字经济趋势下，纳税人、征税对象、税源分布和税基确认尚需重新界定，基于实体经济运行与属地原则的传统"管户制"征管模式已与数字经济发展趋势不适应，时常存在"找不到纳税主体，厘不

---

① 《中国互联网发展报告 2020》显示，2019 年中国数字经济规模达到 35.8 万亿元，占 GDP的比重为 36.2%，中国数字经济总量和增长速度仅次于美国，位居世界第二。

清税源关系"的问题，税收征管效能相对弱化，具体表现如下。

（1）纳税主体确认不易

数字经济的商业模式有别于传统的商业模式，数字经济模式下的交易资金大多通过第三方平台或其他网络方式支付。在这个交易模式中，包含第三方支付平台在内的各方都应履行纳税义务。但在现实经济业务中，交易平台经营者对平台内经营者的信息进行收集、核验、登记等义务在现行法律法规中未明确界定，交易平台的工商登记等制度的完善相对滞后，平台的税务登记制度和做法落后于数字经济的发展进程，纳税主体的确认和纳税责任的分担与履行易产生新的问题。所以，当前数字经济模式下供应链纳税主体亟须在全环节中被分析和鉴别。

（2）数字企业价值创造方式更加"隐形"

囿于数字经济各商业主体的"点对点"交易更加多元、业务模式更加复杂隐蔽的状况，现行征管方式无法保证实时掌握数字企业的业务状况。根本原因在于数字经济企业通过复杂算法和模型组合人为造成信息不对称，促使价值（利润）创造与交易定价规则被重新定义，监管机构对新的价值（利润）创造方式和业务架构缺乏深刻认知，在缺乏第三方信息佐证平台业务数据真实性的背景下，传统上基于资金流、发票流、信息流"三流合一"的监管模式并不能完全对数字企业（平台企业）业务的真实性进行有效审核，税收不确定性有所提升。因此，税源管理应在对数字企业业务架构和盈利增值模式有一定认知的基础上，进一步挖掘分析交易数据，探寻各类税务风险点。在现实中，面对数字经济复杂多样的税源状况，基层税务部门人员知识体系和数据分析能力不足，在税源管理中不易找到工作抓手。

（3）即时跨境、跨区域交易冲击属地管理的税收征管原则

现行的税收管理仍然以属地原则为主，而平台企业的跨区域经营特征，使得平台企业所在地税务机关或消费地税务机关均缺乏对线上交易行为的有效管控，极易形成税收管辖的"真空地带"。由于线上网络交易具有隐蔽性、分散性与流动性，平台所在地税务机关因缺失对消费地的管辖权而无法展开征管活动，而消费地税务机关因未掌握纳税人的经营地址、纳税义务发

生时间等交易信息，也难以有效实施管理。

（4）税收与税源相背离

相较于依托"线下"物理场所的传统经济，数字经济依托技术与网络，交易活动呈现"线上化"的特点，消费者可以跨区域甚至跨国境购买商品和服务，数字经济企业无须在消费者所在地设置实体店。按照中国目前的纳税地点确定规则，数字经济经营活动所产生的税收收入会集聚在数字经济企业所在地，存在类似总部经济的税收积聚效应，即消费者购买商品和服务在本地缴纳的增值税和由此形成的所得税转移到线上平台企业的注册地。数字经济的发展加快了税收的跨区域转移，导致地区间财力不均衡，该趋势的进一步发展可能造成地区间的"马太效应"，进而导致发达地区财政收入充裕，欠发达地区严重依赖中央转移支付，不利于地区间的平衡发展。

（5）涉税数据采集和利用缺乏明确的法律依据

新型税收征管模式的核心在于数据驱动，对涉税数据的采集和利用是实现实时智能征管的基石。一方面，由于数字经济的首要特征是高度数据化，而自然人数据具有人格属性，现行法律对数据归属权与利用权之间的关系未予以明确，对税务机关跨部门涉税数据采集和利用的权责划分未予以界定，这为税务部门的征管埋下了隐患。另一方面，《中华人民共和国税收征管法》未规定其他政府部门和第三方平台的涉税信息报告义务、规则以及拒绝履行义务情况下的责任追究。尤其是平台经济下的税源呈现自然人化的特点，平台方关于自然人涉税信息披露义务没有法律规定，自然人有效征管层面存在漏洞。

3. 传统税收征管模式的内在不足

任何制度都因其时代性而带有局限性，税收征管制度也不例外，现行税收征管制度的设计理念是基于工业经济时代的线下实体经济来确定的，与数字时代数据驱动、互联互通、高效便捷、科学预测与决策的征管要求仍有一定差距。

纳税申报过度依赖纳税人的"自愿遵从"。我国现行税收征管流程以"自愿遵从"为原则，纳税人未如实申报而导致的税收流失问题无法彻底解决，税收征管成本较高。数字经济背景下，跨境跨区域即时交易、多业态融合、纳税人经营模式复杂性等特点导致问题更加突出。如何转变现行纳税申报事后监管的理念和制度，是否可以通过预警提醒的事前干预将税务监管的重点聚焦在纳税申报的初始阶段，这是现行税收征管亟须考量之处。"信息孤岛"对纳税人办税缴费造成一定负担，在实践中，公共部门间信息系统尚未完全互联互通，跨部门跨地区跨层级数据共享不畅，税务部门尚未实现对纳税人涉税数据的"全口径"掌握，时常需要纳税人提供自身多年的数据，这在一定程度上增加了纳税人办税缴费负担，不利于构建国际一流的营商环境。数字化时代对政府各部门工作的协调匹配提出了更高要求，倒逼公共部门提升自身治理效能。

（二）税收征管数字化转型的时代机遇

1.新基建推进税收治理精细化

新基建（一般指新型基础设施建设）的特性在于附有以大数据为载体的强信息性，所以新基建可以为推进税收治理现代化提供技术支撑，促进治理方式从低效向高效的转变升级，实现税收治理精细化。税收治理精细化，是相对于传统"粗放式"的治理而言的，通过税收治理各方管理框架的标准化、执行的细节化及服务的人性化，达成税收共治的目标。随着新技术、新设施的有效应用，税务部门能够通过涉税数据采集、整合、分析挖掘，充分发挥税收在国家治理中的基础性、支柱性、保障性作用。具体而言，新基建的税收治理精细化有三个方面：一是根据纳税人缴费人的个性化需求，通过深化大数据应用，有针对性地提高、开展个性化服务，提高纳税服务的精准性和有效性，切实增加纳税人缴费人减税的获得感和满意度。二是新基建能够有效整合资源。税务部门通过利用大数据、云计算、人工智能等数字技术，可以实现对政策效应的动态分析，改变之前的重复性建设。三是纳税人缴费人借助大数据新基建平台能够对税收治理的过程进行监督，变税收治理的服务对象为主动参与者，对税收治理的效果进行量化评估，这可以更好地满足人民群众对美好生活的需要。税务部门通过新基建提供的新技术、新模式以及海量信息资源，在税收治理中更关注细节、更注重人性化。

2. 税收征管制度改革是完善现代税收制度的基础和保障

一国税收征管能力的高低对该国税制改革的成败具有重大影响，税制改革目标的达成也应充分考量税收征管能力。长期以来，中国税收改革的重点在于税制改革，"宽税基、低税率、简税制、严征管"的税收改革总体目标多注重前三项税制优化的内容，近年来，虽然税收征管通过"互联网＋税务"行动、国地税合并等改革举措取得了相当显著的成效，但税收征管改革在与税制改革的协调匹配上仍有差距。传统的基于人、事驱动的税收征管模式在一定程度上造成实际税率与名义税率存在差距，也导致税制改革的成效大打折扣。因此，提升税收治理能力以保障税收治理体系现代化建设，是《关于进一步深化税收征管改革的意见》这一征管改革纲领性文件出台的初衷。随着整个经济社会数字化的快速发展，传统的税收征管模式对现代化税收制度的抑制作用逐渐显现，税收征管改革与税收制度改革亟须协同匹配。因此，"严征管"势在必行。

基于此，税收体制亟须进行系统性重构，税制改革与征管制度改革的协同匹配需要愈发迫切。"十四五"规划提出"完善现代税收制度，健全地方税、直接税体系，优化税制结构，适当提高直接税比重，深化税收征管制度改革。"在此规划指引下，在"优化税制结构，适当提高直接税比重"的税制改革进程中，自然人纳税人的收入、财产、交易信息的收集、处理、分析亟须更加高效智能的税收征管模式来保障。同时，税收征管制度是税制体系的基础和保障，现代税收制度也要求税收征管便捷高效并实现低征纳成本。税收征管既是完善现代税收制度的重要内容，也是税制运行的有效保障。若没有"严征管"，那么理论上再优良的税制设计，其经济社会实践效应也将大打折扣。因此，征管数字化转型不仅是进一步深化税收征管改革的重要内容，更是完善现代税收制度的重要组成部分。

作为完善现代税收制度的重要组成部分，税收征管制度改革应内嵌于国家治理体系和治理能力现代化的顶层设计中，从而构建与新发展格局相适应的现代税收征管制度。税收征管改革的目标在于落实税收制度，数字化是推进征管改革的有效方式，即通过税收征管数字化转型，保障现代税收制度有效运作，契合国家治理体系和治理能力现代化的要求。

3. OECD 提出税收征管3.0愿景

中国税收征管制度在应对诸多挑战的同时，也面临难得的国际机遇。2020 年 12 月 7 日~8 日，经济合作与发展组织（OECD）"第十三届税收征管论坛"（FTA）召开线上会议，各国税务部门领导讨论了税收征管数字化转型的目标及应采取的具体措施。《税收征管 3.0：税收征管的数字化转型》[①] 是大会发布的重要成果，文件指出：FTA 将于 2021 年制定中期路线图，明确数字化转型的优先事项，力争 2030 年前促成该项理念落地实施。税收征管 3.0 的核心理念在于税务部门的工作不再基于纳税申报数据，而是直接使用纳税人自有的财务会计系统的数据，将税收规则嵌入到纳税人自有的财务、物流等信息系统，通过数据、模型、算法的综合运用，实现税收征管与纳税人商业交易行为的实时同步，进而实现自动化智能缴税。新的征管理念为世界税收征管改革提供了理论支撑和道路指引。基于上述理念，困扰各国税务部门的数字经济税收征管问题也有望得到系统性的解决。这极大地提振了世界各国税务部门的信心，各国税务部门争相融入征管数字化改革进程中。税收征管 3.0 的核心目标概括如下。

第一，加速构建"嵌入式"税收征管模式，实现税收征管由"自愿遵从"向"自动遵从"转变。税务部门应借鉴 FTA 税收征管 3.0 理念，在征纳双方密切合作的基础上，探索将税收规则嵌入纳税人自有财务系统，通过应用程序接口（API）远程访问纳税人财务系统，实时了解纳税人的生产、经营、投融资等状况，推进自动化缴税系统建设。这样既能够缩短纳税缴费的流程和时间，也降低了因不实申报而导致的税收风险；第二，拓展税收共治格局。数字平台将成为税务部门在税收征管中的"代理人"，通过充分发挥数字平台在纳税人识别、纳税义务发生时间确认、税款征收方面的作用来共享结果，促进公共部门与私营部门（数字平台）密切合作；第三，构建实时智能的征管机制。税收征管与纳税人商业交易行为应达到实时同步。税务机关在纳税

---

① OECD, *Tax Administration 3.0: The Digital Transformation of Tax Administration*, 2020.

人交易环节嵌入风险分析工具，对交易事项实时监控预警，从制度设计的源头上为纳税人提高税收合规性和确定性。以人工智能技术和组合算法群等信息科技为支撑，实现应纳税额自动计算、纳税申报自动预填以及为管理层科学决策提供智力支持；第四，增强税收征管的透明度和可信度。纳税人可实时查询应纳税款、已纳税款、税款计算方式所依据的税法规则和数据，有权对数据的来源和精准性提出质疑，授权或拒绝将其用于非税务目的，以此增强税收征管流程和计算结果的透明度；第五，构建整体政府，重塑税务部门与其他政府部门的职能关系。重新定义税务部门的职能，并将其与政府公共部门的职能纳入整体政府框架综合考量。办理跨部门业务时，相同人物、事项均采用同一个数字身份，实现税收征管流程与其他公共部门数据的"无缝衔接"；第六，构建智能高效的税务组织。税收征管流程再造的前提在于税务人员能够熟练运用大数据、云计算、人工智能等高级分析工具和决策支持工具，进而及时检测税收征管系统中的异常、漏洞并予以优化。

综上所述，中国应把握本次国际征管变革的新机遇，在深入理解 OECD 税收征管 3.0 的核心理念、目标、架构的基础上，结合中国的国情和税情，研究中国税收征管数字化转型的方向和路径，弥补现行税收征管制度存在的部分制度性缺陷，达到"十四五"规划"完善现代税收制度"的要求。同时，应以《关于进一步深化税收征管改革的意见》的要求为指引，从数据驱动更加智能、精确执法、精细服务、精准监管、精诚共治、组织保障六大领域全面推进中国税收征管数字化升级和智能化改造，实现税收治理能力现代化。

三　税收征管数字化转型的国际经验和逻辑共性

为适应数字时代税收征管与纳税服务的新挑战、新机遇，近年来，世界主要经济体在落实数字化战略上积极布局，加速推进征管体制机制改革，在数字化理念推广和融合、数据权属的法律制定、政府（税务局）组织机构变革、数字科技综合应用等领域成绩斐然。本部分选取英国、美国、俄罗斯三个具有代表性的国家，通过梳理各国征管数字化实践历程，以探求各国征管数字化转型的改革经验和逻辑共性。

（一）英国：基于整体政府理念的持续性改革

英国税收征管数字化包含改革预备期和改革实施期两个阶段。改革预备期更强调理念的革新，这一时期率先提出的整体政府的治理逻辑，从顶层设计上为英国跨部门协作和数据共享提供了思路指引，为征管数字化改革消除了制度性阻力；改革实施期强调数据和数字技术的融合应用、相互赋能，极大地提升了英国税收征管系统的实时性、精准性和高效智能化水平，主要内容如下。

1.树立整体政府理念与架构

整体政府是一种强调部门跨界合作的政府模式，主张在不消除组织边界的条件下，部门通过交互协作的管理方式与技术，推进跨部门、跨地区、跨层级的政府机构进行协同合作，实现公共利益最大化。在整体政府理念指引和制度架构的统筹下，英国政府对自身系统进行了整合优化。例如，英国政府将各个部门间数百个网站统一整合到一个门户网站内，同时运用大数据、云计算、人工智能等信息技术构建统一的电子政务平台，并以平台为支撑进一步提供种类多样的纳税服务，实时为纳税人答疑解惑，实现了税款线上缴纳、纳税申报表在线生成和评估、政府各部门涉税信息共建共享等。

2.建立纳税人税收数字账户

英国政府充分运用数字技术，推行数字税务账户建设，纳税人利用数字账户可了解自身税务状况并自动报税，从而降低税收的不确定性；税务部门通过数字账户可实时追踪纳税人涉税数据，满足风险防控和纳税服务个性化的需求，大幅提升了纳税服务质量。2015 年，英国皇家税务海关总署公布了税收数字化路线图，进一步明确税收征管数字化转型的前景目标，即截至2020 年底英国税收系统实现全面数字化。

3.以第三方数据核验纳税人涉税数据真实性

英国税务机关积极了解税务中介机构等第三方机构的工作方式，构建了新型第三方机构合作机制，通过采集第三方数据对纳税人申报数据予以比对

核验，保障纳税人提交数据的真实性，进而为实时自动缴费"保驾护航"。例如，英国税务部门通过收集包括信用卡和借记卡在内的收单商户数据进行数据分析，识别不正确的记录和纳税申报数据。

4. 精简组织结构

2015 年，英国税务局出台机构改革计划，旨在精简机构，将现行 170多个办公地点压缩整合为 1 个总部和 13 个地区中心，既实现了扁平化管理，也有利于节约成本。

（二）美国：以税收现代化战略指引税收征管改革

近年来，美国联邦税务局（IRS）致力于提高税收征管效能，促进纳税遵从，从顶层设计切入，开启了新一轮税收征管变革。2019 年，IRS 公布《税收现代化行动计划》，旨在解决由于先期数字化资金投入不足而产生的基础设施老化、征管效能弱化、用户体验不佳等问题。2021 年，IRS 又向国会提交了《纳税人优先法案报告》，聚焦纳税人核心需求，提升纳税人办税体验。精简职能机构，提升税务机关运转效率，可以进一步推进美国税收征管现代化。回顾美国税收征管数字化转型进程，主要措施包括以下几点。

1. 优化顶层设计，出台统筹全局的纲领性文件

美国相继出台的《IRS 税收现代化行动计划》《纳税人优先法案报告》都是从顶层设计的角度出发，对税收数字化转型予以整体规划和战略部署，确定征管数字化建设的理念、架构、技术等核心要素。征管改革"四梁八柱"的明晰将有利于后期基础工作规范、有序地展开。

2. 强化数据分析和智能决策系统建设

IRS 通过强化数据分析能力，提升税收风险识别能力。这主要依赖数据和技术两个方面：一是拓展信息来源。数据是税收征管的基础性要素，通过政府间信息共享、及时有效的税收信息交换以及加大第三方数据的获取力度，建立基于数据驱动的税收不遵从模型；二是综合运用数字技术和算法。运用大数据、云计算、机器学习等数字技术和算法，实现纳税人群体分类分级智能化，以及税收风险识别、预警、防控等业务流程自动化。

3. 注重网络安全和纳税人数据保护

先进的信息技术不仅是机遇也是挑战，保障纳税人的数据安全成为决定征管数字化转型成功与否的关键。实时个性化的纳税服务需要有强大的网络风险防控系统作为支撑。为此，美国在战略规划中开发了身份验证功能，确保国内收入局数据、技术、网络、系统免遭安全威胁。此外，IRS 的数字化建设与网络安全建设、纳税人数据保护同步进行，并将网络安全建设和数据安全流程设计嵌入纳税服务数字化建设之中，确保系统运行和业务流程始终拥有安全的防护。鉴于此，中国税收征管改革"全景图"在设计时应充分考量抵御网络攻击和保护纳税人数据安全的要求。

4. 推行适应经济数字化的组织机构变革

当前，以数字技术为支撑的组织模式逐渐成为税务组织机构的发展趋势，美国税务部门秉承"业务数据化、数据职能化、职能一体化"的改革逻辑，对大企业、小微企业、跨国企业、政府机构、第三方社会组织等机构分别进行了改革，实现公共数据跨部门高度共享，政府间各职能部门无缝合作，大幅提高纳税服务质量，美国出台的《纳税人优先法》法案具有代表性。IRS 精简组织机构，减少重复服务和交叉职能，不仅简化了办税流程，而且整合了税务事项的职责分工，提升了机构运转效率。

（三）俄罗斯：嵌入式征管雏形初现

俄罗斯的征管数字化转型与税收征管 3.0 的"嵌入式"理念不谋而合且已事先试点多年。俄罗斯联邦税务局从 2015 年开始在大企业中试点线上税收实时监管，通过直接访问纳税人自由财务系统，自动化获取纳税人涉税交易数据（尤其是金融交易数据），自动生成报表，实现纳税申报由"自愿遵从"到"自动遵从"。对纳税人而言，线上税收实时监管既能满足企业的个性化需求，又能实时给予税务风险提示，降低税收不确定性。对税务局而言，线上税收实时监管大幅提升征管效能且征管成本大幅下降，纳税人和税务部门实现了"双赢"，"嵌入式"征管雏形初现。回顾俄罗斯税收征管数字化转型进展，具体改革措施如下。

1. 建立纳税人数字税务账户

纳税人数字税务账户是征管数字化转型的前提，数字税务账户极大地提升了征管和服务的便捷度，个人通过数字账户可以实现涉税信息实时自查、税款在线缴纳、缴税异议申诉等功能，企业通过数字税务账户可以向税务部门发送个性化需求，便于税务部门精准推送相关服务。

2. 修订《联邦税法典》，为推进征管数字化给予法律保障

俄罗斯通过修订《联邦税法典》，给予线上税收实时监管的法律支持。根据法律规定，大企业有向税务部门提供涉税财务数据的义务，并且必须使用标准化的财务软件，该软件可自动生成纳税申报表和相关会计凭证，最终以数字化形式送达联邦税务局。中国也应借鉴俄罗斯的做法，对企业涉税数据标准、财务系统接口、涉税数据提供的义务以及相应的惩罚力度通过法律法规予以界定和明晰。

3. 以大企业为试点，推进"渐进式"改革

由于大企业财务制度健全且信息较公开透明，因此大企业在规避税务风险和追求税收确定性上的意愿更强。因此，俄罗斯税务部门选取大企业作为征管改革的试点单位，将税务部门的税务征管系统与企业财务系统直接连接，实现"嵌入式"征管。在此过程中，俄罗斯税务部门不断总结经验教训并将此方法向中小企业推而广之，取得了较大的示范效应，体现出了较高的政治智慧。鉴于此，中国也应聚焦重点税源企业，以自愿的原则先试点后推广，推行"渐进式"改革。

（四）典型国家税收征管数字化转型的逻辑共性

通过归纳整理英、美、俄三国征管数字化改革方案，发现其改革的逻辑共性体现在立法保障、国家战略引领、数字账户构建、第三方数据利用以及组织变革五个方面。

第一，立法先行是征管数字化顺利实施的保障。俄罗斯修订《联邦税法典》的经验表明，推进"嵌入式"征管模式的前提在于法律保障。依法治税是世界各国推进税收改革的基本准则，征管数字化转型的底层逻辑在于数据和数据的挖掘利用，而纳税人数据特别是自然人数据具有人格属性，从法律上明晰数据权属、界定第三方机构向税务局提供数据的义务、支持实时智能征管模式是征管数字化顺利推行的前提，所以中国也应加速修订税收征管法或制定数据法。

第二，制定国家级数字化战略引领征管改革。各国实践经验表明，税收征管数字化不应是静止的、孤立的单项制度改革，而是在一国政府战略指引下的系统性、全局性规划。如英国的《英国数字化战略》、美国的《税收现代化行动计划》和《纳税人优先法案报告》，这些顶层设计直面现行治理模式不适应数字经济的弊端，明晰数字化各个阶段目标，全力打造世界一流的数字化基础设施，为纳税人提供最为便捷、高效、安全的在线办税和营商环境。因此，税收征管数字化的全面推行应有国家层面的数字化战略予以指导，从全局的角度出发，通过顶层设计优化把控征管数字化推进的深度与节奏。

第三，建立纳税人税收数字账户是征管数字化改革的基础。发达国家征管数字化进程表明：税收数字账户是连接纳税人和税务部门的纽带，税收数字账户有利于识别纳税人身份，更便于纳税人查询操作。通过税收数字账户，税务部门可了解纳税人的需求以便制定个性化服务，通过税收数字账户能将纳税人财务系统、税务局征管系统和第三方平台相连接，实现实时智能缴税。

第四，充分利用第三方数据。加大第三方数据的采集和使用力度，已经成为当前税收遵从战略的关键。"嵌入式"征管成功实施的关键在于保证从纳税人财务系统中提取数据的真实性，通过引入第三方信息对纳税人数据予以比对核验，可以大幅减弱纳税人数据造假的意愿，更好地实现由"自愿遵从"向"自动遵从"的转变。

第五，加快推进税务组织变革。各国征管数字化经验表明，积极构建以服务纳税人缴费人为导向的组织架构、工作流程和征管模式，对于税收征管数字化转型至关重要。税务组织架构变革涉及征管制度改革和税务人员信息化能力提升等诸多方面。税务组织结构变革应以实现组织扁平化、流程简约

化、数据集中化为导向，集成管理职能，重塑业务流程，减少不必要的行政层级。

四　中国税收征管数字化转型的前瞻性思考

再具有共性的改革经验也需要与一国的国情、税情、民情相适应。基于此，在考量税收征管数字化国际经验和明晰现行征管制度不足现状的基础上，本部分从战略理念布局、体制机制创新、数字科技赋能、法律法规保障等角度，提出了推进我国税收征管数字化转型的前瞻性思考。

（一）战略理念布局：以人民为中心，推进税收共治

税收征管数字化必将加速推进"嵌入式"征管实施进程。如何让更多市场主体成为征管数字化的参与者并享受改革红利，获得广泛民意，进而减少改革阻力，是顶层设计者需考量的首要问题。应明确的是，中国税收征管数字化转型是"以人民为中心"发展理念在税收实践中的具体体现。一方面，税务部门应以纳税人缴费人为中心，适应税收征管社会化的时代要求，进一步转变税收征管单纯依靠税务部门的传统理念，通过主动变革管理方式，追求更合理的税收治理职能划分，明确征纳双方的权利和义务，促使征纳双方能够各尽其责和协调匹配，为税收共治创造更大的空间。

另一方面，应加速构建"政府主导、税务主责、部门合作、社会协同、中介机构和纳税人参与"的税收协同治理格局。可将数据服务企业、社会组织等机构作为税收治理的重要参与者和合作伙伴引入税收治理体系，加强部门协作、社会协同、司法保障、国际税收合作的协同共治能力，拓展税收共治格局，并从顶层设计上促使各部门出台税收保障措施，规范共治行为，细化共治内容。

（二）体制机制创新：以整体政府与数字政府架构重塑税收征管机制

税收征管数字化不应是静止的、孤立的单项制度改革，而应是在一国整

体政府与数字政府战略下的系统性、全局性的规划，这包含整体政府和数字政府两个维度的举措。

第一，以整体政府框架打造政府各部门间的利益共同体。在现行科层制组织架构下，政府各职能部门将数据视为权力，通过对部门数据垄断进而维护权力。在利用其他单位提供的数据时有较高积极性，但是在其他单位需要本部门数据时，却以保密、数据接口不对等理由拒绝提供。因此，体制性因素是征管数字化转型最大的障碍，各公共部门会因利益不均而形成"数据壁垒"。征管数字化转型应探索税收治理权责整合、体制机制优化创新、业务流程再造，实现治理理念与体制机制的协同推进与全方位变革，明晰税务部门和其他公共部门在整体政府中的职能定位与作用，重塑税务系统与其他政府部门的职能关系，以整体政府的总系统规划指引"智慧税务"的子系统建设。以整体政府战略与架构打破部门间"数据壁垒"，将税务部门与政府公共部门的职能纳入一个整体政府框架予以综合考量。通过同一个数字身份，实现税收征管流程与其他公共部门数据的无缝对接，真正实现数据的跨部门、跨地区、跨层级互联互通。

第二，以数字政府架构锚定税收数据生成源头。征管数字化要聚焦数据生成的源头——税收业务流程，业务流程的设置将决定税收数据的生成。数字经济时代，税收业务流程不应是传统征管与服务流程的电子化和数据化，而应是在考量传统业务流程与数字经济新业态、新模式匹配度的基础上，对流程予以"先减后加"式的再造重构，但"减加"的内容与技术保障，应对标国家治理，放在数字政府建设的总体规划框架下考量，自上而下地研究税务部门在数字政府总体框架下的职能定位和作用，以数字政府框架锚定数据生成的源头。现阶段，数字政府建设已成为世界各国政府改革的主旋律之一，各国税务部门在本国数字政府战略的统一规划和引领下，积极推进税收征管数字化。中国也应出台数字政府战略并成立数字化机构，专门整合协调分散于相关公共部门的碎片化涉税数据，通过数字政府建设，为税收征管数字化转型提供数据采集、预处理、存储、分析与挖掘、应用的制度基础与技术标准，实现税收业务实时全流程一体化在线办理。

（三）创新科技赋能：以数字技术深化数据增值利用

创新技术赋能税收征管已成为中国税收治理现代化的重要组成部分，在推进征管数字化转型中成效显著。数字经济时代，传统数据分析方法下的数据查询、结果比对、指标分析与模型设计并不足以对纳税人行为进行全面、深度、动态的"画像"。税情的严峻性迫切要求税务部门在税收征管环节从算法、模型入手，聚焦技术工具的换代升级，挖掘海量数据的潜在价值。

征管数字化的关键在于对税收数据所蕴含的规律予以科学、系统的挖掘，获得新知识和新能力，通过大数据、云计算、区块链、机器学习等一系列数字技术"组合拳"的应用，可以实现税收数据增值利用，提升决策的科学性和精准度，更好地服务税收工作，以体现税收在国家治理中的基础性、支柱性、保障性作用。未来征管数字化应在三个维度上予以加强，一是支撑宏观经济决策，通过对经济运行情况的分析，实现宏观经济调控精准化和经济趋势研判的前瞻性；二是评估税收政策效应，通过税收大数据对改革前后的数据进行分析与挖掘，来评估制度改革或政策实施效果并寻找优化路径；三是深度融合并有效衔接税收政策与财政金融等宏观政策，发挥"政策组合拳"的协同效应，进而满足加强智能化税收大数据分析、强化税收大数据在经济运行研判和社会管理等领域的深层次应用的要求。就技术层面而言，可利用大数据技术给数据扩源，构建多维度的数据采集体系；利用区块链技术的不可篡改、全程留痕、公开透明的特点，给数据"上锁保真"；利用数据挖掘技术，归纳推理数据中不为人所认知的信息和趋势，进而分析预测未来情况，辅助决策者评估风险进行科学决策。通过社会网络关系、机器学习、知识图谱等数字技术的综合运用，对纳税人经济行为和服务需求"全息画像"，为精准监管与精细服务提供技术支撑。以创新科技的综合利用赋能税收征管模式，对税收执法、服务、监管予以系统优化，实现业务流程、制度规范、信息技术、数据要素、岗责体系的一体化融合升级，为未来"嵌入式"征管和实时智能缴税奠定技术基础。

（四）法律法规保障：依法治税促进以数治税

依法治税是新发展阶段税收工作的基本准则，科学完备的法律制度体系是税收征管数字化转型的前提条件和基础保障。征管数字化转型的底层逻辑在于数据，如何在法律制度的保障下厘清数据归属权、经营权、处分权、利用权之间的关系，实现涉税数据的增值利用，是征管领域亟须考量的重大问题。基于此，推进税收征管数字化应尽快完善税收征管法，界定税务机关在数据采集、处理、应用方面的权利以及纳税人数据安全保障的义务，明晰市场主体和其他公共部门提供涉税数据的要求、具体协助义务和职责。相关部门应建立相应的惩罚与追责机制，为数字经济的税收征管提供制度性的法律保障，同时，应构建统一的涉税法律体系，将大数据时代对税收征管的内在要求融入相关法律条文，实现《中华人民共和国刑法》《中华人民共和国税收实体法》《中华人民共和国税收程序法》以及数字经济监管与服务相关规范性文件的整体协调，保证各项法律法规衔接一致。

参考文献

傅靖：《关于数据的可税性研究》，《税务研究》2020年第8期，第54~61页。

傅靖：《基于数字化平台的零工经济税收管理》，《国际税收》2020年第9期，第3~8页。

杨庆：《数字经济对税收治理转型的影响与对策——基于政治经济学和治理理论分析视角》，《税务研究》2020年第10期，第56~62页。

邵凌云、张紫璇：《数字经济对税收治理的挑战与应对》，《税务研究》2020年第9期，第63~67页。

刘尚希：《"十四五"税制改革的整体思考》，《中国财经报》2021年6月1日，第8版。

刘尚希：《刘尚希：数字财政或将重构财政体系》，《新理财（政府理财）》2020年第12期，第42~43页。

李平：《国际视角下的税收治理数字化探析》，《税务研究》2020年第4期，第62~68页。

王敏、彭敏娇:《数字经济发展对税收征纳主体行为的影响及政策建议》,《经济纵横》2020年第8期,第93~99页。

赵涛:《数字化背景下税收征管国际发展趋势研究》,《经济研究参考》2020年第12期,第112~120页。

张学诞、赵妤婕:《整体政府视角下税收治理的经验与启示》,《税务研究》2020年第12期,第129~135页。

张瑞军:《数字化转型推动税收治理现代化》,《中国税务》2021年第1期,第31~33页。

李万甫、刘同洲:《深化税收数据增值能力研究》,《税务研究》2021年第1期,第110~119页。

蒋震:《"十四五"时期完善现代税收制度的分析与思考》,《财政监督》2021年第2期,第11~15页。

张利涛、吴宁:《新基建的内涵、特征及社会治理功能》,《山东行政学院学报》2020年第6期,第57~62页。

OECD, *Tax Administration 3.0: The Digital Transformation of Tax Administration*, 2020.

B.8
"双支柱"国际税改的主要内容、演进脉络及其影响

樊轶侠*

摘　要： 在 2021 年发布的《关于应对经济数字化税收挑战双支柱方案的声明》中，对"双支柱"国际税改的关键要素做出了重要调整。"双支柱"税改方案的达成意味着运行近百年的国际税收规则将被重塑，打造全球经济治理的成功范例，展现多边主义的活力，将在实质上推进全球税收治理走向深度共治。针对"双支柱"国际税改这一热点问题，本报告进行多维度分析和研判，通过分析"支柱一"和"支柱二"的主要内容及影响，总结"双支柱"改革方案的演进脉络及特点，并建议中国主动适应"双支柱"改革趋势，继续深入参与和引领多边规则制定，积极参与全球最低企业税规则的后续制定，适时推进国内企业所得税税收优惠改革，及时修订双边税收协定。

关键词： "双支柱"国际税改　税收治理　全球最低税

为应对经济数字化对现行国际税收规则带来的严峻挑战，经济合作与发展组织（OECD）、联合国、包容性框架成员国努力探讨如何行使税收管辖权并对国际税收规则进行改革，提出了跨境税收问题的不同解决方案。2021 年 7 月召开的"G20 财长和央行行长会议"就更稳定、更公平的国际税收框架达

---

* 樊轶侠，经济学博士，中国财政科学研究院资源环境和生态文明研究中心研究员，硕士生导师，主要研究方向为绿色财政、数字财政、税收理论与政策。

成历史性协议，宣布支持"双支柱"税收改革方案①。OECD 发布《关于解决经济数字化带来的税收挑战的双支柱解决方案的声明》②（以下简称《双支柱框架方案》）称，为应对经济数字化带来的税收挑战，包容性框架下的130 个国家和地区就国际税收规则形成"双支柱"方案。10 月 8 日，OECD再次公布关于"双支柱"方案的新进展③，称已有 130 多个国家就该方案达成共识，并明确了此前未确定的部分细节，同时拟在 2022 年推进立法，2023 年生效执行④。

　　针对什么是"双支柱"国际税改方案、这一改革方案的演进脉络和主要影响、现实中面临的争议与矛盾、中国如何应对这一国际治理新形势等相关热点话题，本报告进行了多维度的分析和研判。

一　什么是"双支柱"国际税改？

　　2019 年 1 月，OECD 发布的《双支柱政策方案》中首次正式使用"支柱一"和"支柱二"这样的用语，"双支柱"国际税改方案被正式提出。从初衷上看，"支柱一"主要目的在于解决数字经济下价值创造模式变化所引发的居民国和市场国税收利益的不平衡问题，并对市场或用户所在辖区征税权进行重新分配。"支柱二"主要针对全球最低税方案，在于解决跨国企业

① G20, Third G20 Finance Ministers and Central Bank Governors Meeting under the Italian Presidency, 2021, https：//www. g20. org/third－g20－finance－ministers－and－central－bank－governors－meeting－under－the－italian－presidency. html.

② OECD, *Statement on a Two-Pillar Solution to Address the Tax Challenges Arising From the Digitalisation of the Economy*, 2021, https：//www. oecd. org/tax/beps/statement－on－a－two－pillar－solution－to－address－the－tax－challenges－arising－from－the－digitalisation－of－the－economy－july－2021. htm.

③ OECD, *Statement on a Two-Pillar Solution to Address the Tax Challenges Arising from the Digitalisation of the Economy*, 2021, https：//www. oecd. org/tax/beps/statement－on－a－two－pillar－solution－to－address－the－tax－challenges－arising－from－the－digitalisation－of－the－economy－october－2021. htm.

④ OECD, *International Community Strikes a Ground-breaking Tax Deal for the Digital Age*, 2021, https：//www. oecd. org/tax/beps/international－community－strikes－a－ground－breaking－tax－deal－for－the－digital－age. htm.

税基侵蚀和利润转移问题。2021 年发布的《双支柱框架方案》中，对"双支柱"改革的关键要素做出了重要调整。

（一）支柱一：联结度与市场国征税权的再分配、再平衡

OECD 国际税改方案遇到的第一个基础性问题是，市场国主张新征税权的期待与居民国希望保护本国数字企业之间的初衷相互矛盾，数字经济下，市场国征税的基础性理论依据何在，联结度和征税基本原则如何界定等问题尚未明确。可以说，"支柱一"争论之初，各国关注的焦点和分歧主要体现在确保大型数字化公司产生的利润能够在居民国和市场国之间公平分配，主张无论市场国是否有实体企业存在，都有权依据数字经济商业模式下的剩余利润分配到一定份额的所得税。然而，《双支柱框架方案》中的"支柱一"更多的是经过多方博弈和妥协后的一份折中方案，并在一定程度上偏离了创新数字经济下联结度规则的初衷。

总的来看，"支柱一"突破现行国际税收规则中关于实体存在的限制条件，向市场国重新分配大型跨国公司的利润和征税权，以确保相关跨国公司在数字经济背景下更加公平地承担全球纳税义务。《双支柱框架方案》关于"支柱一"方案的内容主要包括应税服务范围（金额 A 范围）、联结度、分配额度、收入来源、税基确定、分割、营销和分销利润安全港、取消双重征税、税收确定性、金额 B 规则、征管、单边措施、执行等内容。详见附件 1。

最终设计要点如下。

第一，从适用范围来看，"支柱一"金额 A 范围内的企业，是全球年营业额超过 200 亿欧元且利润率（即税前利润与收入的比值）超过 10% 的跨国公司。"支柱一"删除了"自动化数字服务（ADS）"和"面向消费者业务（CFB）"营业活动门槛，这大大降低了"支柱一"的经济影响。OECD 预估简化后的"支柱一"金额 A 范围内的企业数量将不超过 100 家。

例如，2020 年 10 月公布的"双支柱"蓝图报告中，自动化数字服务包括了"销售或以其他方式转让用户数据"，意将由数字界面用户生成用户数据的收入纳入"支柱一"的课税范围，从而捕捉用户数据创造的价值，适

用范围主要是特定数字化商业模式。在处理"支柱一"提案时，市场国家与非市场国家之间存在一定的冲突，这一冲突与其说是能否充分计算出常规回报，不如说是市场国是否有权分享综合运营数字经济所产生的协同效应（即剩余利润）。就"支柱一"而言，跨国公司在整体或是在业务线的基础上适用利润率门槛进行纳税，效果会大有不同。如果一家跨国公司是一个拥有多条业务线的联合企业，其部分业务线的利润率极高，而其他业务线利润率极低，从而导致公司的总利润率未达到利润率门槛，可能无须适用"支柱一"规则纳税。如果不在业务线基础上设定利润率门槛，一个高利润率的公司可能有动机通过收购利润率较低的业务线来降低其利润率进行避税。2020 年 10 月公布的"双支柱"蓝图报告中也曾提及了在业务线基础上设置利润率门槛的方法，但较为复杂。美国在 2021 年 4 月份建议 OECD 将"支柱一"规则适用于更狭窄的范围，如仅包括全球 100 家规模最大和盈利能力最强的公司。美国的建议最终被采纳应用，《双支柱框架方案》删除了营业活动门槛，有效解决了上述"支柱一"范围认定过于复杂的问题。

第二，税基确定与利润分配问题。只有当跨国公司在全球赚取的利润超过 10%，即获取明显的"超额利润"时，政府才有权将跨国公司在其国内赚取的剩余利润的 25%（即金额 A）分配给构成新联结度的市场管辖区。这一限制效果，叠加上只对最大跨国公司适用这一新规则的限制，不仅极大地减少符合征税条件的公司数量，而且实际税基只占企业利润的很小一部分。

第三，处理和解决税收争议机制。作为对发展中国家的妥协，新协议允许对于有资格推迟税基侵蚀和利润转移（BEPS）第 14 项行动同行评审且没有或很少发生相互协商程序（MAP）纠纷的发展中国家，将考虑为与金额 A 相关的问题建立一种可选择的约束性争议解决机制。

（二）支柱二：全球最低税规则解决跨国企业税基侵蚀和利润转移问题

2021 年 7 月，OECD 发布了最新的《双支柱框架方案》，设计了"支柱二"全球最低税规则的框架规则体系。"支柱二"规定大型跨国集团的实际有效税率（Effective Tax Rate，ETR）均应达到全球最低税率水平的15%，旨在解决企业利用低税地进行避税的问题和各国由此展开的税收"逐底竞争"的问题。

"支柱二"通过建立全球最低税制度，打击跨国企业逃避税行为，并为企业所得税税率竞争划定底线。《双支柱框架方案》关于"支柱二"方案的内容主要包括规则地位、适用范围、规则设计、ETR算法、最低税率、豁免、其他豁免、简化、GILTI共存、应税规则（STTR）、执行等。主要包含三个规则，分别是基于国内税法框架的收入纳入规则（Income Inclusion Rule，IIR）、低税支付规则（Undertaxed Payments Rule，UTPR）和基于双边税收协定的应税规则（Subject to Tax Rule，STTR）[①]。

1. 收入纳入规则（IIR）

IIR旨在防止利润转移，主要适用于居民国。根据IIR，若居民企业的境外分支机构或受控外国实体所得适用的实际有效税率（ETR）低于最低税率，则无论是否汇回境内，无论是否在会计框架上进行利润分配，居民国都享有对其征收补足税（top-up tax）的权利。收入纳入规则将确保跨国集团的实际有效税率高于最低税率，从而避免其将利润转移至低税地区。

2. 低税支付规则（UTPR）

UTPR旨在避免税基侵蚀，主要适用于来源国。根据UTPR，当发生跨国关联支付时，若境外关联收款方适用的实际有效税率（ETR）低于最低税率，则来源国可以拒绝对境内付款方的该笔支付进行税前扣除，或对其征收来源税。UTPR可以看作是对IIR的补充，只有当居民国自上而下均放弃IIR时，来源国才可根据UTPR行使征税权，也就是说，IIR具有优先适用权。

IIR和UTPR共同构成全球反税基侵蚀（Global Anti-Base Erosion，GloBE）方案，二者所共同执行的最低税率，即全球最低企业税率为15%。GloBE适用于年收入达到7.5亿欧元的跨国集团，但跨国集团总部所在国在

---

① 国家税务总局国际税务司：《数字经济税收"双支柱"问题解答》，《中国税务报》2021年7月28日，第5版。

实施 IIR 规则时不受此限制。

3. 应税规则（STTR）

该规则可以视为对 UTPR 的补充，是 OECD 赋予发展中国家的特殊征税权，旨在保护征管能力较低的来源国的税基。根据 STTR，当跨国关联实体之间利用税收协定特定所得（如利息、特许权使用费等）条款将利润进行转移时，若收款方居民国适用的名义税率低于 STTR 规则下的最低税率，则特定款项来源国可按 STTR 规则下的最低税率对其征收预提税或其他来源地税收。目前，达成共识的 STTR 规则下的最低税率为 9%。

规则制定者认识到，豁免措施和一些特殊条款预留空间是发展中国家就"支柱二"达成共识的一个必要组成部分。因此，GloBE 规则将规定一个公式化的实质性豁免规则，即在 ETR 算法中，计算税基时排除有形资产和工资薪金账面价值的 5%。成员国若将低于最低税率的名义企业所得税税率应用于利息、特许权使用费和其他一系列确定的付款，应要求其将相关特殊条款纳入双边条约中。

二 OECD "双支柱" 改革方案的 演进脉络分析

回溯历史可见，税制改革总是随着经济形态的变迁而发展演化。数字经济时代的价值创造过程和生产要素配置不同于工业经济时代，数字经济的发展特性表现为范围经济、规模经济、共享经济等。数字技术与网络运行环境的持续优化升级为市场信息传递机制提供新的发展机遇。电子商务、物联网、数字（加密）货币、共享经济、3D 打印等正成为数据运用的组合式创新实践。这些新业态、新模式的不断涌现，对传统税收管辖权划分、税基识别及国家征税能力带来了明显挑战。各国为应对数字经济带来的税收挑战采取了许多单边或多边措施。

特别是之前在受到国际极大关注的 OECD "双支柱" 税改方案达成共识之前，一些国家出于增加财政收入、保护国内数字产业、平衡各类企业税负等目的开征数字服务税,这在一定程度上引发了贸易摩擦和危机。

"双支柱"税改方案的达成意味着运行近百年的国际税收规则将被重塑,这一方案是全球经济治理的成功范例,展现了多边主义的活力,并将在实质上推进全球税收治理的深度共治。

(一)OECD"双支柱"改革方案的推进过程

自 2013 年 G20 圣彼得堡峰会委托 OECD 启动税基侵蚀与利润转移(BEPS)行动以来,OECD 一直在推动全球范围内的国际税制改革。2015 年发布的 BEPS 第一项行动报告的重点就是应对数字经济带来的税收挑战。

近年来,尽管联合国国际税收专家委员会、国际货币基金组织(IMF)、世界银行、世界贸易组织(WTO)等国际组织积极参与和推动有关多边框架下数字税收改革的研究工作,但总基调的确定及带有全球共识性的协调工作仍是在 G20 的委托与监督下,由 OECD 以 BEPS 包容性框架、数字经济工作组(TFDE)、非洲税收征管论坛等各类机制为基础展开的。

2018 年 3 月,欧盟委员会提出了两项数字税提案,成为欧洲各国数字服务税开征的基础。2019 年 5 月,OECD 发布《制定应对经济数字化税收挑战共识性解决方案的工作计划》(以下简称《工作计划》),明确了经济数字化下国际税改的"双支柱"计划:"支柱一"集中于税收管辖权的分配,旨在解决数字经济带来的更宽泛的挑战;"支柱二"则集中于悬而未决的税基侵蚀和利润转移问题。国际税改按照既定的"时间表"和"路线图"朝前推进,至今已达成共识。OECD 于 2019 年提出的"双支柱"计划,已经成为全球国际税收规则重塑和单边数字服务税谈判的基础。

2021 年 1 月 14 日至 15 日,OECD 召开关于"支柱一"和"支柱二"报告蓝图的公众咨询线上会议。作为应对经济数字化税收挑战的解决方案中正在进行的工作的一部分,OECD/G20 包容性框架邀请公众就"支柱一"和"支柱二"蓝图的报告发表意见。这次公开咨询会议的重点是对咨询文件以及在咨询过程中收到的书面意见中所提出的关键问题进行解答。

2021 年 7 月 1 日，OECD/G20 发布《关于应对经济数字化税收挑战双支柱方案的声明》，包容性框架中的国家和地区已同意采用"双支柱"解决方案来应对经济数字化带来的税收挑战。详细的实施计划和剩余问题于2021 年 10 月完成。

2015～2021 年 OECD 在国际税收改革领域的主要工作节点见图 1。

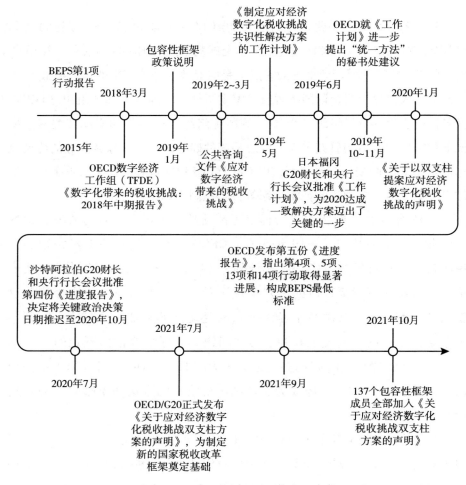

图 1   2015～2021 年 OECD 在国际税收改革领域的主要工作节点①

————————————

① OECD，BEPS Actions，https：//www.oecd.org/tax/beps/beps–actions.

新冠肺炎疫情在某种程度上催化了"双支柱"税改的达成。新冠肺炎疫情促进了经济数字化程度的加深，各国也认识到最重要的是对经济数字化带来的税收挑战达成全球共识，因为当今世界比以往任何时候都需要合作和多边主义，"双支柱"税改能够帮助所有国家在后疫情时代重建本国经济。

（二）单边改革思路的调整与演变，倒逼多边改革方案的推进

2017 年 12 月 5 日，欧盟经济及财政事务理事会（ECOFIN）通过了在 9 月 21 日公报的基础上修订的"应对数字经济利润征税的挑战"提案。提案强调了完善经济数字化直接税政策的紧迫性，明确了坚持以税收中性原则为基础，改良现行的常设机构、转让定价（独立交易原则）、利润归属等传统课税规则。

实践中，各国数字税改按照差异化的课税方案在摸索中前行。国内税改范畴的政策设计包括调整现行增值税、优化征管模式、改变税权分配等，如一些国家实行跨境数字产品服务"目的地"征税原则、补充电子商务征税空白、引入平台代扣代缴方式、强化平台税收缴纳连带责任等一揽子税改计划。国际税收范畴的政策设计既包括对常设机构定义进行修订或加以替代，扩大预提所得税的征收范围；又包括开征以营业额为基础的数字服务税，或制定针对大型跨国公司的特殊税制，如美国提出的替代性最低税制度；还包括对跨境数字化交易的增值税改革等。

2018 年 3 月，OECD 在向 G20 提交的《数字化带来的税收挑战：2018 年中期报告》中，公布了数字经济公平课税方案，希望通过暂时性的税收手段——数字服务税（DST）应对数字经济的税收挑战。2018 年底，英国政府宣布将于 2020 年 4 月 1 日起开征数字服务税，随后，法国、意大利、德国等国纷纷推出大致相似的数字服务税措施。

英国、法国等国的数字服务税措施引发了美国的强烈抗议。美国贸易代表办公室曾在 2019 年根据《1974 年贸易法》对法国征收数字服务税的行为展开了调查。2021 年 1 月 6 日～21 日，美国贸易代表办公室陆续发布了对印度、意大利、土耳其、澳大利亚、西班牙和英国等国家的数字服务税"301 调查"报告。

数字服务税是应对经济数字化税收挑战的选项之一。针对非居民企业推出的印度均衡税与英国、法国等国家的数字服务税有一定差异。技术服务费型预提所得税征税方案，以及印度尼西亚、泰国、墨西哥、哥斯达黎加等国陆续针对跨境数字产品和服务供应商课征增值税的措施，都为解决跨境数字经济税收问题提供了解决思路。部分国家通过立法约束实体税收最小化，避免不正当利润转移，侧重在数字利润与消费数字商品和服务的市场国之间建立广泛的联结。英国、法国等国家普遍表示，数字服务税只是一个临时方案，一旦国际上达成了对数字经济跨国所得课税的"统一方法"，就将放弃征收数字服务税。

数字服务税的单边征税权与目前国际税收规则相对应的所得税征税权不相协调。这些设计和实施数字服务税的国家，以"市场国"价值创造为出发点，试图获取位于其国内的数字化租金，这些租金所对应的征税权，似乎也应分配给传统意义上被视为居民国或来源国的国家。事实上，"市场国"概念的形成，是以欧盟为主导的 OECD 对国际税收规则进行自我革命的产物①。

推行数字服务税的国家意在通过单边措施改变数字经济时代的国际税收秩序，并且试图掌握其话语权。欧美国家由于数字税实施引发的贸易摩擦，本质上是数字经济输出国和输入国对税收权益、经济利益的争夺。从税收利益上看，根据现有税收协定，市场国是无法对非居民数字企业的营业利润课税的，开征数字服务税意味着要让数字企业居民国让渡一部分税收管辖权，显然数字企业的居民国不会轻易同意。目前，美国是数字经济的主要输出国，包括法国在内的欧盟国家也是数字经济的主要输入国，美国的谷歌、亚马逊、Facebook、苹果（简称 GAFA）等公司占领了大份额的欧洲市场，并间接导致欧盟本土部分数字企业走向"衰亡"。当下全球价值链正以数字要素为核心进行重构，主要国家都希望霸占数字经济的垄断地位。美国对法国数字服务税发起的"301 调查"表面上是税收利益之争，实质上却是经济利益争夺战。

为了避免数字服务税单边措施蔓延带来的国际税收秩序混乱等问题，

① 曹明星：《OECD 数字税改方案述评：理论阐释、权益衡平与规则建构》，《税务研究》2021 年第 1 期。

OECD 加快推进"双支柱"国际税收改革，防止各国实施诸如数字服务税这样的单边税收措施作为了"支柱一"谈判下关于修订国家间征税权分配规则协议的一部分。

从《双支柱框架方案》的内容来看，"支柱一"认可市场国为价值创造做出的贡献，提出赋予市场国新征税权的规则条件，将跨国公司的部分剩余利润单独分配给市场国征税。同时，OECD 于 2021 年 10 月 8 日发布的声明中，进一步明确了"双支柱"方案的关键事项，设定专门条款规制"方案实施与停止单边征税"。提出制定落实金额 A 的多边公约（MLC），并于 2022 年开始签署、2023 年开始执行"支柱一"方案。MLC 将要求所有签署方废止所有数字服务税及其他有关类似机制，并且承诺未来也不会引入此种机制。并且，自 2021 年 10 月 8 日起至 2023 年 12 月 31 日或 MLC 生效之前，各国不会对任何企业征收新颁布的数字服务税或其他有关类似机制。

（三）"双支柱"改革方案的推进，伴随着其他双边机制的探索

相较于用数字服务税来解决 BEPS 未决之题，联合国的双边方案（简称 UN 方案）也是一种长效机制的探索。2020 年 8 月 6 日，联合国进一步发布了税收协定范本的第 12B 条讨论稿，允许对自动化数字服务所得进行源泉课税。UN 方案提出的背景是，受新冠肺炎疫情影响，OECD 原定于 2020 年底达成数字经济征税多边规则的计划将推迟至 2021 年。税改方案本身的不确定性增加，为了减少各国采取单边税收措施的行动，降低国际间重复征税的风险，联合国发布税收协定范本的第 12B 条讨论稿，拟就数字服务税这一原本的"单边"税收措施，为成员国提供一个"双边"的技术性框架，允许来源国通过预提税的形式对数字服务进行征税，并通过双边税收协定谈判对税率达成共识。

（四）"支柱一"的"高举轻放"

OECD"双支柱"改革方案探索过程中体现出了一个明显的变化，即"支柱一"的"高举轻放"和"支柱二"的"后来居上"。

为解决数字经济下征税权分配问题而设立的"支柱一",一直是各方讨论的核心,改革方案中的"支柱一"基本与数字经济解绑。鉴于显著经济存在、用户创造价值、营销型无形资产等理念的提出,2019年"支柱一"在OECD提出的"统一方法"(Unified Approach)提案中①,希望构建的是针对高度数字化的经营模式,重新构建市场管辖区的征税权与利润分配规则。"统一方法"提案中提出新的联结度规则,并将大型数字企业在某一市场辖区获得的利润分为金额A、金额B和金额C,三者有的适用转移定价规则,有的适用独立交易原则。各方在"统一方法"的基础上广泛讨论,在2020年10月发布的《支柱一蓝图报告》中取消金额C,并就相关问题做进一步细化。根据《支柱一蓝图报告》,"支柱一"包括:市场管辖区对剩余利润(金额A)的新征税权;基于独立交易原则对实体的基准营销及分销活动取得的固定回报(金额B);以及有效的争端预防和解决机制。金额A的新征税权始终是各方讨论的重点与核心,且在《支柱一蓝图报告》中规定了营业活动和收入额两个门槛,基本对象仍是门槛以上的从事自动化数字服务或者面向消费者的企业。面临的主要争议和意见之一在于,"支柱一"规则过于复杂,例如,规则区分了多种不同的自动化数字服务商业模式,并建立了层次结构指标来确定收入来源地,这些指标有适用的先后顺序,当适用位列后面的指标来确定收入来源地时,需要相关证据材料,给税收遵从和征管带来了较大负担。

(五)"支柱二"的"后来居上"

"支柱二"后来居上,其实际影响超过"支柱一",方案达成的关键在于美国的"推波助澜"。全球最低企业税早已是OECD为应对经济数字化带来的税收挑战而提出的应对方案,但事实上,建立全球最低税制度是美国总统拜登上台后推出的系列税改中的国际路径之一,其背后也体现出美国较强的政策意图。总体来看,与上届总统特朗普的大规模减税政策相反,拜登的

---

① OECD, *Public Consultation Document-Secretariat Proposal for a "Unified Approach" under Pillar one*, 2019.

税改方案以"增税"为核心,并且主要针对富人阶层,颇有"劫富济贫"的意图。根据美国财政部公布的相关细节,此轮税改主要有两条路径:一条是以提高企业所得税、个人所得税和资本利得税为主线的国内路径,另一条是以推动建立全球最低税制度为主线的国际路径①。

拜登上台后,美国官方对国际税收问题采取不同的态度,一方面,宣布放弃上届政府提出的"安全港"原则;另一方面,希望通过"支柱二"积极推动建立全球最低税制度。可以说由于拜登政府税改的增税政策,美国更需要"支柱二"进行协同发力,以避免资本外流;而欧洲国家由于数字经济带来较大的税收挑战,更需要通过"支柱一"重新分配税收利益。由此,通过几个回合的磋商,欧洲国家同意提高原先计划的12.5%的全球最低企业税率,但希望下调至美国倡导的21%,以兼顾部分低税率国家的利益;同时美欧需要就经济数字化下的征税权分配达成一致。美国同意下调最低税率至少15%,但"支柱一"的相关政策不能仅针对数字企业,建议把经营规模大、利润高的企业均纳入进来。可以看到,在两个方案上,双方各有妥协,美国为了"支柱二",在"支柱一"上做出了让步;欧洲国家为了"支柱一",在"支柱二"上做出了让步。最终通过"双支柱"方案,美欧关于数字税的"战争"暂时消弭,双方的经济贸易摩擦也得以缓解。

综上所述,"双支柱"国际税改达成的进程表明,一项新规则的形成必须平衡各参与方的基本利益,综合权衡发达国家和广大发展中国家的利益,并注重增强税收的确定性。

三 "双支柱"国际税改对中国的影响

(一)"支柱一"对中国的影响有限

以居民国视角观察,中国企业入围"支柱一"约束范围的数量极其有

---

① U. S. Department of the Treasury, *The Made in America Tax Plan Report*, 2021, https://home. treasury. gov/news/featured – stories/made – in – america – tax – plan – report.

限。Sullivan 使用《财富》500 强数据测算出：2018 年，共有 73 家跨国公司达到金额 A 规则适用门槛，全球营业收入 200 亿欧元以上且利润率在 10% 以上，约有 1010 亿美元的剩余利润被重新分配到市场管辖区进行课税；2019 年，共有 70 家公司达到金额 A 规则适用门槛，约有 990 亿美元的剩余利润被重新分配到市场管辖区进行课税；2020 年，共有 67 家公司达到金额 A 规则适用门槛，约有 1100 亿美元的剩余利润被重新分配到市场管辖区进行课税。此外，公司利润率的年度变化使不少跨国公司游离于金额 A 规则适用门槛的边缘①。据估计，入围"支柱一"金额 A 的中国企业仅为 10 家左右。当然，《双支柱框架方案》中提出在"支柱一"成功实施后，营业额门槛将由 200 亿欧元降低至 100 亿欧元，纳入范围内的中国跨国企业预计将有所增多。即使是这 10 家左右的规模最大、利润最高的中国跨国企业，被重新分配到市场管辖区进行课税的利润占比也仅为 25%，相对影响较为有限。就"支柱一"而言，是否会增加中国跨国企业的税负总体取决于在征税范围内的跨国企业的实际利润分布，以及市场国对剩余利润适用的税率。此外，适用"支柱一"规则的中国跨国企业会增加一定的纳税遵从成本。

（二）"支柱二"对中国的影响总体可控

当前，中国企业所得税一般税率为 25%，优惠税率最低一档为 15%，最低税对中国的影响总体可控。

首先，全球反税基侵蚀规则（GloBE）与中国现行税制并未产生实质性冲突，但可能影响所得税税收优惠政策的实施效果。

一方面，从税制上看，中国现行企业所得税的相关规定与 GloBE 并未产生太大冲突。中国企业所得税实行全球征税原则，居民企业来源于境外分支机构的各项所得，无论是否汇回国内，均需按照中国的税率进行补税；居民企业从境外取得股息、红利等权益性投资收益，以及利息、特许权使用费

---

① 阿里研究院：《数字经济税收动态》，2021 年第 10 期。

等消极投资所得，一般也需按照 25% 的税率进行补税。可见，为避免国际重复征税，中国企业所得税采取的是抵免法而非免税法，这与收入纳入规则（IIR）在本质上类似；并且中国的名义税率（为 25%）远高于目前商定的最低税率，故 IIR 并不会影响中国征税权的行使。与此同时，当且仅当母公司居民国拒绝适用 IIR 时，低税支付规则（UTPR）才将作为 IIR 的替补措施被触发，因此，UTPR 的适用是有一定条件的。另外，UTPR 旨在保护来源国税收权益，中国作为世界上最大的外资流入国，这一规则将有利于保障中国的税收权益，且不会对中国现行税制产生较大冲击。

另一方面，GloBE 中的实际有效税率（ETR）可能会影响中国税收优惠政策的实施效果。在 IIR 和 UTPR 中，最低税率的比较对象并非各国的名义税率，而是基于统一计算规则下的 ETR，具体为实际税负与统一税基的比值。中国的名义税率为 25%，此外还有针对小型微利企业、高新技术企业的两档优惠税率 20% 和 15%；同时，为了鼓励重点行业、小微企业发展，激励创新，还设置了多种诸如"几免几减半"的税收优惠政策。这可能使部分领域的跨国公司尤其是高新技术类企业在中国境内的 ETR 低于 15%，从而面临较高的补税风险，最终影响税收优惠政策的效果。

其次，应税规则（STTR）对中国的影响有限。STTR 是 OECD 赋予发展中国家的特殊征税权，旨在保护征税水平较低国家的税收利益。中国作为最大的发展中国家，将更多地从中受益。根据 STTR，当特定所得适用税率低于 STTR 的最低税率 9% 时，该项规则才会触发。而在中国对外正式签署的 107 个避免双重征税协定，中国内地与中国香港、中国澳门签署的 2 个税收安排，中国大陆与中国台湾地区签署的 1 个税收协议①中，利息和特许权使用费的预提税限定税率一般为 10%，仅有约 19% 的利息条款限制税率低于 9%，约 18% 的特许权使用费条款限制税率低于 9%，因此，STTR 对中国税收协定的影响有限。同时，当中国作为接受特定款项的居民国时，由于中国

① 国家税务总局，http：//www.chinatax.gov.cn/chinatax/n810341/n810770/common_list_ssty.html。

对居民企业境外所得一般要按 25% 的税率补税，对特定所得也无优惠政策，因此不会增加居民企业境外补税的风险。当中国作为特定款项的来源国时，若该款项满足条件，中国将有权对相关跨国企业补充征收预提税至 STTR 最低税率水平，这有助于维护中国的税收权益。

"支柱二"承认全球最低有效税率与豁免之间存在直接联系，并承诺将继续讨论，以便在协议框架内就这些设计要素做出最终决定。也将会探讨把处于国际活动初始阶段的跨国企业排除在全球最低税的适用范围之外。

四 中国应对"双支柱"国际税改的策略

中国作为包容性框架副主席国，应以制度供给寻求更大公约数，推动跨境贸易和投资，推动建立全球健康的征税秩序。包容性框架将在 2021 年 11 月底前制定实施 GloBE 的示范规则，预计"支柱二"落地时间会先于"支柱一"，中国可将"支柱二"的应对策略作为重点。

（一）以"大格局、广兼容、提高确定性"的思路，继续深入参与和引领多边规则制定

党的十八大以来，习近平总书记多次指出，中国要倡导构建人类命运共同体，促进全球治理体系变革；他也曾多次在国际重大政治场合就国际税收问题发表重要讲话，指出中国"要加强全球税收合作，打击国际逃避税，帮助发展中国家和低收入国家提高税收征管能力"，这为中国在全球化背景下持续推动全球税收治理体系建设指明了方向。中国是全球经济的重要组成部分，也会对世界格局产生深远影响，积极参与全球税收治理的战略意义要远远超越税收本身。因此，中国要从大国税务的理念出发，始终坚持共商、共建、共享的全球治理观，推动全球税收治理体系建设，积极提高自身在国际规则制定中的话语权，在全球税收治理中提出"中国方案"，贡献"中国力量"。同时，要持续发挥对发展中国家和低收入国家的辐射作用，致力于

建立更加公平的国际税收体系。

以"提高确定性"为原则，积极完善争议解决机制。中国应积极推动建立税收争议预防与争端解决机制，如强制约束性仲裁机制等，推动建立既能有效保护纳税人隐私也能供各国税务机关共享的案例库。

（二）积极参与全球最低企业税规则的后续制定

从目前 OECD 包容性框架关于"双支柱"方案的磋商进度来看，全球最低企业税的实施已是大势所趋，但最低税的很多细节问题还有待进一步确定。为此，中国应积极参与最低税规则的后续制定，避免对中国产生不利影响，同时代表更多发展中国家发出声音。

第一，建议在最低税率的基础上另设相对灵活的浮动区间，供各国自由运用。目前，全球最低企业税由美国倡议、OECD 主导，主要体现发达国家的利益诉求。但发展中国家的企业所得税税率普遍较高，较低水平的最低税率难以有效保护国内税基。非洲税收管理论坛（ATAF）就曾声称，将与非洲联盟一起努力，倡导建立最低为 20% 的全球最低税率；中国企业所得税的名义税率为 25%，也远高于 15%。因此，在后续谈判中，中国可建议进一步兼顾发展中国家的利益，在最低税率水平的基础上，另设灵活浮动区间，供各国自由运用。

第二，建议在最低税的方案设计中更多地兼顾来源国的税收权益。在实践中，多数跨国公司的最终控股公司位于发达国家，发展中国家多为来源国，而此次"支柱二"的方案设计中，更倾向于保护居民国的征税权。比如在收入纳入规则（IIR）和低税支付规则（UTPR）上，前者具有优先适用权，只有当居民国放弃使用 IIR 规则时，来源国才可根据 UTPR 对低税所得征税；再如，虽然在保护税收征管能力较弱国家的征税权上，应税规则（STTR）相较于 GloBE 具有优先适用权，但仅限于利息、特许权使用费等特定所得，且其最低税率也要低于 GloBE 所执行的最低税率水平。因此，为保护发展中国家利益，建议在最低税的后续方案设计中，兼顾来源国的税收权益。

（三）适时推进国内企业所得税税收优惠改革

第一，适时调整企业所得税税收优惠政策。"支柱二"的一个潜在弊端是削弱政府利用税收激励追求特定政策目标的能力，例如，使用投资税收激励或者研发税收激励的方式促进创新活动或经济发展。最低税使用实际有效税率（ETR）可能会影响中国部分税收优惠政策的实施效果，因此当前以税收优惠为主的财政激励政策从长期来看存在一定的弊端。为避免为跨国公司提供的税收优惠最终流入他国，可适时将企业所得税税收优惠政策调整为其他形式，比如财政补贴或可返还税收抵免，在"支柱二"的方案设计中，这两种形式可视为企业的所得，在计算 ETR 时，不仅不会降低分子（实际税负），而且可能会扩大分母（税基）。因此，既不影响财政激励政策的效果，也不会在很大程度上影响企业的实际有效税率。同时，还可探索建立与增值税等税种的联动机制，将原有企业所得税的税收优惠政策体现在其他税种之中，但仅限于最低税在计算企业 ETR 时不考虑包含其他税种在内的综合税负水平。

第二，关注"双支柱"国际税改对"走出去"的中国跨国企业的影响，适时完善财政激励方式。中国企业在适用不同国家投资的优惠税制以及不同税收协定优惠待遇时，也需要提前考虑"双支柱"方案可能对于优惠税制及优惠协定待遇产生的影响，综合考虑海外投资的架构和成本。同时，"支柱二"可能会对目前享受境外投资中心税收优惠的"走出去"的中国跨国企业产生一定影响。如果境外投资中心税率小于15%，很有可能需要在中国补税，增加的成本负担如何化解需要相关部门密切关注国际做法。如何借由"外力"促进国内财政激励政策转型，也值得进一步思考。

（四）及时修订双边税收协定

目前，中国已对外签订上百个双边税收协定，这些双边协定部分条款的时代适配性与整体约束力正在消减。对特许权使用费而言，中国有多个双边税收协定规定的协定限制税率低于9%，其中有一些双边协定税率低于7.5%，所以应税规则（STTR）可能影响中国的税收协定。建议中国加强推动密切关联的双边税收协定的修订与更新，以期更好地回应"双支柱"国际税收改革。

参考文献

陈镜先、孙奕：《受控外国公司税制的最新发展与经验借鉴》，《国际税收》2021年第5期，第49~56页。

崔晓静、刘渊：《OECD支柱二方案：挑战与应对》，《国际税收》2021年第9期，第51~64页。

国家税务总局国际税务司：《数字经济税收"双支柱"问题解答》，《中国税务报》2021年7月28日，第5版。

何杨、鞠孟原：《"全球反税基侵蚀"方案的最新发展和评析》，《国际税收》2020年第2期，第33~37页。

何杨、杨宇轩：《全球最低税改革方案及其影响研究》，《税务研究》2020年第11期，第94~99页。

薛皓天：《OECD最低税方案的政策目标与我国的实施路径》，《税务与经济》2021年第4期，第11~22页。

约阿希姆·恩利施、刘奇超、沈涛、肖畅：《国际有效最低税：对全球反税基侵蚀提案（支柱二）的分析》，《海关与经贸研究》2021年第42（04）期，第90~108页。

约阿希姆·恩利施、约翰内斯·贝克尔、刘奇超、任雪丽、张春燕、李加晶：《国际有效最低税：全球反税基侵蚀提案（一）》，《海关与经贸研究》2020年第41（04）期，第62~94页。

G20, Third G20 Finance Ministers and Central Bank Governors Meeting Communiqué, 2021年7月10日, https：//www. g20. org/wp – content/uploads/2021/07/Communique – Third – G20 – FMCBG – meeting – 9 – 10 – July – 2021. pdf。

OECD, International Community Strikes a Ground-breaking Tax Deal for the Digital Age, 2021, https：//www. oecd. org/tax/beps/international – community – strikes – a – ground – breaking – tax – deal – for – the – digital – age. htm.

OECD, *Programme of Work to Develop a Consensus Solution to the Tax Challenges Arising from the Digitalisation of the Economy*, 2019, https：//www. oecd. org/tax/beps/programme – of – work – to – develop – a – consensus – solution – to – the – tax – challenges – arising – from –

the – digitalisation – of – the – economy. htm.

OECD, *Statement on a Two-Pillar Solution to Address the Tax Challenges Arising from the Digitalisation of the Economy*, 2021, https：//www. oecd. org/tax/beps/statement – on – a – two – pillar – solution – to – address – the – tax – challenges – arising – from – the – digitalisation – of – the – economy – october – 2021. htm.

OECD, Togo Joins the Inclusive Framework on BEPS and Participates in the Agreement to Addressthe Tax Challenges Arising From the Digitalisation of the Economy, 2021, https：// www. oecd. org/tax/beps/togo – joins – inclusive – framework – on – beps – and – participates – in – agreement – to – address – the – tax – challenges – arising – from – the – digitalisation – of – the – economy. htm.

Tax Foundation, *Corporate Tax Rates around the World 2020*, 2020, https：// taxfoundation. org/corporate – tax – rates – around – the – world – 2020.

The WriteHouse, *FACT SHEET：The American Jobs Plan*, 2021. https：// www. whitehouse. gov/briefing – room/statements – releases/2021/03/31/ fact – sheet – the – american – jobs – plan/.

附录

附表1　"支柱一"的主要内容[①]

应税服务范围(金额A范围)

应税服务范围是全球营业额超过200亿欧元且盈利能力(即税前利润与收入的比值)超过10%的跨国企业(MNEs)，"支柱一"实施后营业额门槛将降至100亿欧元，前提是成功实施包括金额A在内的税收确定性程序。协议生效后7年开始相关审查，审查完成时间不超过1年。

不包括采掘业和受监管的金融服务业。

联结度

当应税服务范围内的跨国企业从某市场管辖区获得至少100万欧元的收入时，将激发一项新的特殊目的联结度规则，允许该市场管辖区参与金额A的分配。对于GDP低于400亿欧元的较小市场管辖区，该联结度门槛为25万欧元。

特殊目的联结度规则仅适用于确定某市场管辖区是否可参与金额A的分配。

合规成本(包括追踪小额销售)将被限制在最低水平。

---

① OECD, *Statement on a Two-Pillar Solution to Address the Tax Challenges Arising From the Digitalisation of the Economy*, 2021, https：//www. oecd. org/tax/beps/statement – on – a – two – pillar – solution – to – address – the – tax – challenges – arising – from – the – digitalisation – of – the – economy – july – 2021. htm。

分配额度

对于范围内的跨国企业,超过收入 10% 的利润为剩余利润,剩余利润的 20% ~ 30% 将以基于收入的分配方式分配给有关联的市场管辖区。

收入来源

收入将来自使用商品或消费服务的终端市场管辖区。为促进这一规则的应用,将针对特定类别的交易制定详细的来源规则,在应用来源规则时,跨国企业必须根据其具体事实和情况使用可靠的方法。

税基确定

范围内跨国企业的相关损益计量将参照财务会计收入规则确定,并作少量调整。

亏损可以向后一年度结转。

分割

仅在特殊情况下才会根据财务账户进行分割,分割应符合范围规则。

营销和分销利润安全港

如果范围内跨国公司的剩余利润已经在市场管辖区征税,营销和分销利润安全港将通过金额 A 限制分配给市场管辖区的剩余利润。未来将进一步开展安全港的设计工作,并把综合范围考虑在内。

取消双重征税

分配给市场管辖区利润的双重征税问题将使用免税或抵免方法予以免除。

承担纳税义务的企业为赚取剩余利润的企业。

税收确定性

范围内的跨国企业将受益于争议预防和解决机制,该机制将以具有强制性和具有约束力的方式避免金额 A 的双重征税,包括与金额 A 相关的所有问题(例如转让定价和商业利润纠纷)。对是否涉及金额 A 的争议将采取强制性和有约束力的方式解决,但确认争议属性不应妨碍实质性争议预防和解决机制。

对于有资格推迟 BEPS 第 14 项行动同行评审且没有或很少发生 MAP 纠纷的发展中国家,将考虑为与金额 A 相关的问题建立一种可选择的约束性争议解决机制。

金额 B 规则

公平交易原则在国内基准营销和分销活动中的应用将得到精简,特别应关注行政能力较低的国家的需求。这项工作将于 2022 年底完成。

征管

税务规则将得到简化(包括申报义务),并允许跨国公司通过单一实体来管理这一流程。

单边措施

新方案将在适用新的国际税收规则、取消对所有公司征收的所有数字服务税和其他相关类似措施之间提供适当的协调。

执行

用于实施金额 A 的多边文书将于 2022 年制定并开放签署,并将于 2023 年生效。

附表 2 "支柱二"的主要内容①

两项相互关联的国内规则[全球反税基侵蚀规则(GloBE)]:(1)收入纳入规则(IIR),就境外分支机构或关联方的低税收入向母公司征收补充税;(2)低税支付规则(UTPR),在关联方的低税收入不受 IIR 征税规则限制的情况下,可拒绝扣除或要求进行相应地调整。

一项基于条约的规则[应税规则(STTR)]:允许来源国对低于最低税率的特定关联方付款征收有限的来源税。根据 GloBE,STTR 可作为覆盖税予以抵免。

规则地位

GloBE 将成为一种通用方法,这意味着 IF 成员有两种选择:不接受 GloBE,如果选择这样做,也要按"支柱二"规定的结果相一致的方式实施和管理 GloBE;接受 GloBE,包括接受规则协议以及所有约定的安全港规定。

适用范围

GloBE 将适用于满足 BEPS 第 13 项行动计划(国别报告)确定的 7.5 亿欧元门槛的跨国公司。各国也可以自由地将 IIR 应用于总部设在本国的跨国公司,即使它们没有达到这一门槛。

作为跨国企业集团的最终母公司(UPE)的政府实体、国际组织、非营利组织、养老基金、投资基金,或此类实体、组织或基金使用的任何持有工具均不受 GloBE 规则的约束。

规则设计

IIR 根据自上而下的方法分配补充税,但持股比例低于 80% 的股权必须遵守所有权分割规则。

UTPR 根据协定的方法从低税关联方(包括位于最终母公司管辖范围内的分支机构)分配补充税。

ETR 算法

GloBE 将使用有效税率算法来征收补充税,该算法基于管辖范围计算,并使用覆盖税的通用定义和参考财务会计收入确定的税基(与"支柱二"的税收政策目标一致的调整和解决时间差异的机制)。

就现有的分配税制度而言,如果收益在 3 至 4 年内分配且税率在最低水平以上,则不会产生补充税的税收责任。

最低税率

用于 IIR 和 UTPR 的最低税率至少为 15%。

豁免

GloBE 将规定一种公式化的实质性豁免规则,该豁免规则将至少排除有形资产和工资账面价值的 5%(在 5 年的过渡期内,至少为 7.5%)的金额。

GloBE 规则还将设定扣除的最低限度。

其他豁免

符合 OECD 税收协定范本"国际航运收入"定义标准的收入也排除在 GloBE 适用范围外。

---

① OECD, *Statement on a Two-Pillar Solution to Address the Tax Challenges Arising From the Digitalisation of the Economy*, 2021, https://www.oecd.org/tax/beps/statement-on-a-two-pillar-solution-to-address-the-tax-challenges-arising-from-the-digitalisation-of-the-economy-july-2021.htm.

简化

为确保 GloBE 的管理尽可能有针对性,并避免形成与政策目标不成比例的合规和行政费用,实施框架将包括安全港和(或)其他机制。

GILTI 共存

"支柱二"将在管辖范围内适用最低税率。在这种情况下,将考虑美国 GILTI 制度与 GloBE 共存的情况,以确保公平的竞争环境。

应税规则(STTR)

IF 成员认识到 STTR 是在发展中国家就"支柱二"达成共识的一个必要组成部分(发展中国家2019 年被定义为人均国民总收入小于等于 12535 美元的国家)。IF 成员将低于 STTR 最低税率的名义企业所得税税率应用于利息、特许权使用费和其他一系列已确定的付款,应将 STTR 纳入其与 IF 成员中发展中国家的双边条约中。

应税规则赋予缔约方的征税权限于最低税率和缴纳税金税率之间的差额。

STTR 的最低税率为 7.5% ~9%。

执行

如果 IF 成员同意并发布实施计划,"支柱二"将于 2022 年立法,并于 2023 年生效。

实施计划包括:

随着时间的推移,具有适当机制的 GloBE 示范规则有助于协调 IF 成员实施 GloBE,包括可能为此目的制定多边文书。

STTR 示范条款和促进其应用的多边文书将共同被通过。

过渡性规则包括推迟实施 UTPR 的可能性。

B.9
全球应对新冠肺炎疫情的税收政策与启示

刘　昶*

摘　要： 新冠肺炎疫情给 2020 年的全球经济和社会发展带来前所未有的
影响。为应对疫情冲击，各国普遍采取了前所未有的税收应对措
施。通过税收优惠等政策措施为企业和家庭注入流动性，有助于
增强其应对疫情冲击的信心和韧性，从而为经济社会发展注入确
定性。分析世界各国应对疫情的税收政策措施，短期可以更好地
应对尚未结束的疫情的冲击，并为后续政策走向指明方向；中期
可以为税制结构性改革和财政重建计划提供指导；长期还可以为
未来应对类似的风险挑战积累政策经验。

关键词： 新冠肺炎疫情　税收政策　现金流

新冠肺炎疫情给全球经济社会发展带来了前所未有的危机。并且，在较
短的时间里由健康危机演变为经济危机（IMF，2020）[1]。据经济合作组织
（OECD）估计，2020 年上半年新冠肺炎疫情导致全球 GDP 收缩约 10%，全
年收缩约 3.4%[2]。为了应对新冠肺炎疫情的冲击，2020 年，世界各国（地
区）普遍采取了前所未有的应对措施。税收优惠政策是其中最重要的措施

---

* 刘昶，经济学博士，中国财政科学研究院公共收入研究中心助理研究员，主要研究方向为
财税理论与政策、政府预算管理。

① IMF, *A Year Like No Other*, *IMF Annual Report*, 2020.
② OECD, *Tax Policy Reforms 2021：Special Edition on Tax Policy during the COVID - 19 Pandemic*
（Paris，OECD Publishing，2021）.

之一，并且在应对疫情中发挥了关键性作用。各国（地区）通过税收优惠政策给市场主体（包括企业和家庭）提供现金流或流动性支持，帮助其对冲疫情带来的不确定性，增强其应对疫情的信心和能力，确保其渡过疫情困难时期。

一 全球应对新冠肺炎疫情的税收政策

根据 OECD 整理的疫情期间各国税收政策情况，从分税种来看，应对疫情的税收政策主要涉及个人所得税、企业所得税、社保税（费）①、财产税、增值税、消费税和其他税收（各国情况详见附表 1）。从具体的税收政策措施类型来看，主要可以划分为：增强企业现金流的措施、增强家庭现金流的措施、支持医疗卫生系统的措施、支持消费的税收政策、支持就业的税收政策、支持投资的税收政策和其他税收政策措施（各国情况详见附表 2）等。

（一）增强企业现金流的税收政策

企业关系到就业和经济基本面的稳定，因此被视为最重要的市场主体。此次疫情对企业的流动性冲击很大，为了保住这些市场主体，各国普遍采取了增强企业现金流的税收政策。具体政策如下。

1. 税收征管措施

针对疫情期间企业生产经营上面临的困难，以及税务部门的管理问题，各国普遍对相关税种的申报和税款缴纳制定了延期申报纳税或灵活性的支付规定，暂时减缓了企业的现金流支出压力。同时，对于因疫情原因造成的延迟缴税情况，也免于相关处罚（罚款、利息和滞纳金）。

（1）税收申报延期或展期

推迟相关税收申报的期限，以减轻企业的税收负担。实施此类措施的国家

---

① 社保税（费）的英文统称为 Social Security Contribution(s)，简称 SSC(s)。社保税（费）在有的国家称为社保税而在有的国家称为社保费，虽然名称有差异，但是实质基本一样，因此本章将其统一视作税收政策。

较多，既包括发达国家也包括发展中国家。例如，美国财政部将推迟所有受到负面影响的企业申报和纳税，并且这些企业不支付利息或罚款，以便为经济提供额外的流动性。其中，提交联邦所得税申报表和在 2020 年 4 月 15 日缴纳联邦所得税的截止日期自动推迟到 2020 年 7 月 15 日。印度规定，将 2018～2019 年纳税年度的所得税申报截止日期从 2020 年 3 月 31 日推迟到 2020 年 6 月 30 日；商品劳务税（GST）的最晚申报时间也可以延长至 2020 年 6 月 30 日。而且，商品劳务税申报少于 50 万卢比的企业，没有滞纳金、罚款、罚息；商品劳务税申报高于 50 万卢比的企业，如果超过 6 月 30 日，相应的延迟申报罚息也由 12% 降至 9%。另外，还允许企业在 6 月 30 日前决定是否转为小规模纳税人。

（2）延迟纳税

允许企业推迟缴纳税款，包括社保税（费），或者暂时减少或免除税款缴纳（但不是最终纳税义务），减轻企业缴纳税款的现金支出负担。例如，澳大利亚规定，受疫情影响的纳税人有资格申请将纳税义务推迟 4 个月，并且不会产生利息或罚金。该延期规定适用于所得税、商品劳务税（GST）、附加福利税和消费税。需要进一步延期的企业还能够获得低息的还款选择。再如，英国规定所有英国企业都有资格享受延期纳税。

（3）调整预缴的计算方式

例如，波兰允许分期缴纳税款。再如，德国规定纳税人可以"视情况决定"预付所得税、公司所得税和贸易税，条件是其须证明确实受到新冠肺炎疫情的影响。

（4）更灵活的欠税支付方式（包括免除欠缴税款的利息和罚金）

例如，英国为需要更多时间纳税的企业和自营职业者提供"支付时间"选择。企业或自营职业者可能因为新冠肺炎疫情而无法支付其税单，因此，需要根据个案情况具体问题具体分析。再如，美国财政部依靠行政自由裁量权推迟纳税，并免除受到疫情负面影响的企业延期税款应付的利息或罚金，从而为经济提供额外的流动性。

（5）提高退税效率（包括增值税和其他税收等）

提高退税效率同样可以为企业提供一定的现金流支持。例如，澳大利亚的税务机关允许按季申报的企业选择按月申报商品劳务税（GST），以方便其更快地获得它们有资格获得的商品劳务税退税。再如，南非允许处于净退税情形的小型增值税人暂时按月提交退税申请（之前是每两个月一次），更快地获得进项税退税，进而获取及时的现金流支持。

（6）调整税务审计等政策

主要表现为暂停对除高风险案件以外的所有欠税的追缴和审计活动。例如，法国税务机关宣布，总体而言在新冠肺炎疫情"锁定期"内不会进行任何新的税务审计，除非有特殊情况，否则不会启动新的程序性措施。

2. 减税政策

（1）降低或减免社保税（费）

降低或减免企业（雇主）承担的部分社保税（费）可以减少企业的现金流支出，增强企业存活的概率并在一定程度上保住就业。根据 OECD 一项包括约 70 个主要经济体的统计调查数据显示，约 20% 的国家或地区在疫情期间出台了降低或减免由企业缴纳的社保税（费）政策[①]。例如，挪威将雇主社保税（费）率降低 4 个百分点。再如，南非也对雇主的社会保障缴款实行临时性的减免政策。

（2）退还预缴的税款［包括社保税（费）］

例如，德国规定在 2021 年底前联邦就业局将全额退还已缴纳的社会保障税税款。

（3）放宽亏损结转的限制（前转或后转）

例如，波兰允许纳税人向以前年度结转营业亏损（即 2020 年遭受的亏损可与 2019 年的收入抵消）。

（4）给予临时性的减免税和税收抵免

例如，韩国规定：第一，特殊灾区（大邱、庆山、奉化和清道）的中小企业的所得税和公司税减免。中小企业在特殊灾区由于疫情的影响，其收

---

① OECD, *Tax Policy Reforms 2021: Special Edition on Tax Policy during the COVID - 19 Pandemic* (Paris, OECD Publishing, 2021).

入和公司税将减少一定比例，小型企业的减少率为60％，中型企业的减少率为30％，减税总额的上限为2亿韩元；第二，扩大对海外公司返回韩国的税收支持范围。所得税和公司税减免适用于扩大现有国内业务，同时关闭或缩减海外业务规模以支持海外公司返回韩国；第三，小型个体经营者的增值税减免。对于年销售额在8000万韩元（不含增值税）以下的小型个体经营企业，将在2020年推算的增值税额降至简化纳税人的水平；第四，简化纳税人的增值税豁免。简化纳税人的增值税免税额将从2020年的3000万韩元暂时提高至4800万韩元。

3. 对特定行业的税收支持政策

对旅游、交通和航空等受疫情影响严重的行业，给予税收支持政策。受疫情封锁等措施的影响，对人员流动依赖度较大的行业相对容易受到较大的冲击。因此，很多国家给予此类行业以特殊的税收优惠待遇。例如，匈牙利通过修改社会保障规则免除某些受疫情影响较大行业（如旅游、酒店、娱乐、体育）用人单位2020年3月至6月期间的社会保障缴款。再如，挪威临时取消2020年1月1日至10月31日期间的航空旅客税，并从2020年4月1日起对部分受疫情影响较大行业将12％的增值税低档税率进一步降至8％。再如，英国对所有符合条件的零售、休闲和酒店物业等采取临时性的企业财产税优惠政策。

（二）增强家庭现金流的税收政策

通过税收政策增强个人或家庭现金流的措施主要包括延期申报或缴纳个人所得税以及雇员部分的社保税（费）等。这些措施可以暂时缓解个人或家庭的现金流支出压力。另外，部分国家还通过减免税的办法减少个人或家庭的现金流支出。具体政策措施如下。

1. 税收征管措施

（1）延期缴纳雇员部分的社保税（费）

允许雇员延期缴纳社保税（费）可以缓解个人或家庭的现金支出压力。例如，塞尔维亚允许纳税人将社保缴款延期至2021年1月缴纳。再如，摩洛哥允许延期缴纳 2020 年 3 月 1 日至 6 月 30 日期间的社保税（费）。

（2）税收申报延期或展期

允许个人延期申报纳税同样可以缓解其现金支出压力。例如，加拿大将个人所得税的申报截止日期推迟到 2020 年 6 月 1 日，并允许其在 2020 年 9 月 1 日前支付应缴所得税额，且延迟纳税期间予以免除相应的利息或罚款。

2. 减税政策

（1）减免雇员部分的社保税（费）

例如，匈牙利规定员工仅需为 2020 年 3 月至 6 月期间获得的就业收入支付 4% 的医疗保健社会保障缴款，而不是合计 18.5% 的社会保障缴费。

（2）降低由家庭缴纳的相关税（费）

例如，美国《新冠病毒援助、救济和经济安全法》（CARES）规定，所有符合条件的美国居民都有资格获得 1200 美元（合并报税的为 2400 美元）的退税。此外，如果他们有养育 17 岁以下的儿童，则可以获得每名儿童 500 美元的额外退税。

（3）临时性地缩小税基（扣减、免税额或抵免）

例如，2020 年 1 月至 2020 年 6 月，韩国商业建筑物的房东削减了小企业租户的租金，租金收入减免的 50% 将从房东的收入中扣除。

（三）支持卫生部门的税收政策

卫生防疫部门在此次新冠肺炎疫情防控和治疗中发挥着关键性的作用。因此，各国都普遍重视对卫生防疫部门的税收支持和激励政策。

第一，降低卫生部门工作人员（奖金、加班费等）的个人所得税或社保税（费）。例如，德国对在应对新冠疫情一线的工作人员于 2020 年 3 月 1 日至 2020 年 12 月 31 日期间获得的奖金和加班费免征个人所得税。

第二，对卫生设备、商品和服务适用的增值税等税收优惠政策。例如，比利时将防护设备的增值税税率由 21% 调低至 6%。再如，乌兹别克斯坦对医疗口罩等防疫物资免征增值税。

第三，对病毒防控方面的药物、设备和服务的关税和增值税进行减免。例如，英国规定对来自欧盟境外的抗击新型冠状病毒至关重要的医疗设备将不征收关税或进口增值税。再如，巴西规定将医疗物资的进口关税在 2020 年 12 月底前降低为 0，对药品和医疗设备的税收临时降低为 0。除了关税等减免政策外，多国还出台了针对新冠肺炎疫情防控物资的清关便利措施。

第四，鼓励捐赠的税收政策。为激励企业和个人对新冠肺炎疫情防控和治疗的捐赠支持，各国还普遍出台了鼓励捐赠的税收激励政策。例如，美国规定 2020 年允许超过线上 300 美元的现金慈善捐款税前扣除，无论纳税人是否逐项采取标准扣减。提高对公司和个人慈善捐款税前扣减的上限。暂停对个人调整后的总收入 50% 的限制；对于公司 10% 的限制增加到应纳税所得额的 25%；这项规定还将食物捐赠的扣减限额从 15% 提高至 25%。

（四）支持经济复苏的税收政策

受疫情影响较小或疫情控制较好的国家（或地区）普遍采取了支持经济复苏的税收优惠政策。这些政策包括支持消费和投资等，具体如下。

1. 支持消费的税收政策

多国为了刺激消费而调整增值税、消费税等税率。如英国规定，某些电子出版物实行增值税零税率政策。再如，韩国临时减少个人购车的消费税，2020 年 3 月至 2020 年 6 月期间，对于从生产基地带走或宣布为进口的汽车，将减少 70% 的个人消费税。再如，德国为了支持消费，规定 2020 年 7 月 1 日至 2020 年底将增值税的标准税率从 19% 降低至 16%，并将适用于食品、药品和报纸等物品的低税率从 7% 降至 5%。

2. 支持投资的税收政策

通过加速折旧和提高即时资产摊销限额等税收优惠政策刺激企业投资。例如，澳大利亚规定：一是加速折旧，营业额低于 5 亿美元的企业可以在安装时扣除符合条件的资产成本的 50%，该资产的成本余额则仍采用现行的折旧规则。二是提高即时资产摊销限额（Instant Asset Write-off Thresholds）①。将即时资产摊销的限额从3万美元提高至15万美元，并扩大准入企业的范围，将年总营业额低于5亿美元的企业（以前为5000万美元）纳入。另外，还有一些国家通过降低税率来刺激投资。例如，肯尼亚将居民企业的所得税税率从30%降低至25%。

美国、加拿大、英国、澳大利亚、印度、南非等国家应对疫情的具体税收措施情况详见附表3。

二 全球应对疫情税收政策的特点

据不完全统计，在新冠肺炎疫情期间，包括中国在内有100多个国家和地区都制定并出台了应对疫情的相关税收政策。各国根据自身的情况并结合疫情发展状况，有针对性地制定了流动性支持和经济刺激等多方面的税收政策。分析各国应对疫情的税收政策，主要呈现以下几个方面的特点。

（一）疫情的税收应对政策普遍具有临时性

通过分析各国应对疫情的税收政策可以发现，这些政策都具有临时性的特点。很多国家制定的税收政策都有一定的时限性，即有一个明确的开始时间和结束时间。这样的政策安排主要基于两个方面的考虑：其一，疫情的不确定性。突如其来的疫情更像是"黑天鹅事件"，而且其发展变化也较难预测，因此，相应的政策安排也要保持适度的灵活性，并根据疫情发展状况逐步调整。其二，财政的可持续性。应对疫情的税收优惠政策基本都会带来财

---

① 类似于中国的固定资产一次性摊销、一次性税前扣除政策。比如，《关于设备 器具扣除有关企业所得税政策的通知》（财税〔2018〕54号），规定在2018年1月1日至2020年12月31日期间，企业新购进的设备、器具（指除房屋、建筑物以外的固定资产），单位价值不超过500万元的，允许一次性计入当期成本费用并在计算应纳税所得额时扣除，不再分年度计算折旧。

政减收，如果长期执行必然会造成一定的财政收支缺口，甚至会对财政的可持续性带来冲击。

（二）疫情初期的税收政策侧重于危机的紧急应对

各国在疫情初期采取的首批政策措施，主要是着眼于缓解疫情危机的直接影响。而且，在疫情初期出台的税收政策基本都立即生效。各国出台的疫情税收政策具有类似的目标：使企业和家庭免受疫情期间相关遏制措施的影响，并确保疫情危机最严重的时期过去后，家庭和企业能够恢复经济活动。就企业而言，需要提供流动性支持以帮助其维持生存，即考虑到企业在停止运营的情况下缺乏现金流，通过延迟申报、纳税，并免除延迟纳税的相关利息和罚金，以及税收减免等措施减轻企业负担；就家庭或个人而言，需要向受疫情影响最直接的家庭提供收入支持，即通过减免个税和社保税（费）以减轻家庭的负担。此外，卫生防疫部门在危机的紧急应对上发挥了关键的作用，因此，很多国家还出台了支持卫生防疫部门的税收政策措施。

（三）疫情延续期间相应调整并加强政策支持力度

随着疫情的延续，各国仍将政策重点放在使企业和家庭维持生计上，并扩大其最初实施的一揽子政策措施，并针对受疫情影响严重的行业，如交通、服务业等提供特定支持，并为解决偿付风险制定新的税收政策。部分国家延长了现有的疫情应对税收政策期限，并扩大了对最初政策未涵盖群体的支持。对企业扩展的税收政策大部分都包括递延纳税和减免税，对家庭的支持仍然集中在扩大社会保障和就业上。同时，部分国家还采取了其他一些紧急措施，包括停止税务审计和推迟税收改革等。例如，法国、意大利等国家暂停对除高风险案件以外的所有欠税追缴和审计活动。波兰为了减轻企业的税收负担，决定取消或推迟税收改革。美国暂时放宽了《减税与就业法》中的某些规定，包括放宽利息费用扣除和营业净亏损应税收入的限制。

（四）税收政策是一揽子财政计划中的一部分

很多国家都实施了应对新冠肺炎疫情的一揽子财政计划，税收政策只是其中一部分。财政政策通过税收政策和财政支出政策联合发挥作用。例如，英国公布了 300 亿英镑应对新冠肺炎疫情的预算案。其中，120 亿英镑用于定向减免税，50 亿英镑用于支持国民医疗系统提供疫情相关医疗服务，70 亿英镑用于扶持受疫情影响的中小企业和个人。而且，各国的一揽子财政计划的规模差异也很大，涉及的减税规模也存在差异。

（五）各国政策因地制宜

虽然各国在应对疫情的税收政策方面有很多相同之处，但也存在着一定的差别。具体表现为各国所采取的税收政策在政策类型、范围、期限、规模和力度等方面都有所不同。主要是因为各国的具体情况差别较大：一是各国的疫情情况差别较大。发生时间、影响程度、防控措施（如遏制和缓解措施）的严重程度等都存在一定的差别。二是各国在经济和制度等基础条件上的差异较大。具体来说，各国在经济发展水平、财政空间、社保制度以及治理能力等方面的差异较大。

三　全球应对新冠肺炎疫情税收政策的启示

"前事不忘，后事之师"。回顾并总结 2020 年各国应对疫情的税收政策措施，具有短期、中期和长期三方面的重要意义。短期来看，可以更好地应对眼下的疫情冲击，并为后续政策走向指明方向；中期来看，可以为税制结构性改革和财政重建计划提供指导；长期来看，还可以为今后应对类似风险挑战（如突发公共卫生事件）积累政策经验、做好政策储备。在前述应对疫情税收政策分析的基础上，有以下几点启示。

第一，把握好政策的时机，提高税收政策与疫情发展状况的适配性。根据疫情发展阶段适用不同的税收应对政策。事物的发展是分阶段的，疫情的

发展也不例外，因此应对疫情的政策也必须根据疫情的发展不断调整。政策的适应性调整是关键，在疫情的初期阶段，应该及时出台疫情应急政策，此时的税收措施应聚焦于纾困解难，维持企业和家庭的存续和生计，并为后续经济复苏保存能量。随着控制和减缓政策的继续推进，政策要进一步适应快速变化的环境。随着疫情影响的持续，适时跟进调整相关政策，如果疫情加重就延长政策期限，扩大政策范围；如果疫情得到遏制，在相应的控制和减缓措施放松的情况下，政策也应从支持和保持经济产能转向刺激经济复苏。当然，转向复苏的政策可能不是线性和平滑的，因为疫情的变化可能是反复无常的，相关控制和减缓措施的调整也是局部和渐进的。而且，在后疫情时代还应根据经济社会复苏的状况有序地推出相应的政策。

第二，把握好政策的度，平衡公共风险与财政风险。政策是有成本的，因此还应权衡和考虑政策的力度问题。大规模的税收优惠政策短期内将会直接减少政府的税收收入，会给政府预算带来较大的压力，甚至会引发财政风险。以税收优惠政策应对疫情冲击，实质上是以适度的财政风险对冲疫情引发的各种公共风险。因此，对税收政策度的把握实质上就是要平衡好公共风险和财政风险。对政策力度的把握是难点，通常需要综合考虑疫情冲击所造成的产出缺口与政策应对的空间和能力，即要综合考虑需要和可能之间的关系。虽然在突发的疫情面前，特别是在初期阶段对缺口的判断很困难，但是应果断应对，因为虽然在疫情突发阶段政策行动的成本可能会较高，但是不作为的成本会更高。应对非常之事需要非常之举，新冠肺炎疫情带来的影响是前所未有的，因此应对疫情的政策规模也应与之相匹配。纵观世界各国此次疫情应对政策规模可以发现，各国的政策力度都很大。

第三，注重政策的精准性，保持政策的有效性。短期的当务之急是提升救助政策的精准性，以确保政策作用在最需要的领域，不需要的地方政策要及时退出。提高政策精准性既可以提高政策效果，也可以节约政策成本，以最小的资源投入获得最大的政策效果。疫情初期的政策可能存在考虑不周的情况，但是随着疫情影响的持续，相关部门要及时跟进评估，并对政策进行适时调整，既包括政策作用的区域、领域、行业，也包括政策的其他方面。

第四，政策要有序退出，避免政策"悬崖效应"。政策需要根据疫情影响的情况有序调整，特别是要谨慎考虑政策退出的问题。过早或考虑不周地退出政策可能会带来严重的风险，有可能会导致政策"悬崖"问题，经济状况特别是微观企业经济状况可能会重新陷入困境之中。因此，应对疫情的税收政策应避免过早退出，并对需要继续支持的市场主体拓展现金流和收入等方面的支持。

第五，未雨绸缪，考虑疫情后的财政重整等问题。一旦经济复苏形势得以巩固，需要再次评估现行的税收、支出政策，以及整体的财政框架，以应对可能出现的各种结构性挑战。评估不仅要聚焦经济增长，而且要考虑财政政策的其他目标，诸如包容性、健康、韧性以及环境的可持续性。目前各国普遍面临一系列的长期结构性挑战，诸如气候变化、健康风险上升、数字化、人口老龄化以及日益增加的不平等现象。所以，相关部门需要反思国家的财政战略，包括可持续的财政收入增长以及财政支出的质量和效率。在财政收入方面需要优化税制，具体可以考虑调整税率，扩大税基，清理税收优惠政策等；在财政支出方面需要优化支出结构，调整支出的优先顺序，并提高支出效率。除了财政自身的调整外，还可以通过结构性改革实现财政重整，比如产品和要素市场改革、通过教育和培训提升劳动者素质等，这些措施既可以支持经济的长期增长，也会促进财政重整。

参考文献

刘尚希：《如何理解疫情条件下的财政政策》，《财政科学》2020 年第 5 期，第 5～9 页。

刘尚希：《疫情突袭下，宏观政策如何精准发力?》，《中国财政》2020 年第 5 期，第 44～45 页。

刘尚希：《"十四五"时期提高税收制度适配性的几点思考》，《税务研究》2021 年第 5 期，第 13～16 页。

邢丽、梁季、施文泼、刘昶、肖琼琪：《2020 年减税降费政策评估：精准施策对冲

疫情和经济社会发展风险》，《财政科学》2021 年第 2 期，第 85～98 页。

许生、崔舒玮：《全球新冠肺炎疫情防控与宏观经济应对举措》，《国际税收》2020 年第 7 期，第 37～44 页。

IMF, *A Year Like No Other*, IMF Annual Report, 2020.

IMF, *Fiscal Policy for an Uncertain World*, IMFBlog, 2021.

OECD, *Tax and Fiscal Policy in Response to the Coronavirus Crisis：Strengthening Confidence and Resilience*（Paris，OECD Publishing，2020）.

OECD, *Tax Policy Reforms 2021：Special Edition on Tax Policy during the COVID － 19 Pandemic*（Paris，OECD Publishing，2020）.

OECD, *Tax and Fiscal Policies after the COVID － 19 Crisis*（Paris，OECD Publishing，2021）.

附录

附表 1：世界各国（地区）按税种划分的税收政策措施

附表 2：世界各国（地区）应对疫情的税收措施

附表 3：部分国家应对疫情的具体税收措施

附表 1　世界各国（地区）按税种划分的税收政策措施

国家（地区）	个人所得税	企业所得税	社保税（费）	财产税	增值税	消费税	其他税收
阿尔巴尼亚	√	√					√
阿尔及利亚	√	√		√			
安道尔	√	√					
安哥拉				√	√		
阿根廷	√	√	√		√	√	√
亚美尼亚							√
澳大利亚		√	√		√		√
奥地利	√	√			√	√	√
阿塞拜疆				√	√		
比利时	√	√	√	√	√		√
伯利兹	√						
百慕大		√					
不丹		√					
玻利维亚							√

国家 （地区）	个人 所得税	企业 所得税	社保税 （费）	财产税	增值税	消费税	其他 税收
波斯尼亚和黑塞哥维那	√	√				√	√
巴西	√	√	√			√	√
保加利亚	√	√		√	√		
柬埔寨	√	√	√	√			√
加拿大	√	√			√		√
开曼群岛						√	
智利	√			√	√		√
哥伦比亚		√			√	√	√
科摩罗群岛						√	
库克群岛		√	√				√
哥斯达黎加					√		√
克罗地亚	√	√			√		
塞浦路斯	√		√		√		
捷克共和国	√				√		√
丹麦		√					√
多米尼加共和国	√	√			√		√
厄瓜多尔					√		
埃及	√			√			√
萨尔瓦多					√		
爱沙尼亚			√				√
斐济	√	√					
芬兰		√			√		
法国	√	√	√		√		√
格鲁吉亚	√	√		√	√		
德国	√	√	√		√		√
希腊	√		√	√	√		
危地马拉		√	√				√
格恩西岛		√	√	√			√
几内亚		√	√		√		
圭亚那		√			√		
洪都拉斯		√			√		
匈牙利		√	√		√	√	√
冰岛	√	√	√		√		√
印度	√	√			√		

国家（地区）	个人所得税	企业所得税	社保税（费）	财产税	增值税	消费税	其他税收
印度尼西亚	✓	✓			✓	✓	✓
伊朗	✓						✓
爱尔兰	✓		✓	✓	✓		✓
马恩岛			✓		✓		
以色列						✓	✓
意大利	✓	✓	✓	✓	✓	✓	✓
科特迪瓦			✓				
牙买加					✓		
泽西岛			✓		✓	✓	✓
约旦					✓		
哈萨克斯坦				✓	✓		
肯尼亚	✓	✓			✓		✓
韩国	✓	✓			✓		
科索沃				✓			
老挝	✓	✓	✓			✓	
拉脱维亚	✓				✓		
莱索托		✓			✓	✓	
立陶宛	✓				✓		✓
卢森堡	✓	✓			✓		✓
马来西亚	✓	✓	✓				
马里					✓		✓
马耳他		✓			✓	✓	✓
毛里求斯		✓				✓	✓
墨西哥	✓			✓			
摩尔多瓦		✓			✓		✓
摩纳哥			✓		✓		
黑山	✓		✓				✓
摩纳哥	✓	✓	✓				✓
莫桑比克		✓					
缅甸	✓	✓					✓
荷兰	✓	✓	✓		✓		
新西兰		✓					
挪威	✓	✓	✓		✓	✓	✓
阿曼				✓		✓	✓

续表

国家 （地区）	个人 所得税	企业 所得税	社保税 （费）	财产税	增值税	消费税	其他 税收
巴基斯坦				✓		✓	
巴拉圭	✓	✓			✓		
秘鲁	✓	✓			✓	✓	✓
菲律宾		✓			✓		
波兰	✓	✓	✓	✓	✓		✓
葡萄牙	✓	✓	✓		✓		✓
波多黎各	✓	✓				✓	
卡塔尔		✓				✓	
北马其顿共和国	✓	✓			✓		✓
罗马尼亚		✓				✓	✓
俄罗斯	✓	✓	✓				✓
圣马力诺	✓						
沙特阿拉伯		✓			✓	✓	✓
塞尔维亚		✓			✓		✓
塞舌尔			✓				
新加坡		✓		✓			✓
斯洛伐克共和国	✓	✓					✓
斯洛文尼亚			✓		✓		
南非	✓	✓	✓		✓	✓	
西班牙	✓	✓		✓	✓	✓	
斯里兰卡		✓			✓		
瑞典	✓	✓			✓		
瑞士		✓					✓
塔吉克斯坦	✓	✓			✓		
坦桑尼亚		✓					
泰国		✓			✓	✓	✓
突尼斯		✓	✓				
土耳其				✓	✓		
乌干达		✓					
乌克兰					✓		
阿拉伯联合酋长国			✓	✓	✓	✓	✓
英国	✓	✓		✓	✓	✓	✓
美国	✓	✓	✓				
乌拉圭			✓				✓
乌兹别克斯坦	✓	✓	✓	✓	✓	✓	✓
委内瑞拉	✓						
越南	✓	✓			✓		

附表2 世界各国（地区）应对疫情的税收措施

国家(地区)	增强企业现金流的措施	增强家庭现金流的措施	支持医疗卫生系统的措施	其他税收政策措施	支持消费的税收政策	支持就业的税收政策	支持投资的税收政策
阿尔巴尼亚	√	√				√	
阿尔及利亚	√						
安道尔	√	√					
安哥拉	√	√	√				
阿根廷	√		√	√	√	√	
亚美尼亚			√				
澳大利亚	√	√				√	√
奥地利	√	√	√			√	
阿塞拜疆	√	√					
比利时	√	√	√	√			
伯利兹	√	√					
百慕大	√						
不丹	√						
玻利维亚	√						
波斯尼亚和黑塞哥维那	√						
巴西	√	√	√	√		√	
保加利亚	√	√					
柬埔寨	√	√		√		√	√
加拿大	√	√					
智利	√	√		√			
哥伦比亚	√		√	√	√		
科摩罗群岛					√		
库克群岛	√	√					
哥斯达黎加	√	√				√	
克罗地亚	√	√					
塞浦路斯	√	√	√		√		
捷克共和国	√	√	√	√			
丹麦	√			√			
多米尼加共和国	√	√		√			
厄瓜多尔	√						

续表

国家（地区）	增强企业现金流的措施	增强家庭现金流的措施	支持医疗卫生系统的措施	其他税收政策措施	支持消费的税收政策	支持就业的税收政策	支持投资的税收政策
埃及	√	√		√			√
萨尔瓦多			√				
爱沙尼亚	√			√			
斐济	√	√	√			√	√
芬兰	√						
法国	√		√	√			
格鲁吉亚	√	√					
德国	√	√	√	√	√		
希腊	√	√	√	√	√		
危地马拉	√			√		√	
格恩西岛	√	√		√			
几内亚	√		√				
圭亚那	√		√				
洪都拉斯	√		√			√	
匈牙利	√	√		√	√	√	
冰岛	√	√				√	√
印度	√	√					
印度尼西亚	√	√	√			√	
伊朗	√	√					
爱尔兰			√	√		√	
马恩岛	√		√		√		
以色列	√				√		
意大利	√		√		√		
科特迪瓦	√	√	√	√			
牙买加					√		
日本	√			√			
泽西岛	√	√		√	√	√	√
约旦	√						
哈萨克斯坦	√			√	√		
肯尼亚	√				√	√	√

国家（地区）	增强企业现金流的措施	增强家庭现金流的措施	支持医疗卫生系统的措施	其他税收政策措施	支持消费的税收政策	支持就业的税收政策	支持投资的税收政策
韩国	√				√		
科索沃	√						
老挝	√	√	√				
拉脱维亚	√						
莱索托	√			√			
立陶宛	√		√	√		√	
卢森堡	√				√	√	
马来西亚	√		√		√		√
马里	√	√					
马耳他	√	√	√				
毛里求斯				√	√		√
墨西哥	√						
墨西哥		√					
摩尔多瓦	√		√		√	√	
摩纳哥	√					√	
黑山	√						
摩洛哥	√	√		√			
莫桑比克	√						
缅甸	√						
荷兰	√		√				
新西兰	√			√			√
挪威	√			√	√		
阿曼	√		√				
巴基斯坦	√		√				√
巴拉圭	√						
秘鲁	√	√	√	√			√
菲律宾			√				
波兰	√	√	√	√		√	
葡萄牙	√	√	√	√		√	
波多黎各	√		√				

续表

国家（地区）	增强企业现金流的措施	增强家庭现金流的措施	支持医疗卫生系统的措施	其他税收政策措施	支持消费的税收政策	支持就业的税收政策	支持投资的税收政策
卡塔尔	√				√		
北马其顿共和国	√						
罗马尼亚	√	√	√	√			
俄罗斯	√	√	√				
圣马力诺	√		√	√	√		
沙特阿拉伯	√			√			
塞尔维亚	√	√	√			√	√
塞舌尔	√						
新加坡	√					√	√
斯洛伐克共和国	√	√					
斯洛文尼亚	√		√				
南非	√	√	√	√			
西班牙	√	√	√		√		√
斯里兰卡	√						
瑞典	√	√	√	√	√	√	
瑞士	√						
塔吉克斯坦	√	√	√				
坦桑尼亚			√				
泰国	√		√				√
突尼斯	√						
土耳其	√						
乌干达	√						
乌克兰	√		√				
阿拉伯联合酋长国	√	√			√	√	
英国	√	√	√	√		√	
美国	√	√	√	√	√	√	√
乌拉圭	√	√	√	√			√
乌兹别克斯坦	√		√		√		
委内瑞拉		√	√				
越南	√						

附表3　部分国家应对疫情的具体税收措施

国家	税种	危机应对、经济复苏、财政整顿措施	措施类型	进一步的信息	具体措施	颁布日期	实施日期	计划到期日	收入影响
美国	公司所得税＋个人所得税	危机紧急应对	增强企业现金流的措施	延期纳税	美国财政部依靠行政自由裁量权将推迟纳税，并免除受到负面影响的个人和企业延期税款应付的利息或罚金，目的是为经济提供额外的流动性	2020年3月18日	2020年3月18日	2020年7月15日	递延税款预计2000亿美元
	公司所得税＋个人所得税	危机紧急应对	增强企业现金流的措施	税收延期申报	美国财政部将推迟所得税申报和纳税，并且日不支付利息或罚款，以便为经济提供额外的流动性	2020年3月21日	2020年3月21日	2020年7月15日	递延税款预计2000亿美元
	公司所得税	危机紧急应对	税收政策—支持就业	其他	企业可以保留和获取他们本来应向IRS支付的工资税。如果这些数额不足以支付带薪休假费用，雇主可以通过简化预付款手续向国税局申请加急预付款	2020年3月20日	2020年3月20日	2020年12月31日	1500万美元
	个人所得税	危机紧急应对	税收政策—支持消费	家庭现金转移	《新冠病毒援助、救济和经济安全法案》（CARES）规定，所有符合条件的美国居民都有资格获得1200美元（合并报税的为2400美元）的退税。此外，他们有资格获得每名17岁以下儿童的额外500美元的退税	2020年3月27日	2020年3月27日	2020年12月31日	2020~2030财年2920亿美元

续表

国家	税种	危机应对、经济复苏、财政整顿措施	措施类型	进一步的信息	具体措施	颁布日期	实施日期	计划到期日	收入影响
	个人所得税	危机紧急应对	其他税收政策措施	其他	2020年,允许超过限额300美元的现金慈善捐款税前扣除,无论纳税人是否逐项或采取标准扣减	2020年3月27日	2020年3月27日	2020年12月31日	2020~2030财年15亿美元
	公司所得税+个人所得税	危机紧急应对	其他税收政策措施	其他	提高对公司和个人慈善捐款税前扣减的上限。2020年暂停个人调整后的总收入50%的限制条件。对于公司,10%的限制增加到应纳税所得的25%。这项规定还将食物捐赠的扣减限额从15%提高至25%	2020年3月27日	2020年3月27日	2020年12月31日	2020~2030财年10亿美元
美国	个人所得税	危机紧急应对	增强家庭现金流的措施	其他	使雇主能够免税地向雇员提供学生贷款还款福利。根据该规定,雇主每年可向雇员的学生贷款缴款最多5250美元,而此类付款将不包括在雇员的收入中。5250美元的上限既适用于新的学生贷款还款额,也适用于雇主根据现行法律提供的其他教育援助(如学费、学费、书本费)。该条款适用于雇主在颁布之日起至2021年1月1日代表雇员支付的任何学生贷款	2020年3月27日	2020年3月27日	2020年12月31日	2020~2030财年4.6亿美元

续表

国家	税种	危机应对、经济复苏、财政整顿措施	措施类型	进一步的信息	具体措施	颁布日期	实施日期	计划到期日	收入影响
美国	公司所得税	危机紧急应对	增强企业现金流的措施	增加亏损弥补准备金	这项规定放宽了对公司使用亏损的限制。净营业亏损（NOL）目前受应纳税收入限制，不能在上一税务年度收回以减少收入。该条款规定，2018年、2019年或2020年税务年度产生的NOL可收回5年。该条款还暂时取消纳税福利收入限制，允许国家福利完全抵销收入	2020年3月27日	2020年3月27日	2020年12月31日	2020~2030财年250亿美元
	个人所得税	危机紧急应对	增强企业现金流的措施	增加亏损弥补准备金	修改适用于穿透企业（pass-through businesses）和个人独资企业（sole proprietors）的亏损限额，因此在2021税务年度，非公司纳税人的超额业务亏损限额为25万美元（联合申报为50万美元）	2020年3月27日	2020年3月27日	2020年12月31日	2020~2030财年1700亿美元
	公司所得税	危机紧急应对	增强退税	到2021年底，作为《减税和就业法》的一部分，公司替代性最低税（AMT）被废除，但公司加快了公司收回这些AMT抵免额度的能力，允许公司现在申请退款	2020年3月27日	2020年3月27日	2020年12月31日	2020财年32亿美元

续表

国家	税种	危机应对、经济复苏、财政整顿措施	措施类型	进一步的信息	具体措施	颁布日期	实施日期	计划到期日	收入影响
美国	公司所得税＋个人所得税	危机紧急应对	增强企业现金流的措施	其他	暂时增加企业在纳税申报表上可以扣除的利息支出金额，具体为将2019年和2020年应纳税所得额（调整后）30%的限额提高到50%	2020年3月27日	2020年3月27日	2020年12月31日	2020~2030财年134亿美元
	公司所得税＋个人所得税	危机紧急应对	税收政策—支持投资	加速或提高折旧的税收规定	该规定使企业（尤其是酒店业）能够立即核销与改善设施相关的成本，而不必在建筑物39年的使用寿命中折旧	2020年3月27日	2020年3月27日	2022年12月31日	税收联合会(JCT)估计没有收入效应
	其他	危机紧急应对	支持卫生系统的措施	其他	该条款免除了对用于或包含在洗手液中的任何蒸馏酒精征收联邦消费税，这些蒸馏酒是按照食品和药物管理局发布的措施进行生产并分发的，该政策2020年生效	2020年3月27日	2020年3月27日	2020年12月31日	2020~2030财年200万美元
	公司所得税＋个人所得税	危机紧急应对	增强企业现金流的措施	其他	允许雇主从财政部获得预付款税收抵免，而不必在后端退还。创建监管机构以实施税收抵免预付款	2020年3月27日	2020年3月27日	2020年12月31日	
	其他消费税	危机紧急应对	增强企业现金流的措施	免税	废除与商业航空有关的联邦消费税。消费税适用于人员运输（即机票税）财产运输（即货物税）和航空燃料	2020年3月27日	2020年3月27日	2020年12月31日	2020财年~2030财年40亿美元

续表

国家	税种	危机应对、经济复苏、财政整顿措施	措施类型	进一步的信息	具体措施	颁布日期	实施日期	计划到期日	收入影响
	其他	危机紧急应对	增强企业现金流的措施	更灵活的税收偿还	对于当前的分期付款协议,允许4月1日至7月15日期间暂停付款。但是,由于成文法规定,未付余额部分将继续增加利息	2020年3月25日	2020年3月25日	2020年7月15日	
	其他	危机紧急应对	增强企业现金流的措施	延期申报	FATCA报告提交截止日期从2020年3月31日延长至2020年7月15日	2020年3月30日	2020年3月30日	2020年7月15日	
	其他	危机紧急应对	增强企业现金流的措施	更灵活的税收偿还	关于正在进行的诉讼,美国国税局(IRS)正在与纳税人合作,涉及以下方面:(1)延长法规的期限;(2)由上诉独立办公室处理其上诉事宜;(3)由纳税人辩护服务机构处理电话的事宜				
美国	公司所得税	危机紧急应对	增强企业现金流的措施	增加亏损结转	《新冠病毒援助、救济和经济安全法案》规定,将2017年12月31日至2021年1月1日的纳税年度中产生的净营业亏损,净额结转至该纳税年度之前的五个纳税年度	2020年4月23日			

续表

国家	税种	危机应对、经济复苏、财政整顿措施	措施类型	进一步的信息	具体措施	颁布日期	实施日期	计划到期日	收入影响
美国	公司所得税	危机紧急应对	增强企业现金流的措施	延期申报	2018年1月1日至2019年6月30日结束的应纳税年度发生净营业亏损的纳税人,将其提交纳税申报表的时间延长六个月	2020年4月9日	2020年4月9日		
	其他	危机紧急应对	增强企业现金流的措施	延期申报	将2020年7月15日之前的个人、公司,赠与税和遗产税以及某些消费税的缴纳和申报延期	2020年4月6日	2020年4月6日		
	其他	危机紧急应对	增强家庭现金流的措施	提高符合条件的病假工资税收抵免	符合条件的病假工资和探亲假工资的税收抵免适用于从2020年4月1日至2020年12月31日期间支付的工资	2020年4月1日	2020年4月1日	2020年12月31日	
	其他消费税	危机紧急应对	增强家庭现金流的措施	延期申报和延迟纳税	延期提交联邦赠与税或隔代转让税(generation-skipping transfer tax),直至2020年7月15日	2020年3月13日	2020年3月13日	2020年7月15日	
	个人所得税	危机紧急应对	增强家庭现金流的措施	延期申报和延迟纳税	将提交联邦所得税申报表和支付联邦所得税的截止日期延至2020年7月15日	2020年3月18日	2020年3月18日	2020年7月15日	

续表

国家	税种	危机应对、经济复苏、财政整顿措施	措施类型	进一步的信息	具体措施	颁布日期	实施日期	计划到期日	收入影响
美国	公司所得税	危机紧急应对	增强企业现金流的措施	延迟纳税	美国国税局(IRS)已发布指南,确定应在2020年4月1日至2020年7月15日之间到期的外国信托和房地产以及联邦所得税的到期税为2020年7月15日	2020年3月21日	2020年3月21日	2020年7月15日	
	财产税	危机及时应对	增强企业现金流的措施	免税	2020至2021年对所有符合条件的零售、休闲和酒店物业的100%营业税减免,从4月1日开始,为期1年	2020年3月17日	2020年4月1日		
	企业所得税	危机及时应对	增强企业现金流的措施	更灵活的税收债务偿还	为需要更多时间"支付时间"安排,者提供自营职业者由于新冠肺炎疫情而无法支付其税单,这些安排是开放的,而且可以按个案商定。如果企业或自营职业				
英国	增值税	危机及时应对	增强企业现金流的措施	延期纳税	所有英国企业都有资格享受延期纳税。适用日期为:2020年3月20日至2020年6月30日	2020年3月17日			
	个人所得税	危机紧急应对	增强企业现金流的措施	延期申报	所得税自评,2020年7月31日到期的付款将推迟到2021年1月31日	2020年3月17日			

续表

国家	税种	危机应对、经济复苏、财政整顿措施	措施类型	进一步的信息	具体措施	颁布日期	实施日期	计划到期日	收入影响
英国	其他消费税	危机紧急应对	支持卫生系统的措施	其他	对来自欧盟境外抗击新冠病毒至关重要的医疗设备将征关税免征关税或进口环节增值税	2020年3月31日			
	增值税	危机紧急应对	税收政策—支持消费	调整增值税税率	某些电子出版物增值税零税率	2020年5月1日			
	企业所得税	危机紧急应对	加强家庭现金流的措施	其他	雇主因新冠肺炎疫情而向雇员报销相关居家办公设备（笔记本电脑、办公桌或必要计算机配件）所支付的费用适用所得税豁免		2020年6月11日	2020~21税务年度结束	
德国	个人所得税	危机紧急应对	增强企业现金流的措施	延期纳税	延迟受病毒影响企业的个税责任。条件是企业必须证明其确受到新冠危机的影响				
	企业所得税	危机紧急应对	增强企业现金流的措施	延期纳税	延迟受新冠病毒影响企业的企业所得税责任。条件是企业必须证明其确实受到新冠肺炎疫情危机的影响				
	增值税	危机紧急应对	增强企业现金流的措施	延期纳税	企业可申请将增值税付款延期至2020年12月31日；企业需要提供由于新冠病毒而受到影响的证据				

续表

国家	税种	措施类型	进一步的信息	具体措施	颁布日期	实施日期	计划到期日	收入影响
	其他	增强企业现金流的措施 危机紧急应对	更灵活的税收债务偿还	免除未缴纳税款的违约罚款				
	其他	增强企业现金流的措施 危机紧急应对	其他	受新冠肺炎疫情影响的纳税人，如果本年度纳税人收入预计低于上一年度，可在2020年12月31日以前申请减免市政营业税预付款				
	个人所得税	其他税收政策措施 危机紧急应对	降低奖金以及额外工作收入的税率	在2020年3月1日至12月31日之间，雇主向雇员支付的奖金不再征税，以奖励在新冠肺炎疫情危机前线工作的人员，免税限额为1500欧元				
德国	增值税	税收政策第一支持消费 经济复苏措施	降低增值税率	从7月1日到年底，将标准增值税率从19%降低至16%。并将适用于食品、药品和报纸等物品的低税率由7%降至5%	2020年3月6日			
	企业所得税	增强企业现金流的措施 危机紧急应对	增加亏损弥补	拓展企业税收亏损结转（carryback）规则。根据以前的法律，公司一年可结转最高100万欧元的亏损。政府增加了2020年和2021年税收年度可结转的最高金额，增加至500万欧元	2020年3月6日			

续表

国家	税种	危机应对，经济复苏，财政整顿措施	措施类型	进一步的信息	具体措施	颁布日期	实施日期	计划到期日	收入影响
德国	其他	危机紧急应对	增强企业现金流的措施	延期纳税	为受新冠病毒影响的企业办理由海关管理局和联邦中央税务局管理的税收延期。条件是企业必须证明其确实受到新冠肺炎疫情危机的影响	2020年3月13日	2020年3月13日	2020年12月31日	
	其他	危机紧急应对	增强企业现金流的措施	更灵活的税收债务偿还	（临时）不采取执法措施，包括免除海关当局和联邦中央税务局管理的税收的迟交罚款。条件是企业必须证明其确实受到新冠肺炎疫情危机的影响	2020年3月13日	2020年3月13日	2020年12月31日	
	其他	危机紧急应对	加强家庭现金流的措施	其他	受新冠肺炎疫情影响的纳税人可以申请减免天然气和电力的能源税预付款，截至2020年2月28日	2020年3月13日	2020年3月13日	2020年12月31日	
	其他	危机紧急应对	支持卫生系统的措施	其他	简化使用免税酒精生产消毒剂的税务规定			2020年12月31日	
	个人所得税	危机紧急应对	加强家庭现金流的措施	其他	2020年和2021年，单亲所得税免税额将提高到每年4008欧元，此额度为平时的两倍以上	2020年6月30日	2020年7月1日	2020年12月31日	

续表

国家	税种	危机应对、经济复苏、财政整顿措施	措施类型	进一步的信息	具体措施	颁布日期	实施日期	计划到期日	收入影响
	企业所得税	危机紧急应对	增强企业现金流的措施	增加亏损弥补	弥补上一年利润亏损的税收选择将扩大。2020年及2021年的亏损结转估计情况下将为1000万欧元。此外，还可将亏损结转应用于2019年纳税申报	2020年6月30日	2020年7月1日	2020年12月31日	
	增值税	危机紧急应对	增强企业现金流的措施	延期纳税	缴纳进口增值税的最后期限将推迟到7月26日。这将为企业提供额外的流动性	2020年6月3日			高达47.5亿欧元
德国	增值税	经济复苏措施	税收政策—支持消费	调整增值税率	2020年7月1日至2021年6月30日，将餐厅的餐点（不含饮料）的增值税率从19%降低到7%	2020年6月29日	2020年6月30日	2021年6月30日	27亿欧元
	增值税	经济复苏措施	税收政策—支持消费	调整增值税率	2020年7月1日至12月31日，降低增值税率。标准增值税税率由19%降至16%，增值税低税率从7%降至5%	2020年6月30日	2020年7月1日	2020年12月31日	196亿欧元
	其他	经济复苏措施	税收政策—支持投资	其他	提高研发税收支持至最高水平并固定6年	2020年6月30日	2020年7月1日	2026年6月30日	

续表

国家	税种	危机应对、经济复苏、财政整顿措施	措施类型	进一步的信息	具体措施	颁布日期	实施日期	计划到期日	收入影响
法国	企业所得税	危机紧急应对	增强企业现金流的措施	免税	可根据个案，对因新冠肺炎疫情大流行而面临临财政困难的公司给予税收减免。公司还可以申请将每月付款期限延长，且延迟付款不缴纳利息和罚款	2020年3月9日	2020年3月9日		
	增值税	危机紧急应对	支持卫生系统的措施	增值税率变化	在2021年12月31日之前，将防护口罩和个人卫生用品的增值税率降低至5.5%			2021年12月31日	
加拿大	个人所得税	危机应对	增强家庭现金流的措施	延期申报	个人申报截止日期将推迟到2020年6月1日。CRA将允许个人在2020年3月18日至2020年9月1日之间支付任何金额的所得税款。在此期间，不会产生任何利息或罚款	2020年3月18日	2020年3月18日		
	企业所得税	危机应对	增强企业现金流的措施	延期纳税	CRA将允许所有企业在2020年3月18日至2020年9月1日之间缴纳的所得税款。在此期间，不会产生任何利息或罚款	2020年3月18日	2020年3月18日		550亿加元
	其他	危机应对	增强企业现金流的措施	其他	为应对新冠肺炎疫情危机，加拿大政府正在对公共卫生机构，医院和检测站以及第一反应组织（first response organizations 如红十字会、警察和消防部门）进口的货物免除关税和销售税，直至另行通知。这将促进基础物资的供应，包括但不限于口罩，手术手套和消毒剂	2020年3月16日	2020年3月16日		

续表

国家	税种	危机应对、经济复苏、财政整顿措施	措施类型	进一步的信息	具体措施	颁布日期	实施日期	计划到期日	收入影响
加拿大	增值税	危机应对	增强企业现金流的措施	延期纳税	CRA允许企业将2020年3月27日及其之后到期的GST/HST金额的付款或汇款推迟到2020年6月1日。如果这些延期金额在2020年6月30日之前支付或汇出，则这些延期金额不会产生利息	2020年3月27日	2020年3月27日		
	其他	危机应对	增强企业现金流的措施	延期申报和延期纳税	为应对新冠肺炎疫情危机，加拿大政府将进口关税和GST的付款期限推迟到2020年6月30日。这将为进口商提供即时的现金流和流动性支持	2020年3月27日	2020年3月27日		
澳大利亚	企业所得税	危机应对	税收政策一支持投资	加速折旧	提高即时资产摊销限额（Instant Asset Write-off Thresholds）。将即时资产摊销的限额从30000美元提高至15万美元，并扩大准入企业的范围，将年总营业额低于5亿美元的企业（以前为5000万美元）纳入	2020年3月12日			2020~2024年7亿美元
	企业所得税	危机应对	税收政策一支持投资	加速折旧	加速折旧：营业额低于5亿美元的企业可以在安装时扣除符合条件的资产成本的50%,该资产的余额成本仍采用现行的折旧规则	2020年3月12日		2021年6月30日	2020~2024年32亿美元

续表

国家	税种	危机应对、经济复苏、财政整顿措施	措施类型	进一步的信息	具体措施	颁布日期	实施日期	计划到期日	收入影响
澳大利亚	多税种	危机应对	增强企业现金流的措施	延期纳税	受新冠肺炎疫情影响的纳税人有资格申请将纳税义务推迟 4 个月，而不会产生利息或罚金。此项速延政策适用于所得税、商品和服务税（GST）、附加福利税和消费税。需要进一步延迟的企业还可以获得低息的还款选择	2020 年 3 月 12 日			
	增值税	危机应对	增强企业现金流的措施	增强退税	ATO 允许按季申报的企业选择按月申报 GST，以方便更快地获得他们有资格获得的 GST 退税	2020 年 3 月 12 日			
日本	多种税	危机紧急应对	其他税务政策措施	延期申报和延期纳税	将个人所得税、赠与税和消费税（相当于增值税 VAT）申报和付款的截止日期从 3 月中旬延长至 4 月中旬	2020 年 2 月 27 日	2020 年 3 月 27 日		
	多种税	危机紧急应对	增强企业现金流的措施	延期纳税	受新冠肺炎疫情负面影响的个人和企业延期缴纳税款	2020 年 3 月 9 日	2020 年 3 月 9 日		
印度	个人所得税	危机紧急应对	加强家庭现金流的措施	延期申报	将 2018～2019 财年所得税申报截止日期由 3 月 31 日延期至 6 月 30 日。在此期间不产生任何延迟费用和罚款	2020 年 3 月 24 日			

续表

国家	税种	危机应对、经济复苏、财政整顿措施	措施类型	进一步的信息	具体措施	颁布日期	实施日期	计划到期日	收入影响
印度	增值税	危机紧急应对	增强企业现金流的措施	延期申报	年营业额低于5000万户比的企业可以在2020年6月之前提交2020年3月、4月和5月的商品劳务税（GST）申报表，不会收取任何利息、延迟费用和罚款。其他企业也可以在2020年6月的最后一周提交GST申报表，但是如果迟报（即6月30日以后）会收取低利率（9%而不是18%）的利息费用	2020年3月24日			
	企业所得税	危机紧急应对	增强企业现金流的措施	更灵活的税收债务偿还（tax debt re-payments）	如果在4月1日至9月30日延迟提交企业所得税申报，将不收取利息、延迟费用和罚款。将缴纳20%的准备金的日期由通常的4月30日推迟到6月30日	2020年3月24日			
	企业所得税	危机紧急应对	增强企业现金流的措施	增强退税	南非税务局将加快对就业税激励补偿款的支付，从每年两次改调整为每月一次	2020年3月23日			
南非	企业所得税	危机紧急应对	增强企业现金流的措施	更灵活的税收债务偿还	营业额低于5000万兰特的纳税企业可在未来4个月内延迟缴纳20%的代扣代缴税款，并在未来六个月内延迟支付临时性的公司所得税，且无须缴纳罚息或利息。预计这项措施将帮助超过75000家中小型企业	2020年3月23日			

续表

国家	税种	危机应对、经济复苏、财政整顿措施	措施类型	进一步的信息	具体措施	颁布日期	实施日期	计划到期日	收入影响
南非	增值税	危机紧急应对	增强企业现金流的措施	增强退税	处于净退税情形的小型增值税应商将被允许按月提交退税申请（之前是每两个月一次），从而更快地获得及时的现金流税退税，进而获取及时的现金流支持	2020年4月21日			
	其他消费税	危机紧急应对	增强企业现金流的措施	延期申报和延期纳税	允许碳税申报和首次缴纳延期三个月：申报和首次碳税缴纳推迟到2020年10月31日	2020年4月21日			
	其他消费税	危机紧急应对	增强企业现金流的措施	延期纳税	推迟支付酒精饮料和烟草制品的消费税。由于对酒精饮料和烟草制品销售的限制，2020年5月至2020年6月的税款允许推迟90天	2020年4月21日			
	企业所得税	危机紧急应对	增强企业现金流的措施	延期纳税	总收入超过1亿兰特的大型企业（如果能够证明由于新冠肺炎疫灾情灾难而无法支付税款），可直接向南非税务局申请延迟纳税，且不会产生罚息	2020年4月21日			
	其他	危机紧急应对	支持卫生系统的措施	其他	2020～2021税务年度，增加对团结基金的捐款扣除限额，由目前的应纳税所得额的10%调整为20%	2020年4月21日			

B.10
后　记

税收政策是宏观经济政策的重要组成部分。把握新发展阶段、贯彻新发展理念、构建新发展格局、推动高质量发展、实现共同富裕、实现"碳达峰碳中和"、统筹发展和安全、统筹疫情防控和经济社会发展等重大课题都离不开税收政策的配合。中国财政科学研究院非常重视税收蓝皮书的研创工作，成立了由刘尚希院长牵头、邢丽副院长具体负责、以公共收入研究中心的研究人员为主体的研究团队。《中国税收政策报告（2021～2022）》（以下简称《报告》）是以税收政策研究为主题的蓝皮书系列报告的第一部，自2020年11月启动研究以来，研究团队多次开会讨论报告的框架体系、写作思路和具体内容，最终确定了《报告》的定位及特色。

一是着眼于经济社会多维度来系统分析税收政策。跳出税收看税收，以更广阔的视野分析税收问题。《报告》结合税收与经济社会发展，税收与宏观，税收与微观，形成了涵盖经济和社会、国内和国际等多方面的税收政策分析框架。

二是形成总报告＋若干分报告的框架。总报告以2020年中国税收政策综述和税收收入分析为主要内容，分报告重点分析"十四五"税收政策展望、宏观税负、税收法定、税收征管、税制改革前瞻、税收征管数字化转型以及应对疫情的税收政策等多方面的热点问题。

三是坚持公共风险视角。《报告》以应对公共风险为"魂"，强调税收政策应避免过度工具化，要为经济社会发展注入更大的确定性。因此，《报告》基于公共风险分析的统一框架，综述2020年的中国税收政策，分析2020年税收收入状况，展望"十四五"中国税收政策，研判"十四五"宏观税负走势，探讨税收法定、个人所得税改革、税收征管、"双支柱"国际税改以及应对新冠肺炎疫情的税收政策等问题，注重阐述和分析政策如何对冲风险，为经济社会发展注入确定性，体现了鲜明的风险思维。

四是《报告》的语言表述介于学术语言和政策语言之间，写作内容具有科普性和引导性。《报告》写作深入浅出，并且坚持问题导向，瞄准国家重大战略，回应社会关切问题，帮助凝聚社会共识，希望发挥启智和启发的作用。

本书是集体研究的成果。在全书研究思路和框架形成的阶段，参与人员经过多次讨论，在统一思路的基础上分头完成初稿，并经过多次开会讨论数易其稿，最后总撰完成。许文研究员撰写第一篇和第三篇报告，梁季研究员撰写第二篇和第四篇报告，张学诞研究员和魏升民助理研究员撰写第五篇报告，施文泼副研究员撰写第六篇报告，刘同洲博士撰写第七篇报告，樊轶侠研究员撰写第八篇报告，刘昶助理研究员撰写第九篇报告。全书由刘尚希研究员和邢丽研究员审核定稿。

在新冠肺炎疫情的冲击下，百年变局加速演进，中国的发展环境更趋复杂严峻。面对百年未有之大变局和新冠肺炎疫情带来的高度不确定性，税收政策如何应对风险并为经济社会发展注入确定性是富有挑战性的研究课题。鉴于本书研究主题的复杂性以及研究人员的水平所限，本书的成果还是初步的、探索性的，缺憾及误漏之处在所难免，敬请各位读者不吝赐教，批评指正。

税收蓝皮书编写组

2021 年 12 月

Abstract

This report focuses on China's tax policy, reviewing the tax policy in 2020 and providing an outlook on tax policy, tax revenue and macro tax burden in 2021 and the 14th Five-Year Plan period, and discussing key issues such as tax legislation, personal income tax reform, digital transformation of tax administration, "two-pillar" international tax reform and global tax policy in response to the COVID – 19 epidemic.

The year 2020 is not only the closing year of building a moderately prosperous society, achieving the first 100-year goal and the 13th Five-Year Plan, but also a special year to deal with the great test of the COVID – 19 epidemic. In the face of the severe and complex domestic and international environment, the tax policy in 2020 aimed at preventing and controlling the epidemic and preserving the economic fundamentals, focusing on tax reduction and lowering fees, which has reduced the burden of market subjects by more than 2. 6 trillion yuan throughout the year, effectively hedging the risks among the epidemic, economic and social development. At the same time, promoting tax legislation, improving tax policies and optimizing tax collection and administration actively accelerate China's tax reform process. 2020 saw a corresponding rise in China's fiscal risk to a historical high, characterized by hedging public risk with fiscal risk. The general public budget revenue and tax revenue showed negative growth for the first time since 1994, and the small-caliber macro tax burden also dropped to a historical low of 15. 2% , showing a "check mark" characteristic of rapid decline followed by slow recovery, and structural differentiation between regions and tax types.

The 14th Five-Year Plan period is the first five-year when China starts a new journey of building a socialist modern country and marching towards the second century goal. Tax policies should focus on the medium and long term, certainty, and stable expectations to build a more stable environment for economic and social development. Basically, tax reform should shift from material-based logic to people-based logic and adhere to the people-centered development ideology. In terms of reform core, it should focus on the new development pattern presenting people-centered modernization, digitalization, financialization, greening, aging and urbanization, and improve the adaptability of the tax system. In terms of reform center, it should aim at improving the modern tax system and promoting high-quality development. In terms of macro tax burden, during the 14th Five-Year Plan period, China's macro tax burden should be stabilized rather than reduced, and structural adjustment of tax burden should be taken into realization in the tax system, reforming with the keynote of stability and optimization. In this regard, we should build a "double-body" tax system with VAT and individual income tax as the mainstay. As an important year to carry on and start, the tax policy in 2021 will gradually shift from the basic feature of "tax reduction and fee reduction" in the 13th Five-Year Plan period to the requirement of cost reduction during the 14th Five-Year Plan period. In the 14th Five-Year Plan period, the new requirements of supporting the new development pattern will be gradually shifted to the new requirements of supporting the new development pattern, with more emphasis on quality, efficiency, sustainability, and balancing the relationship between current and long-term.

Keywords: Tax Policy; Public Risk; Fiscal Risk; New Development Pattern

Contents

I General Reports

Abstract: The year 2020 is an extraordinary year for China. It is not only the closing year of building a moderately prosperous society and the 13th Five-Year Plan, the decisive year of achieving the first 100 −year goal, but also a special year to deal with the risk of COVID − 19. In the face of the severe and complex domestic and international environment, the challenges and difficulties posed by the impact of the COVID −19, China introduced a series of tax policies with tax cuts and fee reductions as the core, effectively hedging the risks of the epidemic and economic and social development, and achieving the goals of epidemic prevention and control and preserving the economic fundamentals. At the same time, China's tax reform process has been actively promoted by further deepening the tax system reform, promoting tax legislation, improving tax policies and optimizing tax collection and management pattern.

Keywords: Tax Reduction and Fee Reduction; Epidemic Prevention and Control; Tax Policy

B.2　Analysis and Prospect of Tax Income in 2020 ： Hedging
　　　　Public Risk with Fiscal Risk　　　　　　　　*Liang Ji* / 023

Abstract： In 2020, in response to the impact of COVID −19, China took extraordinary measures in this extraordinary year. Policies of cutting taxes and fees were temporarily carried out to reduce public risks, which made China the only major economy with positive growth in the global economy. At the same time, under the influence of the dual factors of economic downturn and the policies of cutting taxes and fees, revenue in general public budgets and taxes in 2020 had experienced negative growth for the first time since 1994, and small-caliber macro tax burden also had fallen to the lowest point in the history of 15. 2% , and fiscal risk had risen to the highest point in history accordingly.

Keywords： Public Risk; Fiscal Risk; Tax Revenue; Macro Tax Burden

Ⅱ　Topical Reports

B.3　Tax Policy Progress in 2021 and China's Tax Policy
　　　　Outlook in the 14th Five Year Plan　　　　　　*Xu Wen* / 051

Abstract： During the 13th Five-Year Plan period, China has continued to deepen tax reform, continue to promote tax reduction and lower fees, and accelerate the implementation of tax legislation, which has played an important role in building a modern fiscal system and supporting China in building a moderately prosperous society and achieving the first 100-year goal. The 14th Five-Year Plan period is the first five-year period when China starts a new journey of building a modern socialist country in a comprehensive manner and marching towards the second 100-year goal. Under the background of the unprecedented changes in the century and the construction of a new development pattern, the tax policy for the 14th Five-Year Plan should focus on the perspectives of medium and long-term, certainty and stable expectations, and accelerate the improvement of the modern

tax system, Build greater certainty conducive to economic and social development. As the opening year of the "14th Five-Year Plan", tax policies should play a connecting role. We should not only continue to deal with the risk of normalization of epidemic prevention and control, but also lay a foundation for building a new development pattern and promoting high-quality development.

Keywords: 14th Five-Year Plan; Tax Policy; Modern Tax System; High Quality Development

B.4 On the Trend of China's Macro Tax Burden in the "14th Five-Year" Period

Liang Ji / 071

Abstract: Macro tax burden is a perspective to observe fiscal risk. Although it is not necessarily directly related to fiscal risk, the level of macro tax burden can reflect the size of a country's fiscal risk. This report first reviews the evolution characteristics of China's macro tax burden since 1994. Specifically, the macro tax burden level of small and medium calibers in China has experienced a long and steady rise for 15 years, after the financial crisis in 2008, there was a steady growth, but since 2016, there has been a rapid decline. Since china's economic development has entered a new normal, the economy has been declining and tax reductions have continued to increase. Since 2016, the proportions of tax revenue to GDP, to general public budget revenue and to general public budget expenditures have all shown a significant downward trend. While tax policy resolves public risks, its supporting role for finance is weakening, and fiscal risks are gathering. Secondly, we observe the world's major developed economies and find that their macro tax burdens are rising amid fluctuations. Based on this, we made a judgment on the trend of macro tax burden in china during the "14th Five −Year Plan" period, We believe that "stability" and "optimization" are the main keynotes of china's macro tax burden adjustment in the future, and put forward some reform suggestions to stabilize the macro tax burden.

Keywords: Macro Tax Burden; Fiscal Risk; Tax Policy

B. 5　Statutory Tax: Injecting Certainty into Economic And

Social Development　　　*Zhang Xuedan*, *Wei Shengmin* / 104

Abstract: The implementation of the legal principle of taxation is an important content of the new round of fiscal and taxation system reform. Its important practical significance lies in the construction of certainty and injecting certainty into economic and social development. The combing and analysis of documents focusing on the implementation of statutory taxation policies shows that China has achieved remarkable results in implementing the statutory taxation principles in recent years. The "one tax, one law" is gradually implemented, and the concept of taxation law is gradually gaining popularity. It is recommended that relevant departments speed up the realization of the full coverage of the current tax categories by the taxation statutory principles when coordinating and handling the relationship between the central and local governments, the government and the market, and taxation legislation and law enforcement. It is also advisable to abolish the 1985 Delegated Legislation at the proper time, and push forward the right of taxation legislation to revert to the National People's Congress and its Standing Committee. Moreover, it is suggested to innovate legislative ideas and concepts, and promote the legal principle of taxation to be confirmed at the constitutional level.

Keywords: Statutory Tax; Delegated Legislation; Good Law and Good Governance; Basic Tax Law

B. 6　Outlook for Individual Income Tax Reform during the 14th

Five-Year Plan Period　　　　　　　　*Shi Wenpo* / 123

Abstract: In the context of striving for common prosperity, the reform of individual income tax during the 14th Five − Year Plan period bears an important mission. Starting from the new situation and reform goals of individual income tax

reform, this article discusses some important issues, such as the scope of comprehensive income, the tax rate structure, and the tax policy system that helps attracting high-end talents, and proposes some corresponding policy suggestions, including building a individual income tax system that is inclusive of fairness and efficiency, steadily promoting the reform of expanding the scope of comprehensive income, optimizing the tax rate structure, and optimizing individual income tax treatment of employee equity incentives, etc.

Keywords: Individual Income Tax; Tax Reform; Fairness; Efficiency

B.7 Exploration and Forward Thinking on Digital Transformation of Tax Administration　　　　　　　　　　*Liu Tongzhou* / 151

Abstract: As the first year of digital transformation of tax collection and administration, 2020 is linked to the 13th and 14th Five-Year Plans, the digital construction has greatly improved the efficiency of economic and social operation and injected certainty into high-quality development. Faced with the challenge to tax collection and administration system for the risk of COVID-19 and digital economy, this report is based on international experience in digitalization of collection and administration and China conditions, putting forward some suggestions to promoting digital transformation of tax administration, such as promoting tax co-governance with the people as the center, remodeling tax collection and administration mechanism with overall government and digital government, deepen value-added data with digital technology, and supporting digital transformation of tax collection and administration by law.

Keywords: Digital Economy; Digital Transformation of Tax Administration; Contactless Tax Services; Embedded Tax Administration

Abstract: The OECD published the statement on a two-pillar solution to address the tax challenges arising from the digitalization of the economy in 2021. There are many fundamental elements of international tax system got changed in this statement. The success of "Two – Pillar" tax solution re-shapes the centennial international tax system, provides a successful global governance case to the world, proves the multilateralism is still vibrant, and will make the global tax governance to become co-governance. In this report, we focused on the "Two – Pillar" international tax reform. Based on multidimensional analyses and researches, the report explained the major contents and impacts of pillar one and pillar two, summarized the history of "Two – Pillar" reform and its main features. We suggest China's central government should take positive actions to adapt the new international tax system, participate and lead the way of consecutive multilateral rulemaking, reform China's Enterprise Income Tax exempt policies in proper time, revise bilateral tax treaties for the new international tax system.

Keywords: "Two-Pillar" International Tax Reform; Tax Governance; Global Minimum Tax

Abstract: The COVID − 19 has an unprecedented impact on global economic and social development in 2020. In response to the impact of the epidemic, countries have generally adopted unprecedented tax response measures. Injecting liquidity into enterprises and households through tax incentives and other policy measures will help strengthen their confidence and resilience in responding to the impact of the epidemic, thereby injecting certainty into economic and social

development. This report is dedicated to analyzing tax policies in response to the epidemic in countries around the world. In the short term, it can better respond to the impact of the epidemic that has not yet ended, and point the direction for follow-up policies. In the medium term, it can provide guidance for tax structural reforms and fiscal reconstruction plans, and in the long term it can also be used for future responses by accumulating policy experiences with similar risks and challenges.

Keywords: COVID −19; Tax Policy; Cash Flow

皮 书

智库成果出版与传播平台

❖ 皮书定义 ❖

皮书是对中国与世界发展状况和热点问题进行年度监测，以专业的角度、专家的视野和实证研究方法，针对某一领域或区域现状与发展态势展开分析和预测，具备前沿性、原创性、实证性、连续性、时效性等特点的公开出版物，由一系列权威研究报告组成。

❖ 皮书作者 ❖

皮书系列报告作者以国内外一流研究机构、知名高校等重点智库的研究人员为主，多为相关领域一流专家学者，他们的观点代表了当下学界对中国与世界的现实和未来最高水平的解读与分析。截至2021年底，皮书研创机构逾千家，报告作者累计超过10万人。

❖ 皮书荣誉 ❖

皮书作为中国社会科学院基础理论研究与应用对策研究融合发展的代表性成果，不仅是哲学社会科学工作者服务中国特色社会主义现代化建设的重要成果，更是助力中国特色新型智库建设、构建中国特色哲学社会科学"三大体系"的重要平台。皮书系列先后被列入"十二五""十三五""十四五"时期国家重点出版物出版专项规划项目；2013~2022年，重点皮书列入中国社会科学院国家哲学社会科学创新工程项目。

皮书网

（网址：www.pishu.cn）

发布皮书研创资讯，传播皮书精彩内容
引领皮书出版潮流，打造皮书服务平台

栏目设置

◆ **关于皮书**

何谓皮书、皮书分类、皮书大事记、
皮书荣誉、皮书出版第一人、皮书编辑部

◆ **最新资讯**

通知公告、新闻动态、媒体聚焦、
网站专题、视频直播、下载专区

◆ **皮书研创**

皮书规范、皮书选题、皮书出版、
皮书研究、研创团队

◆ **皮书评奖评价**

指标体系、皮书评价、皮书评奖

◆ **皮书研究院理事会**

理事会章程、理事单位、个人理事、高级
研究员、理事会秘书处、入会指南

所获荣誉

◆ 2008 年、2011 年、2014 年，皮书网均
在全国新闻出版业网站荣誉评选中获得
"最具商业价值网站"称号；

◆ 2012 年,获得"出版业网站百强"称号。

网库合一

2014年，皮书网与皮书数据库端口合
一，实现资源共享，搭建智库成果融合创
新平台。

皮书网

"皮书说"
微信公众号

皮书微博

权威报告·连续出版·独家资源

皮书数据库
ANNUAL REPORT(YEARBOOK)
DATABASE

分析解读当下中国发展变迁的高端智库平台

所获荣誉

- 2020年，入选全国新闻出版深度融合发展创新案例
- 2019年，入选国家新闻出版署数字出版精品遴选推荐计划
- 2016年，入选"十三五"国家重点电子出版物出版规划骨干工程
- 2013年，荣获"中国出版政府奖·网络出版物奖"提名奖
- 连续多年荣获中国数字出版博览会"数字出版·优秀品牌"奖

皮书数据库　　"社科数托邦"
微信公众号

成为会员

　　登录网址www.pishu.com.cn访问皮书数据库网站或下载皮书数据库APP，通过手机号码验证或邮箱验证即可成为皮书数据库会员。

会员福利

- 已注册用户购书后可免费获赠100元皮书数据库充值卡。刮开充值卡涂层获取充值密码，登录并进入"会员中心"—"在线充值"—"充值卡充值"，充值成功即可购买和查看数据库内容。
- 会员福利最终解释权归社会科学文献出版社所有。

数据库服务热线：400-008-6695
数据库服务QQ：2475522410
数据库服务邮箱：database@ssap.cn
图书销售热线：010-59367070/7028
图书服务QQ：1265056568
图书服务邮箱：duzhe@ssap.cn

社会科学文献出版社 皮书系列
SOCIAL SCIENCES ACADEMIC PRESS (CHINA)

卡号：277125247582
密码：

基本子库

中国社会发展数据库（下设 12 个专题子库）

紧扣人口、政治、外交、法律、教育、医疗卫生、资源环境等 12 个社会发展领域的前沿和热点，全面整合专业著作、智库报告、学术资讯、调研数据等类型资源，帮助用户追踪中国社会发展动态、研究社会发展战略与政策、了解社会热点问题、分析社会发展趋势。

中国经济发展数据库（下设 12 专题子库）

内容涵盖宏观经济、产业经济、工业经济、农业经济、财政金融、房地产经济、城市经济、商业贸易等 12 个重点经济领域，为把握经济运行态势、洞察经济发展规律、研判经济发展趋势、进行经济调控决策提供参考和依据。

中国行业发展数据库（下设 17 个专题子库）

以中国国民经济行业分类为依据，覆盖金融业、旅游业、交通运输业、能源矿产业、制造业等 100 多个行业，跟踪分析国民经济相关行业市场运行状况和政策导向，汇集行业发展前沿资讯，为投资、从业及各种经济决策提供理论支撑和实践指导。

中国区域发展数据库（下设 4 个专题子库）

对中国特定区域内的经济、社会、文化等领域现状与发展情况进行深度分析和预测，涉及省级行政区、城市群、城市、农村等不同维度，研究层级至县及县以下行政区，为学者研究地方经济社会宏观态势、经验模式、发展案例提供支撑，为地方政府决策提供参考。

中国文化传媒数据库（下设 18 个专题子库）

内容覆盖文化产业、新闻传播、电影娱乐、文学艺术、群众文化、图书情报等 18 个重点研究领域，聚焦文化传媒领域发展前沿、热点话题、行业实践，服务用户的教学科研、文化投资、企业规划等需要。

世界经济与国际关系数据库（下设 6 个专题子库）

整合世界经济、国际政治、世界文化与科技、全球性问题、国际组织与国际法、区域研究 6 大领域研究成果，对世界经济形势、国际形势进行连续性深度分析，对年度热点问题进行专题解读，为研判全球发展趋势提供事实和数据支持。

法律声明

"皮书系列"（含蓝皮书、绿皮书、黄皮书）之品牌由社会科学文献出版社最早使用并持续至今，现已被中国图书行业所熟知。"皮书系列"的相关商标已在国家商标管理部门商标局注册，包括但不限于LOGO（▉）、皮书、Pishu、经济蓝皮书、社会蓝皮书等。"皮书系列"图书的注册商标专用权及封面设计、版式设计的著作权均为社会科学文献出版社所有。未经社会科学文献出版社书面授权许可，任何使用与"皮书系列"图书注册商标、封面设计、版式设计相同或者近似的文字、图形或其组合的行为均系侵权行为。

经作者授权，本书的专有出版权及信息网络传播权等为社会科学文献出版社享有。未经社会科学文献出版社书面授权许可，任何就本书内容的复制、发行或以数字形式进行网络传播的行为均系侵权行为。

社会科学文献出版社将通过法律途径追究上述侵权行为的法律责任，维护自身合法权益。

欢迎社会各界人士对侵犯社会科学文献出版社上述权利的侵权行为进行举报。电话：010-59367121，电子邮箱：fawubu@ssap.cn。

社会科学文献出版社